HEYNE❮

Ulli Schauen, Jahrgang 1957, war früher fromm, dann ungläubig. Journalist wurde er, um lebenslang zu lernen und um zu zweifeln, statt zu glauben. Als Ex-Frommer ist er besonders ungnädig, wenn mächtige Menschen – egal welchen (Un-)Glaubens – ihren eigenen hohen Ansprüchen nicht genügen. Bei seinen Recherchen hat er immer wieder Gelegenheit, über die Rolle der Kirchen in Deutschland zu staunen. Ulli Schauen lebt in Köln.

ULLI SCHAUEN

DAS KIRCHENHASSER-BREVIER

Ein verlorener Sohn rechnet ab

WILHELM HEYNE VERLAG
MÜNCHEN

FSC

Mix
Produktgruppe aus vorbildlich
bewirtschafteten Wäldern und
anderen kontrollierten Herkünften

Zert.-Nr. SGS-COC-001940
www.fsc.org
© 1996 Forest Stewardship Council

Verlagsgruppe Random House FSC-DEU-0100
Das für dieses Buch verwendete
FSC-zertifizierte Papier *Holmen Book Cream*
liefert Holmen Paper, Hallstavik, Schweden.

Originalausgabe 05/2010

Copyright © 2010 by Wilhelm Heyne Verlag, München,
in der Verlagsgruppe Random House GmbH
Redaktion: Johann Lankes, München
Umschlaggestaltung und Motiv: Nele Schütz Design, München
Satz: Christine Roithner Verlagsservice, Breitenaich
Druck und Bindung: GGP Media GmbH, Pößneck
Printed in Germany 2010

ISBN 978-3-453-60138-3

Inhalt

Ein Kirchenhasser-Brevier?
Gott bewahre!

Warum bloß sollte man die Kirchen hassen? Wer will glücklichen Gläubigen ihr Glück streitig machen? Es passiert doch so viel Schönes und Gutes im Raum der Kirchen. Spirituelle Erfahrungen. Zuwendung und Gemeinschaft. Rituale, die das Leben gliedern und vielleicht bewältigen helfen. Kaffeeklatsch, Kiezarbeit, Kirchenmusik. Was lässt sich dagegen sagen? Auch außerhalb des eigenen Zirkels bewirken Gemeinden Positives. Die Stadtteilinitiative, der Freizeit- oder Kulturkreis, die Migrantengruppe oder der Salsakurs können sich oft einfacher in kirchlichen Räumen und im kirchlichen Rahmen organisieren und versammeln – einfach weil es die Institution gibt. Am Ende der DDR hatte die geduldige Arbeit von evangelischen Kirchengemeinden ihren Anteil. Wo ein Staat droht, sich allumfassend das gesellschaftliche Leben einzuverleiben, können Institutionen wie die Kirchen, die sich jahrhundertelang so zäh gehalten haben, auch individuelle Freiräume sichern.

Ein »Kirchenhasserbrevier«? Himmel, ja! Sowieso: Jede zusammenhängende Argumentation gegen die Rolle der Kirchen in der Gesellschaft kann heißen, wie sie will. Kirchenvertreter rufen ohnehin reflexhaft: »Achtung! Kirchenhasser! Nicht ernst nehmen!« So wie Kurienkardinal Walter Kasper. Als alle Welt Anfang 2009 die Entscheidung des Papstes kritisierte, die rückwärtsgewandte Piusbruderschaft wieder in den Schoß der Kirche aufzunehmen, war Kasper empört über die Kritiker. Aggressiv und antirömisch geprägt sei die Diskussion, und – jetzt das Totschlagwort – »zum Teil einfach blanker Kirchenhass«.[1]

Es gibt viel zu kritisieren. Die evangelische Kirche der DDR war nicht nur ein Widerstandsnest, sondern auch Tummelplatz für Stasi-Informanten und staatsnahe Kirchendiener, die versuchten, die Kirche im Sinne Ulbrichts und Honeckers zu steuern. Die Kirchen bieten nicht immer Freiraum, sondern oft auch Enge, in denen das unabhängige Denken unterdrückt und die Restauration einer autoritäreren Gesellschaft betrieben wird, mal offen, mal subtil, mal bewusst, mal indirekt. Der Fisch stinkt vom Kopfe her.

Vor allem enttäuschte Liebhaber sind es, die Hass entwickeln. Verbittert sind aktive katholische Theologinnen, die ein Leben lang vergeblich dafür gekämpft haben, endlich genau so anerkannt zu werden wie die männlichen Kirchenmanager. Enttäuscht sind ehrenamtliche Mitarbeiter, die nach Jahren merken, dass sie nicht viel mehr als nützliche Idioten für den Pfarrer waren. Wütend werden Beschäftigte von Kirche, Caritas und Diakonie, die das Reden von der »Dienstgemeinschaft am Weinberg des Herrn« nur gefügig und arbeitswillig und stumm halten sollte, während die Arbeitgeber sich ein äußerst weltliches Verhalten erlauben. Verbittert sind auch Pfarrer, die gemobbt werden mit Hilfe von Informationen, die sie im vertraulichen brüderlichen Gespräch preisgegeben haben. Manche Katholiken trauen sich kaum noch, gegenüber Außenstehenden zuzugeben, dass sie ausgerechnet in diesem Verein aktiv sind. Es begegnet ihnen blankes Unverständnis – und, weil sie selbst kritisch eingestellt sind, haben sie dem wenig entgegenzusetzen.

Es geht dem Kirchenhasser nicht um die Beweisführung, dass es sehr wahrscheinlich keinen Gott gibt. Dafür haben andere bereits sehr ausführliche Argumente gesammelt. Der Anspruch des Papstes, seine Kirche sei die absolut richtige, weil einzig von Gott gewollte, haben schon viele überzeugend widerlegt. Ein derartiger Anspruch interessiert so lange nicht, wie die Kirchen nicht mit aller Vehemenz, die ihren Institutionen zur Verfügung steht, dem Rest der Welt ihre Interpretation der Gegenwart und der Vergangenheit sowie ihre ethischen Anforderungen aufdrücken wollen.

Es geht auch nicht um längst vergangene Geschichte, nicht darum, zum hundertsten Mal auf die heilige Inquisition, die Kreuzzüge, die Hexenverbrennungen und die Missionsgeschichte zu schimpfen. Das ist Allgemeingut geworden. Die Gegenwart gibt genug Stoff ab. Und doch ist auch Geschichte ein wichtiges Thema. Wenn die Kirchen die geschichtliche Erinnerung verfälschen, um in der Gegenwart höhere Legitimität zu beanspruchen, muss ein Kirchenhasser dagegen halten. Die katholische Kirche schloss das 20. Jahrhundert mit einer Ehrung ihrer »Märtyrer« ab, vor allem derjenigen, die unter dem Nationalsozialismus gestorben sind. Und wieder sieht es für alle so aus, als sei der Katholizismus ein Hort aufrechter Geister, die sich entschlossen der faschistischen Diktatur entgegengestellt haben. Unerwähnt bleibt in der Kirchen-PR der Pakt mit Hitler, das Schweigen zur Judenvernichtung, die Hilfe der Bischöfe für Kriegsverbrecher. Die evangelischen Kirchen erinnern mit Nachdruck an ihre »Bekennende Kirche«. Die war allerdings keineswegs ein Hort des Widerstands gegen das Unrechtsregime Hitlers. Mit vielem, was dieses Regime tat, waren die weithin autoritätsgläubigen Protestanten sehr einverstanden – ihr Widerstand richtete sich vornehmlich gegen den Versuch, ihre Kirchen ideologisch gleichzuschalten und zu zentralisieren.

Nichts ist dagegen zu sagen, wenn die Institution Kirche das tut, was ihr Geschäft ist: ihre Mitglieder zu versammeln und zu versorgen, ehrenamtliche Arbeit zu organisieren, gute Werke zu tun, ihre Meinung zu Gesellschaft und Politik zu sagen und auch zu missionieren und neue Mitglieder zu werben. Doch wie sie es tun und welche negativen Auswirkungen es hat, das gibt Anlass zu Aufregung.

Es lohnt sich, auf bewusst einseitige Weise die durchgängig

kritikwürdigen Tendenzen bei den Kirchen aufs Korn zu nehmen. Die vier Stichworte lauten: Das Leiden anderer, Grenzüberschreitungen, Überheblichkeit, Bigotterie.

Das Leiden anderer

Der unbestimmte, aber starke Druck von Protestanten auf ihre Gläubigen, die es dem strengen Gott nie recht machen können, hat mit Luthers »Freiheit eines Christenmenschen« wenig zu tun. Und die katholische Kirche beharrt in Sachen Ehesakrament, Zölibat, Sexualität auf menschenfeindlichen Dogmen. Ein Kondom zu benutzen, das verbietet der Vatikan sogar HIV-infizierten Verheirateten. Wer sich scheiden lässt und wieder heiratet, kann seine Arbeit auf einem der rund 1,2 Millionen katholischen Kirchenarbeitsplätze verlieren. Und wer als Diakonie- oder Caritasbeschäftigter aus der Kirche austritt, der fliegt. Die überaus weitgefasste Loyalität, die beide Kirchen von ihren Beschäftigten in Privat- und Berufsleben verlangen, führt zu Heimlichtuerei und bietet großen Raum für Mobbing. Wenn protestantische Mitstreiter ihren Egoismus und ihre Unnachgiebigkeit mit brüderlichem Tonfall kaschieren, dann empfinden dies evangelische Betroffene als noch unerträglicher als den mal väterlichen, mal weinerlichen, mal aufbrausenden Kommandoton eines katholischen Kardinals wie Joachim Meisner.

Grenzüberschreitungen

Es scheint eine Art kollektives Gedächtnis der Kirchen zu geben; sie trauern der Zeit nach, als der Kaiser oder König oberster Kirchenherr beider Konfessionen war, als der Lehrer auch die Orgel spielen musste und der Pastor die entscheidende Figur war für die örtliche Volksschule. So verteidigen sie zäh alles, was ihnen Einfluss und Sonderrechte in Staat und Gesellschaft gibt: die Kirchensteuer und millionenschwere Kirchenverträge und Konkordate, Ausnahmegesetze und eine aufwendig unterhaltene eigene Rechtssphäre, die staatlich-kirchliche Militärseelsorge und den Anspruch, dass psychologische Notfallbetreuung gleich »Seelsorge« heißt. Ihr »interreligiöser Dialog« drängt sich in den Vordergrund, er überdeckt einen interkulturellen Dialog und verhindert ihn manchmal. Die apodiktischen kirchlichen Urteile über ethische Fragen erschweren es, vernunftgemäße Entscheidungen zu finden. Die Rolle, die sich die Kirchen immer noch anmaßen, geht weit über das angemessene Maß hinaus. Eifersüchtig achtet die ehemalige Staatskirche auf den Erhalt eines vom Staat organisierten und von den Kirchen kontrollierten Religionsunterrichts an allen Schulen. Die »Dienstgemeinschaft« ist ihnen heilig in der Diakonie, wo das Streiken zwar angeblich verboten ist, aber Hungerlöhne und unhaltbare Zustände rapide zunehmen. Legion sind die Staatsbeamten, die während ihrer Dienstzeit in beiden Kirchen Ehrenämter bekleiden und die kirchliche Staatsnähe zementieren. Beide Kirchen sorgen im eigenen Interesse für eine Aufwertung des Islams, weil diese sie selbst stärkt: Wer islamischen Religionsunterricht fordert, der erhält seinen eigenen christlichen bis auf Weiteres. Und darum geht es den Kirchen – um den Einfluss auf die Köpfe, der bei Kindern und Jugendlichen am leichtesten zu gewinnen ist.

Überheblichkeit

Das »christliche Abendland« und das »christliche Menschenbild« führen die Kirchenvertreter stets im Munde, um ihren Einfluss und ihre Deutungshoheit zu rechtfertigen. Die Botschaft lautet: Der Christ ist der bessere Mensch, der christlich beeinflusste Staat das bessere Gemeinwesen. Doch es gibt keinen Anlass für solche Überheblichkeit. Zu jeder Zeit waren auch die Kirchen Teil des Zeitgeistes, ob nun im Kaiserreich oder im Nationalsozialismus, in den konservativen 1950er Jahren der BRD oder in der »Kirche im Sozialismus« der DDR. Mal waren sie der Zeit ein wenig voraus, oft hinkten sie hinterher. Der »Vernichtung lebensunwerten Lebens« stemmten sich viele entgegen – nicht nur Christen –, aber bei den Zwangssterilisationen machten sie mit und zur Judenverfolgung und -ermordung schwiegen sie. Wenn nach dem Krieg in den staatlichen Kinderheimen geschlagen wurde, dann taten dies auch die christlichen Erzieher. In der DDR führten evangelische Heime Staatsbeschlüsse aus, Kinder von ihren Eltern zu trennen. Das »christliche Menschenbild« – wenn es denn mal jemand definieren könnte – ist nicht universell, nicht zeitlos. Es ist letztlich eine Fiktion – viel stärker beherrscht vom jeweils herrschenden Zeitgeist, von Staat und Gesellschaft, als es Kirchenfunktionäre und Moraltheologen wahrhaben wollen. Und wenn mit dem »christlichen Abendland« die heute anerkannten Menschen- und Bürgerrechte benannt sein sollen – diese wurden nur unter großem Protest der katholischen Kirche durchgesetzt.

Bigotterie

Wenn Reden und Handeln auseinanderklaffen, regt dies Betroffene besonders auf. Bigotterie zieht sich durch das Handeln der Kirchen. Wenn bildungsbewusste Eltern konfessionelle Schulen dazu missbrauchen, ihre eigenen Kinder von problematischen Altersgenossen fernzuhalten, dann nennen dies die Kirchen und Betreiber der Schulen selten beim Namen – sie sprechen lieber weiter vom christlichen Profil ihrer Schule und von einer Erziehung zu Werten. Der Papst rief die katholische Jugend der Welt zu einem »Weltjugendtag« nach Köln, aber die

Bischöfe kehrten zugleich unter den Teppich, dass deutsche Botschaften mindestens 1000 Menschen auf den Philippinen, in Westafrika, in Kenia und Tansania ein Einreisevisum verweigerten. Die Politik des deutschen Staates, potenzielle Einwanderer aus armen Ländern fernzuhalten, traf sich hierbei mit dem Interesse von afrikanischen und asiatischen Diözesen, Reisegruppen von Katholiken abzustrafen, die dem örtlichen Bischof distanziert gegenüberstanden. Manchmal erreichen die Vertuschungsversuche ihre Grenze, und die Doppelmoral wird sichtbar. Die Predigt: Der menschliche Körper ist »Tempel des Heiligen Geistes«, und die Unversehrtheit der Seelen hat höchste Priorität. Die interne Praxis: Der Jesuitenorden vertuscht die Schändung von Schutzbefohlenen. Jahrzehntelang hintergehen sie selbst die eigenen Schulrektoren und schieben ihnen Ordensbrüder unter, die an anderen Schulen Jungen sexuell missbraucht haben. Wie es scheint, genießt nicht die körperliche und seelische Unversehrtheit der Schüler höchste Priorität, sondern die Unversehrtheit der kirchlichen Institution. Selbst wenn dies nach weltlichem Recht in Strafvereitelung ausarten könnte, so schützen die Kirchen ihr »Recht«, Konflikte intern möglichst geräuschlos zu regeln. Auch bei Protestanten gibt es das: Vertuschen, Verschweigen, Versetzen. Und das Gegenteil: Verfehlungen des eigenen Personals zumindest intern aufbauschen und breittreten, wenn sie einen willkommenen Vorwand bieten, jemanden kaltzustellen. Vergebung, Toleranz, Geschwisterlichkeit sind dann evangelische Lippenbekenntnisse. Ob jemand wegen einer Regelverletzung geschasst wird, hängt davon ab, wem das nützt und wem es schadet. Die Mechanismen sind aus vielen anderen Unternehmen bekannt – aber dort trägt man Moralität nicht als Monstranz vor sich her.

Der Autor hasst die Kirche nicht. Er muss sich nicht an der Kirche abarbeiten. Er persönlich ist allerdings verloren für die Kirche. Und dennoch ist dies ein protestantisches Buch. Denn man kann sich zwar entscheiden, zum Agnostiker – zum Nichtgläubigen – zu werden, kulturell allerdings bleibt es beim Protestanten, der nicht so leicht Gelassenheit zeigen kann gegenüber den Widersprüchen und Unzulänglichkeiten der Welt. Der Zorn über Bigotterie und Ungerechtigkeiten, der schon Pfarrerstöchter zu Terroristinnen gemacht hat, wird gespeist aus einem moralischen Rigorismus, den auch ich als Spross einer Pfarrersfamilie angenommen habe. Dessen Unduldsamkeit möchte nicht zulassen, dass jemand Ansprüche für andere aufstellt, aber ihnen selbst nicht genügt. In dieser Hinsicht Kritik an der katholischen Kirche zu üben ist einfach – die Protestanten hingegen sind eine lohnende Herausforderung. Zu viele Einblicke habe ich bekommen in die emotionalen Verbiegungen, die der Protestantismus mit sich bringen kann. Aus einer bibeltreuen evangelikalen Gemeinde bin ich nach meiner Jugend ausgestiegen, weil ich fortan lieber zweifeln als glauben wollte. Als nunmehr kirchenfernem Journalisten sind mir dann immer wieder Merkwürdigkeiten kirchlichen Wirkens vor den Schreibblock, das Mikrofon und die Kamera geraten, die es wert waren, aufgespießt zu werden. Immer wieder ging es dabei um Bildung, um Schulen. Denn die Kirchen wollten zu allen Zeiten die Köpfe der Menschen beeinflussen. »Kulturkampf« ist vor allem »Schulkampf«. Deswegen ist in diesem Buch viel von den Kämpfen um Schulen und Universitäten, vom Religionsunterricht und der Mitsprache beim Ethikunterricht die Rede. Und natürlich von der Finanzierung des Ganzen. Am liebsten ist dem Klerus, wenn alles zu 100 Prozent vom Staat bezahlt wird. Die Bildungsinstitutionen sind ein wichtiger Schauplatz für die angebliche »Rückkehr der Religionen«, die sich oft als eine von den Kirchen mit unlauteren Mitteln betriebene Rekonfessionalisierung entpuppt.

Die meisten Kämpfe der Kirchen sind Rückzugsgefechte. Selbst das eigene Personal spielt nicht mehr richtig mit. Nur

noch wenige Religionslehrer können das »Glaubensbekenntnis« mit voller Überzeugung sprechen. Doch gerade Rückzugsgefechte sind oft die erbittertsten.

Das beste Urteil, das über die Kirchen zu fällen wäre: Sie
sind auch nicht besser als der Rest der Welt. Dass sie allerdings
ständig so tun, als seien sie die moralisch höherwertigen Organisationen mit den besseren Menschen, das macht sie un-
sympathisch.

Die reichen Kirchen

Steuern von den Mitgliedern – und jede Menge Geld vom Staat

Arme Kirche? Reiche Kirche! Die abseitigsten Argumente sind gut genug, um die unterschiedlichsten Einnahmequellen für die Kirchen zu begründen. Wenn die wichtigste Einnahmequelle, die Kirchensteuer, zu sinken droht, posaunen das die Kirchenpressestellen groß hinaus. Wenn diese Quelle entgegen den Voraussagen weiter üppig sprudelt, wird das nur kleinlaut vermeldet.

Mit schöner Regelmäßigkeit haben die Kirchen in den vergangenen Jahren über Geldmangel geklagt und Einnahmenschwund vorausgesagt. Sie verordneten den Gemeinden Schrumpfkuren, schlossen Kirchen, entließen Personal und luden die Berater von McKinsey ein, um sich über ihre »Kernkompetenz« klar zu werden. Doch nie zuvor verfügten die Kirchen über so viel Kirchensteuer wie 2008.

Selbst in der Krise hohe Einnahmen

Das Erzbistum Köln vermeldet, inmitten seines Sparkurses, 21 Prozent Mehreinnahmen in den Jahren 2006 bis 2008, ein »solides Polster« sei das für das Krisenjahr 2009, für das ein Minus von 15 Prozent veranschlagt wurde. Demzufolge ist selbst in der Wirtschaftskrise die Kirchensteuersumme größer als noch vor wenigen Jahren.[1] Viel stärker als die ständig sinkende Zahl der Kirchenmitglieder beeinflussen andere Faktoren die Höhe der Kirchensteuer, weil diese an die Gesamthöhe der Einkommenssteuer gebunden ist. Wenn der Satz der Einkommenssteuer sinkt, bringt das Ebbe in die Kirchenkassen. Wenn die Umsatzsteuer erhöht wird, dann steigt zwar die Steuerlast der Bürger, die Kirche hat jedoch nichts davon. Nimmt aber die Zahl der Beschäftigten zu, gehen die Kircheneinnahmen in die Höhe. Schafft der Staat die Pendlerpauschale ab, steigt die Kirchensteuer. Wenn die Gewerkschaften gute Tarifabschlüsse erreichen, dann profitieren davon auch die Kirchenfinanzen. Und wenn Rentner in Zukunft immer häufiger Einkommenssteuer zahlen, kommt dies auch den Kirchenkassen zugute. Besonders die bis dahin gesunkene Arbeitslosigkeit hat zu den Rekordeinnahmen von 2008 geführt; Für die protestantischen Kirchen kamen 4,6 Milliarden Euro zusammen, für die katholischen Bistümer 5,1 Milliarden.

Unnachgiebige Steuereintreiber

Der unbändige Drang der Kirchen, alles unabhängig zu regeln, gilt nicht für die Kirchensteuer. Es ist der Staat, dem sie das Eintreiben ihres Vereinsbeitrages überlassen– das tut er genauso konsequent wie bei der Einkommenssteuer, für eine Kostenerstattung von drei Prozent, die beim Finanzamt bleibt. Entstanden ist so ein weltweit einmaliges System, eine Verschränkung von staatlicher und kirchlicher Sphäre, die auch Kleriker aus vielen anderen Staaten nur ungläubig kopfschüttelnd zur Kenntnis nehmen. Die deutschen Kirchen brauchen so ihren Mitgliedsbeiträgen nicht hinterherzulaufen. Der Staat ist ihr machtvolles Inkassobüro. Sie selbst können sich dezent im Hintergrund halten, fast so, als sei Geld nicht ihre Angelegenheit.

Dass sie aber auch anders können, hat die evangelische Kirche in Ostdeutschland bewiesen. Unter früheren DDR-Bürgern lässt die berlin-brandenburgische Kirche nach unbekannten Mitgliedern forschen. So ging ihr die aus der DDR stammende Christina M. ins Netz, die der Wochenzeitung *Freitag*[2] ihre Geschichte erzählt hat. Nie hätte sie sich für ein protestantisches Kirchenmitglied gehalten. Ihre Lohnsteuerkarte schien das zu bestätigen, denn dort gab es keinen Eintrag im Feld »Konfession«. 2001 aber bekam die 51-Jährige ein Schreiben vom Kirchensteueramt Berlin mit Fragen zur »Klärung Ihrer Kirchenzugehörigkeit«. Wahrheitsgemäß füllte sie das Formular aus: Sie war zwar evangelisch getauft, aber ihre Eltern hatten für sich selbst und ihre Kinder bereits in den 1950er Jahren ihren Austritt aus der Kirche erklärt. Deswegen wurde sie selbst nicht konfirmiert. Dass die Kirche das auch so gesehen hat, zeigte sich für Christina M. schon daran, dass sie noch zu DDR-Zeiten keine Taufpatin werden durfte. Nachweisen kann sie ihre Nicht-Mitgliedschaft allerdings nicht; dazu bräuchte sie nach Auffassung der Kirche eine Kirchen-Austrittsbescheinigung ihrer Eltern; ob die jemals ausgestellt wurde, weiß sie nicht. Die Kirche allerdings weigert sich, selbst in ihren Archiven nach einem alten Austrittsvermerk zu forschen, und dreht die Beweislast um. Einige Monate nach dem Fragebogen kommt ein Steuerbescheid. Christina M. soll in Zukunft Kirchensteuer zahlen – für zwei Jahre 3463 Mark rückwirkend. Damit ist die Kirche ihr schon entgegengekommen – bis zu sechs Jahre Steuernachzahlung wären rechtlich möglich gewesen. Auf eine Klage gegen den Bescheid verzichtet die Betroffene, zahlt zähneknirschend und tritt sofort aus der Kirche aus. Aber darum, ihre Mitglieder einzufangen, geht es der Kirche ohnehin nicht. Es geht ums Geld. »Nur« 40 Prozesse um die Kirchensteuer hätten Betroffene in dem Zusammenhang geführt – und allesamt verloren, sagt die Kirchenleitung.[3]

Kirchensteuer ist nicht wohltätig

Alleine das Kerngeschäft der Kirchen – die Seelsorge, das Personal, die Immobilien, die Sachkosten – verschlingt den allergrößten Teil der über zehn Milliarden Euro Kircheneinnahmen. Doch den Kern der kirchlichen Tätigkeit nehmen immer weniger Menschen in Anspruch. Die meisten Kirchenmitglieder tauchen nur zu Kommunion oder Konfirmation, Hochzeit, Taufe und bei Beerdigungen bei den Geistlichen auf. Lediglich 13,4 Prozent der Katholiken[4] und 3,8 Prozent der Protestanten[5] besuchen an einem normalen Sonntag den Gottesdienst. Wer die Kirchensteuer als völlig überzogen oder falsch kritisiert, den weisen die Kirchen deshalb lieber nicht auf ihre religiösen Dienste, sondern auf ihre Wohltätigkeit hin, die allen zugutekomme. Der Regensburger Bischof Gerhard Ludwig Müller behauptet angesichts eines Angriffs auf die Kirchensteuer, nur mit dieser könne die Kirche Aufgaben erfüllen, die »in weitestem Maße der gesamten Bevölkerung zugutekommen, vor allem in den Bildungs- und Sozialeinrichtungen«. Wer den Klerus durch seinen Kirchaustritt bestrafen wolle, der treffe die Falschen und bestrafe in Wirklichkeit »Kinder, Jugendliche und Hilfsbedürftige, denen durch die geringeren Finanzmittel seitens der Diözesen und der kirchlichen Einrichtungen weniger zur Verfügung gestellt werden kann«.[6]

Doch das ist die Wiederholung einer unfrommen Legende. Fast alle sozialen Leistungen der Kirchen werden zum weitaus größten Teil aus den Kassen des Staates und der Sozialversicherungen finanziert, das kirchliche Krankenhaus zu 100 Prozent, das kirchliche Altenheim ebenfalls – soweit nicht dessen Bewohner die Kosten bezahlen können. Die kirchlichen Kindergärten bezuschusst zu 80 bis 100 Prozent der Staat, je nach Bundesland.[7] Sogar die kirchlichen Privatschulen erhalten bis zu 100 Prozent Staatszuschuss, beispielsweise in Bayern.[8]

Die Kirchensteuern hingegen fließen in Gehälter und Pensionen, Gebäudebau und -erhaltung, Material, Verwaltungs-kosten, Reisekosten – alles, was die Kirche so für ihren religiösen Betrieb benötigt. Geschätzt wird, dass nur zehn Prozent der Kirchensteuereinnahmen für soziale Zwecke ausgegeben werden und auch Nichtmitgliedern zugutekommen können. Alles in allem also rund eine Milliarde Euro von den zehn Milliarden Euro Kirchensteuer. Allein auf über drei Milliarden Euro verzichtete der Staat im Jahr 2008, weil Kirchensteuer für förderungswürdig gehalten und deshalb von der Einkommenssteuer abgesetzt wird.[9] Anders ausgedrückt: Würde sich der deutsche Staat dazu entschließen, die steuerliche Abzugsfähigkeit der Kirchensteuer abzuschaffen, könnte er – nach einer Übergangzeit – mithilfe der zusätzlichen Einnahmen alles, was die Kirchen tatsächlich für das Gemeinwesen tun, selbst finanzieren – allerdings ohne den ganzen religiösen Überbau, das besondere kirchliche Recht und die Diskriminierung Nichtreligiöser in den Sozialberufen.

Viele weitere Geldquellen

Die Kirchensteuer ist die wichtigste, aber längst nicht die einzige Einnahmequelle für die Kirchen. Das Erzbistum Köln beispielsweise kalkulierte für 2009 mit Kirchensteuereinnahmen von 400 Millionen Euro und mit 342 Millionen Euro anderen Einnahmen.[10] Welche anderen Geldquellen da zu 40 Prozent in den Bistumshaushalt sprudeln, das wollte die Pressestelle des Erzbistums auf Anfrage aber nicht einmal grob benennen. Beim Erzbistum München-Freising ist man da etwas offener: Neben der Kirchensteuer in Höhe von 445 Millionen Euro rechnete die Diözese 2009 mit 130 Millionen aus anderen Quellen. Das meiste kommt wiederum vom Staat. Für katholische Schulen zahlt er 53 Millionen Euro. Vom Staat gezahlte Gehaltsanteile für Geistliche und den Religionsunterricht schlagen mit 25,4 Millionen Euro zu Buche. (Also kann das Bistum offensichtlich einen Teil seiner Personalkosten einsparen, indem Geistliche – quasi als Leiharbeiter – an Schulen Religion unterrichten.) Pfründe-, Pacht- und Zinseinnahmen sind in München mit 18,4 Millionen Euro beziffert – ein Hinweis auf das kirchliche Vermögen. Wie viel Vermögen die Kirche wirklich besitzt, das bleibt im Dunkeln. In jeder katholischen Diözese hat auch der »bischöfliche Stuhl« einen eigenen Haushalt und eigenes Vermögen. Zahlen darüber werden nie veröffentlicht. Der Sozialwissenschaftler Carsten Frerk schätzte allein das Vermögen des Aachener »bischöflichen Stuhls« auf 240 Millionen Euro, wegen zahlreicher Beteiligungen unter anderem an Verlagen, Versicherungen und Wohnungsbaugesellschaften. Kirchen-Haushälter bestreiten Frerks Schätzungen heftig, allerdings ohne irgendwelche Gegenrechnungen aufzumachen. Eine Initiative von Mitarbeitern des Bistums Aachen bemängelte enttäuscht, ihr Arbeitgeber verlange zwar Lohnverzicht von ihnen, aber er lege nicht offen, ob er von seinem Vermögen nicht auch etwas zur Schließung seines Finanzlochs beitragen könne.[11]

Die kirchliche Lust an Immobilien

Auf ihre Immobilien und ihr Vermögen greifen die Kirchen aber nur in sehr seltenen Fällen zurück. Seitdem überhaupt ein Recht auf Privatbesitz an Grund und Boden existiert, hält die Kirche daran so lange fest wie irgendwie möglich. Dokumente über den Grundbesitz lagern traditionell in den sichersten Katakomben der Kirchen und Kathedralen. Selbst wenn die Kirchen ab sofort ausschließlich von ihrem Vermögen zehren müssten, würde es noch viele Jahrzehnte dauern, ehe sie pleitegingen. In Ostdeutschland ist die mecklenburgische evangelische Kirche in akribischer Kleinarbeit bemüht, ihren Landbesitz zu mehren. Kirchenmitarbeiter suchen systematisch in Archiven nach uralten Erbpachtverträgen über kirchliche Flächen – bis zurück ins Jahr 1750. In Kleinarbeit machen sie dann ausfindig, wo die Flächen liegen und vor allem, ob die Grundstücke zum Zeitpunkt der deutschen Vereinigung am 3. Oktober1990 vom Staat genutzt wurden. Kann sie das belegen, dann fordert die Kirche den Grund und Boden zurück – oder sie verhandelt über einen Flächentausch, auch wenn es nur um wenige Quadratmeter geht. Auf bisher insgesamt 3825 Hektar Land hat die Mecklenburgische Kirche inzwischen Anspruch erhoben. 1708,47 Hektar mecklenburgischen Wald bewirtschaftet mittlerweile ihr Kirchenforstamtsmann Klaiber. Daraus verkauft er jährlich knapp 3500 Festmeter Holz. Auch das ist Kirchengeschäft.[12]

Brennholz für längst abgeschaffte Pfarrstellen

Aufgrund von Verträgen und alter Rechtstitel erhalten die Kirchen von den Bundesländern Jahr für Jahr hohe Staatszuschüsse, die sich nach einer Schätzung von Carsten Frerk auf 400 bis 420 Millionen Euro summieren. Erstattungen für den Religionsunterricht, wie sie im Etat des Bistums München auftauchen, sind darin gar nicht enthalten.

Und auch das ist noch nicht alles. Hinzu kommen Zahlungen, die Hunderte, womöglich Tausende von Städten und Gemeinden Jahr für Jahr an die Kirchen leisten. Zum Beispiel die Gemeinde Laudenbach am Main. Seit 1893 schreibt die bischöfliche Finanzkammer in Würzburg der Gemeinde jährlich eine Rechnung für ein Pfarramt, das es nicht mehr gibt. Die Abrechnung umfasst mehrere Posten: Eine »Dotation« für den örtlichen Pfarrer, plus den Gegenwert von acht Raummetern Buchenholz zum Heizen, damit es dem Pfarrer nicht zu kalt werde und – nicht zu vergessen – Geld für 100 Bündel Zweige, damit der Pfarrer seinen Ofen auch anzünden könne, plus Kosten für die Lieferung des Holzes und Baulasten für den Unterhalt seiner Wohnung. 1893 hatte sich der Gemeinderat von Laudenbach zu diesen Zahlungen verpflichtet. Denn die Laudenbacher waren unzufrieden mit der Betreuung durch den Pfarrer von Röllfeld, der das Dorf mit versorgen musste. Röllfeld liegt auf der anderen Mainseite – der Pfarrer musste mit dem Schiff zu ihnen übersetzen, und das tat er in den Augen der Laudenbacher nicht häufig genug. Im Winter, wenn der Main Eis führte, konnte der Pfarrer nur auf dem Umweg über eine weit entfernte Brücke den Fluss überqueren. Also verlangte die Laudenbacher Gemeinde einen eigenen Pfarrer. Das königlich-bayerische Bezirksamt von Miltenberg, das zu der Zeit noch für solche Kirchenfragen zuständig war, gewährte den Laudenbacher Katholiken schließlich einen eigenen Kaplan, aber Bedingung dafür waren das Brennholz, die Dotation und die Baulast für den Pfarrhof.

Jedes Jahr zahlte die Stadtkämmerei ohne Murren die Rechnung für den Pfarrer – bis der Laudenbacher Bürgermeister den Vorgang 2007 einmal dem Gemeinderat zur Prüfung übergab. Seit 1982 hatte die Gemeinde keinen im Ort ansässigen Seelsorger mehr, stellten die Politiker fest, es gab also kein Gehalt mehr, keine Wohnung, kein Brennholz und keine Anlieferkosten, die zu bezahlen wären. Der Pfarrer des benachbarten Kleinheubach betreut mittlerweile auch die Laudenbacher. Also verweigerte die Gemeinde der Diözese die für Holz und Wohnung geforderten rund 480 Euro. »Der Rechtsgrund für die Zahlungen ist weggefallen«, sagt Laudenbachs stellvertretender Bürgermeister Franz Hain. Der Kämmerer des Bischofs habe aber geschrieben, die Kirche habe immer noch Anspruch auf das Geld aus Laudenbach, denn schließlich werde der Ort ja – wie 1893 verlangt – seelsorgerisch betreut, wenn auch von Kleinheubach aus. Auf jeden neuen Brief des katholischen Kämmerers hin beschäftigt sich der Gemeinderat mit dem

Thema und schickt eine neue Absage an die Rechnung nach Würzburg, einmal zum Beispiel verbunden mit der Bitte, die Kirche solle ihre Geldforderung durch ganz eindeutige Dokumente untermauern. Monate später kommt die Erwiderung vom Kämmerer des Bischofs: Die Gemeinde möge doch bitte selbst nach den verlangten Dokumenten in den Würzburger Staatsarchiven suchen, denn dort lägen sie ja. Ein netter Versuch, findet Franz Hain, aber normalerweise müsse man seine Geldforderung doch wohl selbst beweisen, nicht die Gegenseite. Er weiß von einigen Gemeinden in der Umgebung, die ähnliche Konflikte mit der Diözese Würzburg haben. Ein Bürgermeister habe sogar mal geplant, dem Bischof das von ihm verlangte Holz vor die Tür zu karren, statt den Gegenwert zu überweisen. Aber da gebe es schon ein Verwaltungsgerichtsurteil, das solch einen Akt bürgermeisterlichen Protestes verbiete.

Zuschüsse für Kirchentreffen

Zusätzlich zu den laufenden Einnahmen gibt es alle möglichen Gelegenheiten für Zuschüsse außer der Reihe. Der katholische »Weltjugendtag« in Köln kostete so um die 100 Millionen Euro. Der Vatikan hat zwar dazu eingeladen, aber keine Kosten übernommen. Die bezahlten die 400 000 Dauerteilnehmer des Treffens, die deutschen Diözesen, Sponsoren, Spender – und natürlich der Staat. Die verschuldete Stadt Köln hat 1,5 Millionen Euro gespendet und 500 000 Euro zusätzlich für den Extraaufwand in den städtischen Etat eingestellt. Die weiteren Kosten der städtischen Dezernate wurden erst gar nicht ausgerechnet, denn die kamen aus dem laufenden Haushalt, auf Kosten anderer Aufgaben der Domstadt. Das Land NRW gab eine Million Euro, spendete viele Polizei-Überstunden, Hubschrauber-Benzin und weiteres Material. Das Bundesinnenministerium steuerte 7,5 Millionen Euro bei. Das Technische

Hilfswerk des Bundes half und sorgte bei Freiluftveranstaltungen für Strom und Licht – kostenlos. Städte, Landkreise und das Bundesfamilienministerium bezuschussten die Reisen von katholischen Jugendgruppen nach Köln als Jugendfreizeiten. Selbst die Europäische Union überwies 1,2 Millionen Euro, denn, so die Begründung, es nahmen ja Menschen aus vielen europäischen Ländern an dem Treffen teil.

Die Kosten des evangelischen Kirchentags in Bremen 2009 veranschlagten die Protestanten mit 14,2 Millionen Euro. Davon kam über die Hälfte aus den Staatskassen. Das ziemlich bankrotte Land Bremen gab 7,5 Millionen, der Bund 400 000 Euro. 5,3 Millionen brachten die Sponsoren und die 100 000 Teilnehmer auf. Nur eine Million Euro trug die evangelische Kirche selbst.[13]

Ob in Köln oder Bremen: Auf Kritik an den öffentlichen Zuschüssen zu den Christentreffen reagieren die örtlichen Politiker immer gleich, mit dem Werbeeffekt und mit den Besucherzahlen. Das Ganze habe so viele Menschen in die Stadt gebracht, dass die Wirtschaft letztlich davon profitierte; eine ähnlich erfolgreiche Werbekampagne wäre teurer gewesen. Mit derselben Begründung könnte allerdings auch jede andere Großveranstaltung Zuschüsse beanspruchen.

Das summiert sich: Steuer- und Gebührenbefreiungen

Nicht nur auf der Einnahmenseite sind die Kirchen gegenüber anderen Organisationen und dem einzelnen Bürger bevorzugt, sondern auch bei den Ausgaben. Ein Beispiel: die Grundsteuer. Eine Kirchenverwaltung verursacht zwar in Städten und Gemeinden genauso viele Kosten wie eine Unternehmensverwaltung – Ausgaben für Straßen, Brücken oder den öffentlichen Nahverkehr zum Beispiel, damit die Kirchenangestellten zur

Arbeit kommen können. Doch daran beteiligen sich die Kirchen nicht, denn von der kommunalen Grundsteuer sind sie und alle ihre Unternehmen, Orden und Verbände befreit[14] – ebenso die jüdischen Kultusgemeinden, nicht aber die Moscheenvereine. Auch die Grundstücke, deren Erträge »ausschließlich für die Versorgung der Geistlichen, Kirchendiener sowie ihrer Hinterbliebenen bestimmt sind«, sind grundsteuerfrei.[15] Ich bin mir sicher, dass jedes Bistum und jede Landeskirche alles daran setzt, dass sämtliche Grundstückserträge genau dafür benutzt werden – und damit andere Etatposten entlasten. Die Kirchen müssen zudem keine Gebühren für Verwaltungsakte des Staates zahlen. Wer einmal eine Wohnung oder ein Grundstück gekauft hat, weiß, was es wert ist, nichts für den Grundbucheintrag zahlen zu müssen. Staatliche Gebühren zu drücken, das macht einen großen Teil von Kirchenverwaltungsarbeit aus. Bei der lutherischen Kirche aus Mecklenburg zählte der zuständige Oberkirchenrat 44 Klageverfahren gegen kommunale Gebührenbescheide allein im Jahr 2007.[16]

Den Fuß in jeder Tür

Wenn sich eine neue Geldquelle auftut, bekommen die kirchlichen Unternehmen es oft als Erstes mit – allein schon wegen ihrer Größe und wegen ihrer guten Verbindungen in die Politik. Wenn der kleine autonome Sozialverein noch gar nicht mitbekommen hat, dass es für sein Anliegen einen Zuschuss geben könnte, dann haben die Fundraising-Abteilungen von Diakonie und Caritas schon längst den Antrag gestellt und sich das Geld gesichert. Anschließend geht es ans Absichern der Pfründe. Wer am Rhein beispielsweise fragt, was denn das »Kölner Modell« bei der Prävention von häuslicher Gewalt sei, erfährt schließlich als wesentliches Element dieses Modells:

Rechts des Rheins ist die Diakonie zuständig, links des Rheins der Sozialdienst Katholischer Frauen – den Markt der Zuschüsse für dieses Arbeitsfeld teilen sich die beiden Konfessionen also einträchtig auf.

Beim Besetzen immer neuer fremd bezahlter Arbeitsfelder zeigt die Kirche Kreativität. Landeskirchenrat Jörn-Erik Gutheil, der bis 2008 bei der Evangelischen Kirche im Rheinland für Arbeit mit Migranten zuständig war, schildert seine Strategie so: Erst Beratungsstellen für Flüchtlinge errichten und sie selbst finanzieren – und wenn damit der Bedarf nachgewiesen ist, beim Staat die Finanzierung anmahnen, denn »das ist doch eine öffentliche Aufgabe«. Mögliche Mitbewerber hält sich die Kirche auch durch einsame Profilierung auf dem jeweiligen Gebiet vom Hals. Die Konkurrenz soll ihnen auch bei den unterstützenswertesten Anliegen nicht die Butter vom Brot nehmen. So haben die Kirchen in den 1970er Jahren den »Tag des ausländischen Mitbürgers« aus der Taufe gehoben, aus dem im Laufe der Jahrzehnte die »Interkulturelle Woche« geworden ist. Dabei machen auf lokaler Ebene inzwischen zwar viele Kommunen und andere Organisationen mit, in scheinbar gleichberechtigten Netzwerken. Aber der PR-Effekt bleibt bei den Kirchen, die es mit einem ökumenischen Auftaktgottesdienst jährlich in die Tagesschau schaffen. Landeskirchenrat Gutheil hat sich sogar schon darüber geärgert, wenn in seinem Herrschaftsgebiet »Gruppen außerhalb der Kirche«, wie Pro Asyl oder Robin Wood, zu starkes Gewicht bei der »Interkulturellen Woche« bekamen: Immer müsse die Landeskirche erkennbar bleiben. Es könne einfach nicht sein, dass eine Kirchengemeinde nicht selbst maßgeblich die Interkulturelle Woche gestalte. Man könnte fast den Eindruck bekommen, da gehe es jemandem eher um die Macht seiner Institution als darum, zusammen mit vielen anderen Gutes zu tun.

Auch Projekte, die zunächst den Eindruck einer zusätzlichen und freiwilligen sozialen Tat der Kirche erwecken, speisen sich in Wirklichkeit häufig aus einem staatlichen Fördertopf. Der Sozialarbeiter, der in einer mir benachbarten evangelischen Kirchengemeinde mit Jugendlichen arbeitet, muss selbst immer wieder neu seine Stelle absichern und einen Landeszuschuss beantragen. Wenn das Geld weiter fließt, behält er seine Arbeit – sonst eben nicht.

Wenn der Staat Kirchengebäude unterhält

Die Pflege der Kirchengebäude als prächtiges Kulturerbe zu erhalten – wenigstens das muss doch eine gute Begründung für Kirchensteuer abgeben, oder? Doch wenn Sie demnächst wieder einmal ein Kirchengebäude besichtigen, das besonders prächtig und repräsentativ ist, dann können Sie sich relativ sicher sein: Die Institution Kirche trägt das wenigste dazu bei, dieses Gebäude so zu erhalten. Es wäre ja auch dumm von der Kirche, sich um solch eine teure Aufgabe zu reißen. Gleichzeitig können Sie sich aber auch sicher sein: Die Kirche – ob nun evangelisch oder katholisch – hat in diesem Gebäude das Sagen, auch wenn sie nicht für dessen Kosten aufkommt. »Wer anschafft, bestimmt« – dieses Sprichwort gilt nicht für die Kirchen. Oft schafft die Allgemeinheit an, aber die Kirchen bestimmen trotzdem.

So zählt bis ins Jahr 2006 der Oberste Rechnungshof von Bayern allein in diesem Bundesland 1800 Gebäude, die alle von der Kirche genutzt werden, aber allein von der staatlichen Bauverwaltung instand zu halten sind. Das kostet den Freistaat jährlich 20 bis 25 Millionen Euro[17], denn unter den bajuwarischen Kirchen ist so mancher üppige Schatz, der nur mit großem Aufwand instand gehalten und restauriert werden kann. Diese Millionen umfassen nur die externen Kosten – der enorme Verwaltungsaufwand des Staates für die Baulasten ist dabei nicht einmal berücksichtigt.

Nicht immer geben die Enteignungen der Kirchen bei der Säkularisation von 1803[18] die Begründung für die Baulasten ab. Viele wurden auch davor und danach begründet und werden bis heute immer wieder neu berechnet und fortgeschrieben. Da geht es zum Teil um »örtliches Gewohnheitsrecht«, um Spezialregelungen, die vor Jahrhunderten einmal der Landesherr getroffen hat, oder um Gerichtsentscheidungen und Vergleiche. In Bayern muss schon mal auf das Bayerische Landesrecht oder auf das Preußische Allgemeine Landrecht zurückgegriffen werden – oder gar auf das Konzil von Trient, das von 1545 bis 1563 getagt hat.[19]

Der Bayerische Oberste Rechnungshof hat die Höhe des Aufwandes für die staatlichen Baupflichten 2005 heftig kritisiert und eine Ablösung gefordert. Aber auch die lässt sich die Kirche versilbern. Bisher ist es dem Freistaat nur gelungen, wenigstens für die »Pfarrhöfe« mit der katholischen Kirche eine Vereinbarung zu treffen.[20] Der Vertrag kostet den bayerischen Staat in Zukunft pauschal zwei Millionen Euro jährlich, plus einmalig 100 000 Euro für jedes Pfarrgebäude, für dessen Unterhalt die katholische Kirche anschließend alleine sorgen muss. All das muss den sowieso gezahlten Steuersubventionen des Freistaats für die bayerischen Bistümer hinzugerechnet werden, die 2008 rund 61,5 Millionen Euro betrugen.

Neubauten mit Staatshilfe

Oft ist die Kirche noch nicht einmal Bauherrin, geschweige denn Finanzier des Neubaus, den die Kirchenbesucher bestaunen. Jüngstes Beispiel ist die Dresdner Frauenkirche. 180 Millionen Euro hat es gekostet, das Barockgebäude neu aufzubauen. Davon kamen 102 Millionen Euro durch Spenden, Erbschaften und Stiftungen zusammen. 70 Millionen Euro stammten aus dem Steuersäckel – von der Stadt Dresden, dem

Freistaat Sachsen und dem Bund.[21] Und die evangelische Kirche, die jetzt das Gebäude nutzt? Sie tritt publikumswirksam als eine der »Stifterinnen« der Frauenkirchenstiftung auf, zusammen mit dem Bundesland und der Stadt.[22] Gestiftet hat sie tatsächlich etwas – das ohnehin nichts einbringt und nur Kosten verursachte: das Erbbaurecht an der Ruine der Frauenkirche,[23] die bis dahin ein Friedensmahnmal war. Hinzu kommt ein unbekannter Anteil der Kirche an den drei Millionen Euro Gründungskapital der Stiftung. Dafür aber hat sie sich auf immer festschreiben lassen, dass das Kirchengebäude weiterhin für Religion und Gottesdienst zur Verfügung steht. Vertreter der evangelisch-lutherischen Kirche stellen nach der Satzung als »geborene Mitglieder« die Hälfte des Stiftungskuratoriums.[24] Und wenn zusätzlich die Bundeskanzlerin, der Ministerpräsident Sachsens und der Bürgermeister von Dresden im Kuratorium sitzen, kann das den Zwecken der Kirche nur nützen.

Der Riesenaufwand rentiert sich. Nach der Eröffnung am 31. Oktober 2005 kamen allein im ersten Jahr 2,5 Millionen Besucher.[25] Das mehrt nicht nur die Tourismuseinnahmen der Stadt Dresden, es nützt auch den missionarischen Zielen der protestantischen Kirche, die in Sachsen nur noch gut 20 Prozent der Bevölkerung zu ihren Mitgliedern zählt.[26] Frauenkirchenpfarrer Stephan Fritz zum Weihegottesdienst der Kirche: »Die Kirche ist ein missionarischer Ort.« Glauben will er in der Frauenkirche nicht nur über die Architektur »erfahrbar« machen, sondern auch mit Kirchenmusik, Vorträgen und einem Glaubenskurs.[27]

Denkmalschutz als Etikettenschwindel

Das Ganze hat eine lange Tradition. Schon in der Vergangenheit waren es oft Kirchenbauvereine und der Staat, die einen Kirchenbau finanzierten. Ganz besonders bei den Gotteshäusern, die zugleich auch nationale Symbole sind, war der Staat bereit einzuspringen. Der Kölner Dom wurde im 19. Jahrhundert von einem Dombauverein wohlhabender Kölner Bürger fertiggestellt. Der preußische Staat gab Zuschüsse und legte Wert darauf, dass die Kathedrale als »Denkmal deutscher Baukunst« zu Ende gebaut wurde – rechtzeitig zum militärischen Sieg über Frankreich und zur deutschen Reichsgründung wurde er eingeweiht. Bis heute gehört der Kölner Dom nicht der katholischen Kirche, sondern »sich selbst« – und erhalten wird er mit Staatszuschüssen und dem Überschuss aus der »Dombaulotterie«. Kirchenanteil an den Kosten: null.

418 Millionen Euro lässt sich die katholische Kirche jährlich den Denkmalschutz an ihren Gebäuden kosten. Das klingt so schön großzügig, dass die Deutsche Bischofskonferenz die Zahl fast jedes Jahr neu zum Tag des Denkmals verkündet. Die Spitzen beider Kirchen bitten den Staat bei der Gelegenheit, doch bitte mehr Geld dazuzugeben, denn »geteilte Verantwortung stärkt die Bindung an diese sakralen Räume, ohne die unsere Kultur um vieles ärmer wäre«.[28] Etwas versteckt findet sich in den katholischen Informationen aber ein wesentlicher Hinweis dazu, was die vielen Millionen eigentlich bedeuten: Jede Kirche steht nämlich in aller Regel schon wenige Jahre nach ihrer Errichtung unter Denkmalschutz. Weil demzufolge fast jeder Euro, den die katholische Kirche für den Erhalt ihrer sakralen Versammlungsräume ausgibt, dem Denkmalschutz zugerechnet werden kann, lässt sich dessen Anteil am katholischen Kirchensteueraufkommen von fünf Milliarden Euro errechnen: Es sind lediglich acht Prozent – ein bescheidener, bestenfalls angemessener Anteil für die Erhaltung der Kirchengebäude.

Der neue alte Dreh – Stiftungen

Längst sind die Kirchen dabei, sich auf eine einnahmenärmere Zeit vorzubereiten. Während der Bürger riestert oder rürupt, geht die Kirche stiften – und legt damit für alle Zukunft fest, wie die über neue Kanäle eingehenden Einnahmen verwendet werden. Einige hunderttausend Stiftungen haben jetzt schon mit den Kirchen zu tun – und niemand überblickt wirklich ihre Zahl. Denn bei vielen sind die Originalunterlagen verloren gegangen, und das Wissen über ihre Existenz ist nur noch dezentral bei Kirchengemeinden und Diözesen vorhanden. Mal hat eine fromme alte Frau im Mittelalter der Kirche ein Stück Land vererbt, damit der Priester sie einmal im Jahr in sein Gebet einschließt, mal geht es um eine ganze prächtige Familienkirche, wie bei den Augsburger Fuggern, der reichsten Dynastie des Mittelalters.

In Zeiten »knapper Kassen«, zu knapp jedenfalls für den Riesenapparat und die vielen Gebäude, die die deutschen Kirchen in den 1950er bis 1980er Jahren aufgebaut haben, besinnen sich die Kirchenoberen wieder auf das jahrhundertealte Fundraisinginstrument Stiftung. Sie planen ihre Finanzen auf der Grundlage einer Schätzung, dass sich die Kirchensteuereinnahmen bis zum Jahr 2030 halbieren. Dann sollen Stiftungen einen möglichst großen Teil der Lücke füllen. Denn auf freiwillige Spenden kann man keine Kirche bauen – sie schwanken von Jahr zu Jahr und hängen zudem von allerlei Unwägbarkeiten ab: Nur ein einziger Kirchenskandal, ein Imageschaden genügt, und die Spendenbereitschaft fällt in den Keller. Kapital hingegen kennt keine Skrupel; die Zinsen aus einem Stiftungsvermögen fließen stetig und zuverlässig.

Die Staatsförderung – eine Milchmädchenrechnung

Der deutsche Staat fördert das Stiftungswesen seit 2003 erheblich stärker als je zuvor. Nun können Privatpersonen bis zu 20 Prozent ihres Einkommens steuermindernd an eine Stiftung spenden, über 20 000 Euro pro Jahr. Vermögen von bis zu einer Million Euro können steuerfrei gestiftet oder »zugestiftet« werden. Wenn ein Erblasser sein Vermögen einer Stiftung anheimfallen lassen will, dann verzichtet der Staat völlig auf die Erbschaftssteuer – eine große Verlockung für die Kirchen, die gerne etwas von den 2800 Milliarden Euro abbekommen möchten, die bis 2015 von einer Generation auf die nächste vererbt werden. Umfragen zufolge wären zehn Prozent der Deutschen grundsätzlich bereit, wenigstens einen Teil ihres Vermögens an eine gemeinnützige Organisation zu vererben. Eine Versuchung für jeden Seelsorger, in dessen Gemeinde eine Stiftung verwaltet wird. Er könnte sich überlegen, fromme Familien regelmäßiger zu besuchen oder im Altenheim häufiger mal einen Zwischenstopp einzulegen. Dann kümmert er sich freundlich um das Wohlergehen der Gemeindemitglieder – und überreicht ihnen ebenso freundlich das Faltblatt der gemeinde-kontrollierten Stiftung, die ihm die Arbeit erleichtert.

Hinter dem Verzicht des Staates auf Einkommenssteuer, Schenkungssteuer, Unternehmenssteuern und Erbschaftssteuer steht das Kalkül, dass die Stiftungen auf geheimnisvolle Weise mithilfe von privatem Geld im Wesentlichen die Aufgaben übernehmen, die sonst mit Steuergeld angepackt werden müssten. Eine Milchmädchenrechnung ist das insbesondere bei kirchlichen Stiftungen – denn ein laizistischer Staat, wie es der deutsche sein will, hätte mit den Steuern, auf die er verzichtet, keinesfalls Religionsförderung betrieben – und das ist das Geschäft der kirchlichen Stiftungen. Also handelt es sich bei der Stiftungsförderung erneut um eine versteckte Verschiebung von Steuergeld an die Kirchen.

Seltsam ist, was manche Stiftungen so alles treiben – sowohl private als auch kirchliche. Denn längst haben die Unternehmen und die privaten Cleverles der Republik das Potenzial der Stiftungsförderung erkannt. Sie können die Steuerersparnis für ganz private Zwecke nutzen, wenn sie nur ein bisschen die Kirche mit bedenken. Das zeigt die »Stiftung Franz Freericks« in Papenburg, die seit dem 31. Januar 2007 ins Stiftungsregister eingetragen ist. Zehn Prozent der Einnahmen dieser Stiftung gehen für soziale Zwecke an die katholische St.-Antonius-Gemeinde, fünf Prozent an den Heimatverein St. Papenburg (Vorsitzender: Franz Freericks). Erwähnt ist in der Satzung auch die Möglichkeit, »jungen Menschen aus Entwicklungsländern« eine Ausbildung zu ermöglichen. Aber all das scheint Beiwerk, denn Hauptzweck der »Stiftung Franz Freericks« ist »die Unterstützung der Mitglieder der Familie Freericks, soweit diese krank oder aus anderen Gründen hilfsbedürftig sind« sowie »bei ihrer Ausbildung oder dem Studium«. So setzt die Freericks-Sippe die kranke Oma und die studierende Nichte von der Steuer ab – und die St.-Antonius-Gemeinde hat auch ein wenig davon.[29] Die Kirchenförderung gibt das steuerbegünstigte Feigenblatt für ganz private Zwecke ab.

Stiftungen fürs ganz normale Geschäft

Klar, dass auch die Kirchen selbst auf kreative Ideen kommen. Kirchliche Stiftungen brauchen in ihrer Satzung gar nicht so große Verrenkungen zu machen wie die Familie Freericks im schönen Emsland. Denn »kirchliche Zwecke« sind immer förderungswürdig, das hat der Staat in den Stiftungsgesetzen festgelegt. Und so heißt es in der Satzung der Stiftung »Kirche für Rotenburg« lapidar: »Zweck der Stiftung ist die Förderung des kirchlichen Lebens und der diakonischen Arbeit der Stifter-Kirchengemeinden.« Mit anderen Worten: Die Stiftung unterstützt genau das, was die Aufgabe der drei Kirchengemeinden von Rotenburg an der Wümme ist – nur eben mit zusätzlichen Geldquellen. Ähnliche neu gegründete Stiftungen gibt es inzwischen zu Hunderten, wenn nicht Tausenden.

Nicht immer ist schon am Namen einer Stiftung zu erkennen, dass sie die Kirchen fördert. Eine kleine Stichprobe aus dem Verzeichnis niedersächsischer Stiftungen: Die »Amtmann-Schrötteringk-Stiftung« sorgt sich um die Ausschmückung der Martinskirche in Cuxhaven, Aufgabe der »Lüchower Kalandstiftung« ist ganz allgemein die »Förderung kirchlicher und diakonischer Zwecke« im Kirchenkreis Dannenberg. Und wer mag als Außenstehender erraten, dass die »Stiftung Lebendiges Meinerdingen« allein die evangelisch-lutherische St.-Georg-Kirchengemeinde fördert oder die »Blaskowitz Stiftung« nur der Kirchengemeinde in Bommelsen zugutekommt?

Welche steigende Bedeutung die Stiftungen für die Kirche haben, rechnet Viva Volkmann vor, die im evangelischen Kirchenkreis Verden für Fundraising zuständig ist. Zwölf evangelische Stiftungen gibt es dort. Die Stiftungen bringen unter anderem ein Viertel des Gehalts von drei Pastoren auf, dazu bezuschussten sie viele Gemeindeprojekte und das Gehalt für fünf Diakone. Also gaben sie genau dafür Geld aus, wozu die Kirchenmitglieder eigentlich schon Kirchgeld und Kirchensteuer überweisen.[30] Nur: Muss das über das Stiftungsrecht auch noch steuerlich gefördert werden?

Die Seilschaften des Klerus

Wer mit einer Stiftung die Kirche bedenken will, dem raten Experten trotzdem zu einer »normalen« Stiftung bürgerlichen Rechts. Prof. Olaf Werner, der von Jena aus mit einem eigenen Institut Stiftungsgründer berät, weist auf einen entscheidenden Nachteil von Stiftungen kirchlichen Rechts hin: Nicht der Staat kontrolliert ihre Tätigkeit, sondern das Landeskirchenamt bzw. der Bischof. Es gibt also keine unabhängige Kontrolle. In den Stiftungsgremien haben quasi dieselben Kirchenfunktionäre das Sagen wie in der kirchlichen Stiftungsaufsicht. Das hat praktische Auswirkungen: Wenn eine kircheneigene katholische Stiftung beispielsweise dazu da ist, Ausbildungsstipendien zu vergeben oder Kunstprojekte zu finanzieren, dann können letztlich der Bischof und dessen leitende Mitarbeiter ihre absolute Entscheidungsgewalt dazu nutzen, vor allem ihren Spezis zu einem solchen Stipendium zu verhelfen. Stiftungsrat und Kuratorium haben wenige Möglichkeiten, sich dagegen zu sperren – wenn sie das denn überhaupt wollten. Ein weites Feld für Menschen, die Günstlingen Vorteile verschaffen wollen.

Sogar die Kirchen selbst errichten häufig Stiftungen bürgerlichen statt kirchlichen Rechts – und zwar einfach deswegen, weil manche Spender nicht so gerne ihr Geld der Kirche geben. »Die Kirchen kriegen doch sowieso Kirchensteuern«, denken sich nämlich Spender – wer mag ihnen diese Auffassung übel nehmen? Wenn die thüringische evangelische Kirche vier Kirchengebäude in Arnstedt einer von ihr kontrollierten Stiftung bürgerlichen Rechts übergibt, dann hat die verfasste Institution Kirche diese Kirchengebäude vom Hals und braucht nicht mehr für ihre Renovierung zu sorgen. In den säkularisierten Kirchen Arnstedts kann die Stiftung dann Ausstellungen, Konzerte und andere Events veranstalten. Für solche Zwecke lässt sich Kulturförderung aus dem Staatssäckel beantragen, wenn die Sache dann erst einmal läuft. Und sollte das alles schließlich doch nicht rentabel sein und die Träume von den neuen Einnahmequellen für die verweltlichten Kirchengebäude platzen, dann muss die Stiftung eben wieder aufgelöst werden, denn der Stiftungszweck ist nicht mehr erfüllbar, oder das Vermögen ist verbraucht. Alles nicht so schlimm: Für die Abrisskosten der Kirchen ist dann nicht mehr die Landeskirche haftbar. Wenn am Ende, nach Auflösung der Stiftung, doch noch Geld übrig bleiben sollte, dann fällt das restliche Vermögen satzungsgemäß an die verfasste Kirche zurück.

Im Zweifel unflexibel, demokratiefeindlich, unsolidarisch

Die Kritikpunkte gegen das allgemein ausufernde Stiftungswesen gelten auch für die Kirchen: Da wird auf Jahrzehnte und Jahrhunderte hinaus Kapital für bestimmte Stiftungszwecke festgelegt, das womöglich schon nach kurzer Zeit woanders besser angelegt wäre. Selbst der Staat gründet Stiftungen – beispielsweise zur Förderung von Kunst und Kultur – und entzieht damit Steuergeld der Kontrolle der Parlamente, die eigentlich dafür gewählt werden, sich um eine sinnvolle Verwendung des Geldes zu kümmern. Analog dazu ist eine Kirchenstiftung der Kontrolle der Gemeindevorstände und Synoden teilweise entzogen. Im Stiftungsrat und im Kuratorium sitzen nur die Zuverlässigsten von ihnen – zusammen mit Pfarrern und hauptamtlichen Kirchenverwaltern, die automatisch ein Mandat in der Stiftung erhalten.

Zudem verstärken die Stiftungen das Gefälle zwischen armen und reichen Gemeinden. Bei den kirchlichen Geldsammlern macht die Erfolgsgeschichte der evangelischen Gemeinde Hoberge-Uerentrup bei Bielefeld die Runde, die 2003 das Barvermächtnis des gestorbenen Herrn Dr. Blase erhielt, ausschließlich für den Erhalt der Kirche. Mit den rund 700 000 Euro errichtete die Gemeinde gleich entschlossen einen Stiftungsfonds, wobei der Allgemeinheit – je nach den Familienverhältnissen bei den Blases – zwischen 30 000 und 200 000 Euro an Erbschaftssteuer entgingen. Den Blase-Fonds verwaltet jetzt für die Gemeinde die »Evangelische Stiftung Kirche für

Bielefeld«, die dadurch auf einen Schlag 70 Prozent mehr Vermögen hatte (und das Geld hauptsächlich in Papieren des Allianz-Konzerns anlegt). Seitdem wurde die Stiftung mit zwei weiteren kleineren Fonds bereichert. Es ist wohl kein Zufall, dass ausgerechnet auf die kleine wohlhabende Gemeinde im Speckgürtel von Bielefeld ein Geldsegen herabregnet – wo sonst sollten solche Vermögen einer Gemeinde vererbt werden. Kirchengemeinden in ärmeren Vierteln hingegen gehen leer aus. Der Verblichene dachte, wie häufig in solchen Fällen, nur an seinen eigenen Sprengel: an das Gemeindeleben in der wunderschönen Kirche mit der Natursteinfassade in Uerentrup. Aber nicht daran, ob im Unruheviertel ein paar Kilometer weiter ein kirchliches Jugendzentrum dringend Geld gebrauchen könnte. Damit konterkariert die Stiftung als neue Einnahmequelle die solidarische Verteilung der Kirchensteuereinnahmen, die armen Gemeinden überproportional zugeteilt werden. Uerentrops Finanzkirchmeister Friedhelm Faust sieht das natürlich anders. Er schätzt, dass seine Gemeindemitglieder einen siebenstelligen Betrag in die Landeskirche einbringen; aus dem großen Topf aber kämen nur 35 000 Euro zurück – wovon die Gemeinde nicht leben könne.

Die Kirchensteuer wackelt

Es sei zugegeben: Mit der Kritik am System der Kirchensteuer haben wir Kirchenhasser und kleinlichen atheistischen Nörgler bisher wenig anrichten können. Ein Mann aus den Reihen der Kirche hingegen sorgt für Furore, mit einem einzigen kleinen Verwaltungsakt. Der Freiburger Kirchenrechtler Hartmut Zapp rührt an den Grundfesten der Kirchenfinanzierung. Hätte Prof. Zapp nur die Wiederauferstehung Jesu geleugnet, so könnte das sein Bischof ignorieren – Zapp ist pensioniert. Nein, Zapp geht gegen die Legalität der Kirchensteuer an – und das bisher erfolgreich. Er hat beim Standesamt seines Wohnorts den Austritt aus der katholischen Kirche erklärt, aber dies mit dem Zusatz versehen, dies gelte nur für die öffentlich-rechtliche »Körperschaft Kirche«. Zapp will aber weiterhin Kirchenmitglied bleiben können. Zum Entsetzen der katholischen Führung hat das Freiburger Verwaltungsgericht dies im Juli 2009 für rechtmäßig erklärt.[31]

Zapp hat seinen Schritt wohl begründet[32]; schließlich ist er Kirchenrechtler. Nach katholischer Lehre kann niemand, der getauft ist, jemals die Kirchenmitgliedschaft wieder verlieren, auch nicht durch einen Verwaltungsakt eines staatlichen Standesamtes. Das katholische Mitglied kann nur von der Kirche »abfallen«, indem es dies persönlich gegenüber der Kirche – nicht gegenüber dem Staat – erklärt. So hat es der Vatikan 2006 verfügt. Deshalb sieht sich Zapp weiterhin als Kirchenmitglied. Die deutschen Bischöfe hingegen verurteilen einen Kirchenaustritt à la Zapp als »Schisma«, als Akt der Kirchenspaltung, der mit der Exkommunikation bestraft wird, dem Ausschluss aus der Gemeinschaft.[33] Das allerdings ist Ungehorsam gegenüber dem Papst, wirft der Kirchenrechtler den Bischöfen vor. Er will lieber – in gleicher Höhe wie bisher – acht Prozent seiner Einkommenssteuer direkt an die Kirche überweisen. Damit plädiert er für die Übernahme des italienischen Modells. In Italien kann sich jeder Steuerbürger aussuchen, wohin er eine obligatorische »Kultursteuer« überweist – an eine Kirche oder an den Staat oder eine andere unterstützenswerte gemeinnützige Körperschaft. Wenn Zapp mit seinem Beispiel durchkäme und sein Verhalten Schule machte, dann wäre die Kirchensteuerpflicht in Deutschland Geschichte.

Aus Lamberts Dossier:
Der Papsthügel

Mein Bruder Lambert und seine Frau Gabriele sind länger bei der Kirche geblieben als ich. Als Kirchenmitglied, Chorsänger, Hornbläser, Presbyterin und in ehrenamtlicher Mitarbeit haben sie viele Stunden in Gottesdiensten verbracht, mit Pfarrern und anderen Ehrenamtlichen zusammengearbeitet – bis es ihnen zu viel geworden war. Sie brauchten aber noch ein paar Jahre, um, wie sie jetzt sagen, Religion zu Ende zu denken und sich schließlich davon zu lösen. Aber verlorene Söhne und Töchter der Kirchen schauen sich länger, aufmerksamer und zorniger die kirchlichen Seltsamkeiten und Grenzüberschreitungen an. Lambert, der Kriminalkommissar und neu geborene Agnostiker, hat seine Beobachtungen niedergeschrieben und gesammelt. Lamberts Dossier hat in diesem Buch eine eigene Rubrik bekommen, die auch für nicht Niedergeschriebenes offen ist, das im Familiengedächtnis lagert. Ein Thema in seinem Dossier: Die Kirchenfinanzen.

Lange nach dem Kölner Weltjugendtag verkündete dessen formelle Veranstalterin, die kircheneigene gemeinnützige Weltjugendtags-GmbH, sie habe eine Bilanz mit einer schwarzen Null geschrieben. Die katholischen Diözesen müssten nicht, wie befürchtet, Geld nachschießen. Die Weltjugendtags gGmbH löste sich auf.

Aus über Jahre gesammelten Zeitungsausschnitten in seinem Dossier allerdings weiß Lambert, dass es noch Außenstände gab. Die gGmbH hatte wohl »vergessen«, die Kosten für die Beseitigung des Papsthügels zu zahlen. Auf dem »Marienfeld« sind 80 000 Kubikmeter Erde zu einem mächtigen, zehn Meter hohen Hügel aufgeschüttet worden, mit genügend Platz für einen Altar, den Papst und 2000 andere Kleriker auf dem so entstandenen Hochplateau. Im Etat des Weltjugendtags war selbstverständlich auch Geld vorgesehen dafür, den

»Papsthügel« später wieder abzutragen. Kostenvoranschlag:
800 000 Euro.

Doch nach dem »Weltjugendtag« ist alles anders. Wäre es nicht schön, wenn der Papsthügel erhalten bliebe, zum Gedächtnis an die Messe, die der Papst von dort aus zelebriert hat? Dann würde man auch die Kosten für das Abtragen des Hügels sparen, sagt die CDU im NRW-Landtag. Dass es die Kirche sein würde, die diese Kosten spart, wird in den Medien nie mehr erwähnt. Die Lokalzeitungen sind ebenfalls dafür, dass der Gedächtnishügel bestehen bleibt. Vier Jahre später kann sich die katholische Kirche über eine Papstgedenkstätte freuen. Über 610 000 Euro haben das Land NRW und die Stadt Kerpen in die Landschaftsgestaltung des »Marienfeldes« gesteckt, den nicht für die Dauer konstruierten Papsthügel gegen Abrutschen gesichert und Wege gebaut. Der Wanderweg auf den Hügel heißt nun »Dreikönigsweg«. Auf diesem Pilgerweg schreitet Kardinal Joachim Meisner am 6. September 2009 hügelan, eröffnet die neue kleine Marienkapelle auf dem Gipfelplateau und äußert seine Freude, wie gelungen der Basaltaltar und das Kreuz nun dauerhaft im Erdreich verankert sind, auf Staatskosten.

Wenn immer nur einer profitiert – Kirchenverträge

Wenn es im Verhältnis zwischen Religionsgesellschaften und Staat weiter so läuft, wie bisher, dann könnte in ein paar Jahren folgende Pressemeldung von der Regierung eines Bundeslandes, sagen wir einmal Baden-Württembergs, verbreitet werden:

»Stuttgart, 8. Juni im Jahr 2032 nach Christi Geburt, genau 1400 Jahre nach Mohammeds Tod

Heute ist mit der Übergabe der Ratifizierungsurkunden das erste Konkordat eines Bundeslandes mit der vor acht Jahren gegründeten deutschen Islam-Union in Kraft getreten. Der evangelische Ministerpräsident Ayyup Özdemir und der Großmufti der deutschen islamischen Zentralunion, Helmut Schulz, würdigten den Staatsvertrag als einen Beweis dafür, wie gefestigt die guten Beziehungen zwischen dem Staat und der islamischen Religionsgemeinschaft inzwischen seien. Das erlaube es, endlich die Muslimische Gemeinschaft in Deutschland, die zehn Prozent der Bevölkerung vertritt, mit der evangelischen und der katholischen Kirche gleichzustellen.

Im Einzelnen sieht das Konkordat Folgendes vor:

Die muslimische Zentralunion darf eigene Gesetze erlassen, Gebühren einziehen, eine eigene Gerichtsbarkeit für ihre Angelegenheiten errichten. Die staatlichen Gerichte leisten Vollstreckungs- und Amtshilfe.

Die Muslime dürfen eine Islamsteuer erheben, die von den baden-württembergischen Finanzbehörden für sie eingezogen wird. Außerdem dürfen sie ohne Extra-Genehmigung Spendensammlungen veranstalten.

In Anerkennung jahrzehntelanger Benachteiligung von muslimischen Einwanderern löst der Staat seine Verpflichtungen ab, indem er Pauschalen für Gehälter der Muftis von Mannheim, Stuttgart und Ulm zahlt. Außerdem ist er zuständig für den Erhalt der Mannheimer und der Pforzheimer Moscheen.

Moscheen erhalten Zuschüsse für die Pflege ihrer Baudenkmäler.

Die Religionsfreiheit der deutschen Muslime wird gewährleistet.

An den Schulen wird nach den Grundsätzen der Islam-Union gestalteter islamischer Religionsunterricht gelehrt und vom Staat finanziert. Die Islam-Lehrer müssen die Lehrerlaubnis der Islam-

Union besitzen und werden von ihr bestimmt. An drei Universitäten werden Lehrstühle in islamischer Theologie vom Staat errichtet und finanziert. Die Inhaber eines allgemeinen Lehrstuhles für Philosophie und eines für Ethik müssen den Ansprüchen der Islam-Union genügen und vom Großmufti genehmigt sein.

In Pforzheim wird eine islamische Universität errichtet, die der Staat zu 90 Prozent finanziert. Neben Religion werden dort Sozialarbeit und Sozialpädagogik, Wirtschaftswissenschaften und Humanwissenschaften gelehrt.

Die Islam-Union darf eigene Hochschulen errichten, die bei der staatlichen Förderung angemessen berücksichtigt werden.«

Undenkbar? Einen entsprechenden Vertrag hat das Land Baden-Württemberg mit den beiden evangelischen Landeskirchen von Baden und Württemberg noch im Jahre 2007 abgeschlossen.[34] Er enthält Paragrafen, die denen aus dem (noch) fiktiven Vertrag mit der »Islam-Union« gleichen. Andere Paragrafen sind dem Bayernkonkordat entnommen, wie zum Beispiel der Absatz über die Universität – in dem Fall die katholische Universität Eichstätt. Mit den genannten Punkten ist der Umfang der staatlichen Verträge mit den Kirchen aber noch längst nicht abgehandelt. Weiter geht's, Punkt für Punkt analog zu den Kirchenverträgen:

»Der islamische Wohlfahrtsverband wird den anderen gleichgestellt und hat Vorrang vor staatlichen Trägern bei der Erfüllung seiner Aufgaben.

Der Staat sorgt dafür, dass die Islam-Union im Südwestrundfunk und in den regionalen Privatsendern Zeiten für Verkündigungssendungen bekommt.

Das Freitagsgebet und der Ramadan werden nicht durch staatliche Gesetze beeinträchtigt.

Die islamischen Vereinigungen erhalten alle Rechte einer Körperschaft öffentlichen Rechts.

Die Imame der Islam-Union haben garantierten Zugang zu Krankenhäusern, Altenheimen, der Polizei und Justizvollzugsanstalten, um sich dort seelsorgerisch zu betätigen und religiöse Veranstaltungen abzuhalten.

Aus Gründen der ›Parität‹ – also, weil die christlichen Kirchen ebenso behandelt werden – erhält die Islam-Union pro Jahr rund 20 Millionen Euro aus dem Landesetat. Der Betrag steigert sich zu festgelegten Prozentsätzen jährlich. Er wird zusätzlich dann erhöht, wenn die Beamtenbesoldung des Landes steigt und wenn die Zuschüsse zur katholischen oder der evangelischen Kirche steigen.

Genau wie staatliche Stellen braucht die Islam-Union keine Gebühren für staatliche Verwaltungsleistungen bezahlen.

Der Vertrag ist nicht befristet und enthält keine Kündigungsklausel. Änderungen sind nur einvernehmlich möglich. Die zuständige Kultusministerin würdigte beim Austausch der Urkunden insbesondere die im Schulgesetz festgelegte Selbstverpflichtung des Landes, ›die Jugend in der Ehrfurcht vor Gott zu erziehen‹.«

Das Zitat der fiktiven Kultusministerin ist nicht fiktiv. Es stammt von der nordrhein-westfälischen Schulministerin Barbara Sommer. Eine Französin, der ich es vorgelesen habe, hat laut aufgelacht und wollte es zuerst gar nicht glauben. In Frankreich, wo Religion und Staat konsequenter getrennt sind, wäre es völlig undenkbar, dass ein Regierungsmitglied eine solche Äußerung machen würde.

Vertraglich garantierter Geldsegen

Gäbe es dereinst einen solchen Vertrag mit den Vertretern des Islam, so würde die Volksseele im Ländle kochen wegen dieser Privilegien für eine Minderheit, die – zusätzlich zu den Mitgliedsbeitragen und Spenden der Gläubigen an ihre Moscheengemeinden – aus dem Staatssäckel über und über mit Wohltaten und Privilegien bedacht wird.

Es ist heilsam, einmal aus der Distanz, die die meisten Leser zum Islam haben, über die Vertragsklauseln nachzudenken. Warum um Allahs willen sollte der Staat einen solchen Vertrag abschließen, der die säkulare Allgemeinheit nur Geld kostet, ihr aber keine Vorteile bringt?

Denn genau so sind die »Staatskirchenverträge« beziehungsweise Konkordate gestrickt, welche die diversen deutschen Staaten in den vergangenen 200 Jahren mit den Kirchen geschlossen haben, und zwar bis in die Neuzeit. Alle Bundesländer haben ähnliche Verträge mit beiden Kirchen geschlossen, und für die Bundesrepublik insgesamt wurde das Hitlerkonkordat mit dem Vatikan für weiterhin gültig erklärt.

Der real existierende Vertrag Baden-Württembergs mit den beiden evangelischen Kirchen des Bundeslandes aus dem Jahre 2007 gilt als die vorerst jüngste »Lückenschließung« im deutschen »Staatskirchenrecht« und ist den Verträgen mit den katholischen Diözesen Freiburg und Rottenburg-Stuttgart ähnlich. Die Kirchen bekommen selbstverständlich mehr Zuschüsse als die fiktive »Islam-Union«. Im Jahr 2010 erhält die württembergische Kirche aus dem Vertrag 37,7 Millionen Euro (plus zwei Millionen für die evangelische Seminarstiftung), die badische Kirche 13,8 Millionen. Die katholische Diözese Freiburg erhält 25,5 Millionen Euro, die Diözese Rottenburg-Stuttgart 25,6 Millionen. Macht insgesamt mindestens 104,6 Millionen Euro im Jahr 2010 allein aus dem baden-württembergischen Landesetat für die beiden großen christlichen Kirchen. Andere millionenschwere Kosten müssen noch hinzugerechnet werden – für Leistungen, die in Zusatzverträgen und Protokollen penibel aufgelistet sind, beispielsweise für die 15 evangelischen theologischen Lehrstühle in Heidelberg und Stuttgart, die der Staat garantieren und bezahlen muss.

Der Staat sieht sich zu alledem in der Pflicht, weil es die

Säkularisation der Kirchengüter vor 200 Jahren gegeben hat, betonten Politiker aller Landtagsfraktionen bei dem Beschluss des baden-württembergischen Landtages über die Kirchenverträge. Diese Verpflichtung gegenüber den Kirchen haben sie sogar in der Landesverfassung relativ detailliert verbrieft.

Der Humanistische Verband Baden-Württembergs, eine Organisation von Konfessionslosen, hat gegen den Abschluss des Vertragswerkes protestiert – und in derselben Stellungnahme[35] Gleichbehandlung mit den Kirchen gefordert, aus »Paritätsgründen«. Und so erhält der Verband, den der evangelische Bischof Dibelius in den 1930er Jahren »Gottlosenbewegung« nannte[36], zum Beispiel im Jahr 2009 in Baden und Württemberg 150 000 Euro aus dem Staatsetat, die Altkatholiken bekommen 346 000 Euro und die evangelisch-reformierte Gemeinde Stuttgart 12 000 Euro.[37] Andere Religionsgemeinschaften gehen leer aus, auch die Muslime – bisher.

Bevor die baden-württembergischen Kirchenverträge 2007 ins Landesparlament kamen, hat der Rechnungshof des Landes gerügt, der Staat sei den Kirchen in zwei Punkten sogar noch weiter entgegengekommen als nach der bisherigen Praxis zu erwarten. Einer davon war, dass Baden-Württemberg nun auch den Protestanten zusagt, dass ihre Theologieprofessoren nur mit der Zustimmung der Landeskirche lehren dürfen.[38] Dass dies bei der katholischen Kirche auch so ist, genügte der Regierung als Begründung. Die Rechte der Katholiken und der Protestanten schaukeln sich also gegenseitig hoch.

Undemokratisch ist ein Prinzip, das die Konkordate und Kirchenverträge durchdringt: die Vereinbarung, sie könnten ohne die Zustimmung der Kirchen nicht geändert werden. Einem Parlament, das dies anginge, würfe die Kirche Vertragsbruch vor. Konsequent ist da nur, dass die Kirchenverträge auch undemokratisch zustande kommen. Bevor das Vertragswerk fertig ist, werden die Abgeordneten, die es beschließen sollen, nicht einbezogen – ganz anders als bei viel unwesentlicheren Gesetzesvorhaben. Ist der Vertrag erst einmal mit der Kirchenverwaltung ausgehandelt, hat das Parlament nur zwei Möglichkeiten: Ja oder Nein zu sagen – so, als wäre ein Kirchenvertrag ein völkerrechtlicher Vertrag zwischen zwei Staaten und nicht eine Vereinbarung, die tief in die Gestaltung des öffentlichen Lebens eingreift.

Konkordate international – ist der Teufel katholisch?

Kirchenverträge sind zwar in Deutschland besonders üblich und – wegen der föderalen Struktur – besonders zahlreich. Aber der international operierende Vatikan hat auch mit anderen Staaten Verträge über seine Rechte abgeschlossen – in der Vergangenheit besonders gerne mit Diktaturen. Die Sicherung des katholischen Einflusses stand dabei immer im Vordergrund. Der Pakt mit dem italienischen Diktator Mussolini 1929 war die Geburtsstunde des Vatikans als Kirchenstaat. Das Konkordat mit dem österreichischen autoritärfaschistischen Dollfuß-Regime 1933 brachte dem Vatikan erheblichen Bedeutungszuwachs; so sicherte Österreich der Kirche zum Beispiel zu, kirchlich geschlossene Ehen auch im bürgerlichen Recht voll anzuerkennen.[39] Das mit Hitler 1933 geschlossene Reichskonkordat hält die Kirche noch heute für so vorteilhaft, dass sie immer wieder seine Gültigkeit betont. Die Konkordate mit den diktatorischen Regimes in Portugal (1940) und Spanien (1953) sicherten der Kirche »enormen Einfluss in Staat und Gesellschaft zu Lasten der kleinen Religionsgemeinschaften«, schreibt der Weltanschauungsrechtler Gerhard Czermak.[40] Aus der imposanten Liste von Vertragspartnern könnte man glatt den Schluss ziehen, dass der Teufel besonders katholisch ist.

Undemokratische Festlegungen

Die Kirchenverträge legen für die Zukunft Rechte fest, die womöglich schon nach wenigen Jahren nicht mehr zeitgemäß sind. Weil die Abkommen nur einvernehmlich geändert werden, geben die Kirchen ein einmal gewonnenes Recht so leicht nicht mehr ab. So verpflichtet das Konkordat der Katholiken mit dem Freistaat Bayern das Bundesland dazu, sechs katholisch-theologische Fakultäten zu unterhalten. Doch den Theologen gehen die Studenten aus. Als sich für das Semester 2004/2005 in ganz Bayern nur 90 Diplomstudenten neu einschrieben, war selbst den Bischöfen klar, dass sechs Fakultäten zu viele sind. In Bamberg studierten in allen Jahrgängen insgesamt nur 51 Studenten, in Passau 40. Die bayerischen Bischöfe konnten sich nicht einigen, welcher Standort bluten musste. Der Vatikan aber erklärte sich damit einverstanden, die Bamberger und die Passauer theologischen Fakultäten zum 30. September 2009 zu schließen. Aber der Heilige Stuhl verzichtete keineswegs auf seine Rechte, er willigte lediglich ein, seine Ansprüche für 15 Jahre »ruhen« zu lassen.[41] Vielleicht lässt sich im Gegenzug für einen endgültigen Verzicht ja später noch etwas herausschlagen, mögen sich die vatikanischen Unterhändler gedacht haben. Der Staat spart zunächst nur wenig Geld ein. In Bamberg etwa wirken im Wintersemester 2009/2010 weiterhin sieben staatlich finanzierte Theologieprofessoren, die nun ausschließlich Religionspädagogen ausbilden anstatt auch Diplomtheologen.[42]

Renten für die Ewigkeit – die Säkularisation

Wer nach der Begründung für die ganz großen Subventionen fragt, die die Bundesländer den Kirchen vertraglich zusagen und zahlen, dem schallt irgendwann unweigerlich ein Mantra von Begründungen entgegen, wie unausweichlich, wie rechtmäßig und wie legitim die Zahlungen an die Kirchen doch seien. Artikel aus dem deutschen Grundgesetz und der der Weimarer Reichsverfassung werden genannt, und es fallen Stichworte wie »Entschädigung für Säkularisation« und »Reichsdeputationshauptschluss«. Doch 200 Jahre nach der Säkularisation ist es an der Zeit, dieses für das Gemeinwesen teure Mantra infrage zu stellen. Legal sind diese Zahlungen vielleicht, und verpflichtet dazu erscheint der Staat auch, so wie Verträge eben verpflichten. Aber legitim und angemessen ist es längst nicht mehr, dass die Kirchen sich immer noch erfolgreich auf die vor 200 Jahren geschehene Teilenteignung ihrer Besitztümer berufen.

Es lohnt, Hintergründe und Umstände der Säkularisation näher zu beleuchten. Anfang des 19. Jahrhunderts hatten die Franzosen unter Napoleon die Gebiete links des Rheines besetzt – der deutsche Kaiser Franz II. war gezwungen, das gesamte Gebiet an Frankreich abzutreten. Aber die deutschen Reichsfürsten verlangten Entschädigung und beschlossen im »Reichsdeputationshauptschluss« 1803, sich die meisten Kirchenbesitztümer rechts des Rheines einzuverleiben, sie zu verweltlichen, zu »säkularisieren«. 1700 Quadratmeilen mit drei Millionen Einwohnern wechselten so den Besitzer, die Kurfürstentümer Köln, Trier und Mainz, das Fürsterzbistum Salzburg, 80 reichsunmittelbare Abteien und über 200 Klöster.[43]

Klosterenteignungen in der Praxis

Viele der Klöster ähnelten eher Wirtschaftskonzernen mit Brauereien, Schmieden, Bäckereien, Baumschulen, Mühlen, Fischteichen, Gärten, Wiesen, Wäldern, Ziegeleien, Schäfereien, Wein- oder Hopfengärten, vielen dem Kloster abgabepflichtigen Bauern, zinspflichtigen Haushalten und Tausenden Lohn- und Fronarbeitern.[44] Neben den Immobilien und dem Mobiliar wurden all diese Betriebe an neue Betreiber verkauft – zum Nutzen der Staatskassen. Mit so manchem Mönch aber wusste danach niemand mehr etwas Rechtes anzufangen. Als man die geistlichen Herren aus dem Zisterzienserkloster Langheim im Bistum Bamberg bei der Auflösung ihres Klosters bat, seelsorgerliche Aufgaben in Pfarreien zu übernehmen, lehnten das die allermeisten Mönche ab. Mal verwiesen sie auf »Brustschwäche« oder schlechtes Gehör, mal auf Ekel vor Kranken und mangelnde Erfahrungen in der Seelsorge. Lieber wollten sie von dem Ruhegeld zehren, das die neuen Besitzer ihres Klosterbetriebes ihnen nun zahlten.[45]

Die weltlichen Fürsten haben von der Säkularisation 1803 weitaus weniger profitiert, als sie sich versprochen hatten. Weil so viel an Ländereien und Inventar auf den Markt kam, gingen die Preise in den Keller, oder der Staat blieb auf dem Kirchengut und seinen Kosten sitzen. An den weltlichen Herren blieben die Pensionen der Mönche, Unterhalt für anderes Personal, Zahlungen an Bischöfe und Pfarreien sowie die Baulasten für Kirchengebäude hängen. Dazu kam eine Fülle von neuen Aufgaben, weil sich die Arbeitsteilung zwischen weltlichen und religiösen Einrichtungen verschob. Viele Schulen und Heime, Bibliotheken und Archive, Waisenhäuser, Kranken- und Armenhilfe hatte der Staat früher den kirchlichen Stiften und Klöstern überlassen – und musste sie nun übernehmen. Der Profit aus der Säkularisation ist also nicht nur schwer zu schätzen – er ist auch zu einem erklecklichen Teil mit der Säkularisation kirchlicher Aufgaben ausgeglichen, von denen die Kirchenschatullen nun entlastet waren.[46]

Entschädigungen zugunsten der Seelsorge

Die Fürsten hatten es zwar auf die Klöster abgesehen, auf ihren Einfluss und ihr Vermögen – nicht aber auf die Religion. Es war ihnen selbstverständlich, dass es an der Seelsorge weiterhin nicht fehlen sollte[47] – so lautete die Begründung der Fürsten für neue Zahlungen an Pfarreien und Bischöfe. Also halten wir fest: Nicht primär eine Entschädigung für die Übernahme von Kircheneigentum war das Motiv der Zahlungen. Die Reichsfürsten bestimmten, dass die »Bedürfnisse der Kirchen im Wesentlichen zu befriedigen« wären. So sollten beispielsweise Pfarreien, die bislang aus den Erträgen von Kirchenland oder einer Abtei erhalten wurden, stattdessen jährliche Zahlungen vom Staat bekommen – Details wurden in Verträgen geregelt. Und fortan floss jährlich Geld an die katholische und an die evangelische Kirche – ständig »dynamisiert«, das heißt, immer wieder erhöht.

Der eigentliche Ausgleich des Staates für die Säkularisation ist nach dieser Logik die Kirchensteuer, die der Staat heute die Kirchen einziehen lässt, denn sie ist es, die es »an der Seelsorge nicht fehlen« lässt. Das sieht auch Oberkirchenrat Jens Petersen so, der seit 1991 bei der Evangelischen Kirche in Deutschland Referent für Steuerfragen ist: Nach der Säkularisation sei der Staat für die Finanzierung der Kirchen zuständig gewesen, weil deren bisherige Finanzquellen wegfielen. »Von dieser Beanspruchung wollte der Staat sich dadurch befreien, dass er den Kirchen die Möglichkeit eröffnete, ihren Finanzbedarf durch die Besteuerung der Kirchenangehörigen selbst zu decken … also: Kirchensteuer zu erheben. Die Kirchen akzeptierten die neue Finanzierungsmöglichkeit bald.«[48] Mit dieser

Rechtfertigung der Kirchensteuer liefert der Kirchenfinanzbeamte ungewollt ein schlagendes Argument gegen alle anderen Zahlungen an die Kirchen, die mit der Säkularisation begründet werden.

Erbeutetes Kirchenvermögen

Die Säkularisation bedeutete eine teilweise Enteignung der kirchlichen Körperschaften. »Enteignung« – das hat einen dramatischen Klang. Doch die Säkularisation war in der Regel keine schändliche Gewalttat gegen die Kirche. Zudem hat in dem Spiel »Wer ist das Opfer?« die Kirche allzu oft den Schinder gegeben. Kirchenreichtümer wurden angehäuft mit Gewalt und Krieg. Als im 14. Jahrhundert die Juden in Nürnberg ermordet wurden, fielen ihre Häuser samt Inhalt der Kirche zu. Der Bamberger Bischof übernahm nach einem Pogrom fast alle Häuser der Bamberger Juden.[49] Wurde ein »Ketzer« hingerichtet, eine »Hexe« verbrannt, dann fiel ihr Vermögen selbstverständlich der Kirche anheim. Wenn der Fürstbischof einen Feldzug gewann, dann war das ebenfalls lukrativ und mehrte das Kirchenvermögen. Die vermögensmehrenden Ablassbriefe der Katholiken – Geld gegen ewiges Seelenheil – fand Martin Luther zwar verdammenswürdig. Aber nach der Reformation fragten die Protestanten unterschiedlicher Couleur nicht danach, aus welchen dunklen Quellen das katholische Vermögen rührte, das sie und ihre zum Protestantismus konvertierten Fürsten nun zum eigenen Nutzen übernahmen.

Unentwirrbare Eigentumsrechte
statt klarer Trennung

Staat nimmt Kircheneigentum und muss entschädigen. Das klingt heute einfach logisch – und ist es doch nicht. Anhand der Oberpfalz im 30-jährigen Krieg lässt sich zeigen, wie sehr kirchliche und weltliche Interessen – und damit das jeweilige Eigentum – miteinander vermengt waren. Aus religiösen und machtpolitischen Gründen wurde zwischen 1618 und 1648 ganz Mitteleuropa verwüstet. Millionen Menschen starben an vom Krieg verursachten Nahrungsmangel, an der Gewalt und den Seuchen. Und es wurde Eigentum hin und her verschoben, zwischen den unterschiedlichsten Eigentümern beider Konfessionen. In der Oberpfalz hatte der protestantisch gewordene Fürst die Klöster 1553 in Staatseigentum überführt, sie aber als eigene Finanzkörperschaften bestehen lassen. Deshalb konnte der bayerische Herzog Max – im Namen des Papstes – leicht die Klostereinnahmen zurückerobern, als er 1622 die Oberpfalz wieder besetzte. Der Papst zeigte sich dankbar für den erfolgreichen Feldzug gegen die Protestanten; deshalb durfte Herzog Max die Einnahmen der Klöster behalten und daraus seine Kriegskosten finanzieren – aber im Gegenzug spendete der bayerische Herrscher ein Drittel der Klostereinnahmen aus der Oberpfalz den Bischöfen von Regensburg, Eichstätt und Bamberg. Die Oberpfalz war nun zwar wieder katholisch beherrscht, aber als der Kurfürst die oberpfälzischen Klöster wieder mit Benediktinern besiedeln wollte, verhinderten dies die bayerischen Bischöfe. Sie wollten einen Machtgewinn für diesen Orden verhindern. Kirchenimmobilien waren also auch Machtmittel im Ränkespiel der unterschiedlichen Kirchenfraktionen, und »die Kirche« war ein Konglomerat sehr unterschiedlicher Interessen. Staat und Kirche rechneten miteinander ab – aber in beide Richtungen: Noch 1798 gaben die vom bayerischen Staat getragenen Kosten aus den Religionskriegen die Begründung dafür ab, dass der Papst ein Siebtel des bayerischen Kirchenvermögens vertraglich an den Freistaat abtrat.[50]

Da lässt sich die Lage 1803, nur fünf Jahre danach, nicht so betrachten, als seien die Aufgaben von Kirche und Staat getrennt gewesen und als sei das enteignete Kirchenvermögen gänzlich unbelastet. Es ist im Einzelfall noch komplizierter: Der Altenberger Dom, eine Zisterzienser-Klosterkirche im Bergischen Land, wurde ebenfalls säkularisiert und an Privatleute verkauft, die schließlich eine Chemiefabrik für Berliner Blau darin einrichteten. 1815 beschädigte eine Explosion die Kirche schwer; sie verfiel zu einer Ruine. Doch schließlich gelangte sie als Schenkung ins Eigentum des Staates Preußen und wurde mit mindestens 70 Prozent staatlichen Mitteln wieder aufgebaut und den Protestanten und Katholiken ab 1857 als »Simultankirche« zur Verfügung gestellt. Würde man die staatliche Entschädigung so sauber ausrechnen und fortschreiben, wie es der Würzburger Diözesankämmerer beim Brennholz für einen nicht mehr existierenden Pfarrer macht, dann müsste also den Konfessionen die Nutzung des Doms in Rechnung gestellt werden – was die Zuschüsse des Landes NRW an die Kirchen minderte.

Trotz alledem erkannte die Weimarer Reichsverfassung von 1919 die Uraltverpflichtungen aus der Zeit der Säkularisation ausdrücklich an. Aber nicht für alle Ewigkeit, denn erwähnt wurden die Reparationen nur, um im gleichen Atemzug zu bestimmen, dass sie bald abgelöst – also beendet – werden sollten. In Artikel 138 hieß es nämlich: »Die auf Gesetz, Vertrag oder besonderen Rechtstiteln beruhenden Staatsleistungen an die Religionsgesellschaften werden durch die Landesgesetzgebung abgelöst. Die Grundsätze hierfür stellt das Reich auf.« Aber niemand ergriff nach dem Revolutionsjahr noch die Initiative dazu – bis heute. Das bundesdeutsche Grundgesetz von 1949 verweist auf die Weimarer Reichsverfassung und be stimmt, dessen Kirchenparagrafen sollten weiter gelten, auch der Artikel 138. Der westdeutsche Staat hat sich also 1949 verpflichtet, Gesetze zu erlassen, die den Dauerzahlungen für Kirchenimmobilien ein Ende machen sollen. Das haben die Länderparlamente aber nirgends gemacht – wohl aus Rücksicht auf die Kirchenlobby, die sogleich einen neuen »Kulturkampf« heraufbeschwören und ihre Verbände alarmieren würde.

Wie hoch wäre überhaupt wohl eine Ablösesumme 1919 gewesen? Womöglich wäre man zu dem Schluss gekommen, dass die bis dahin geleisteten Ratenzahlungen schon ausreichten. Aber die Kirchenlobbyisten rechnen natürlich völlig anders. Sie nehmen beispielsweise die rund 100 Millionen Euro als Basis, die allein das Land Baden-Württemberg heute jährlich zahlt, und rechnen von diesem Betrag aus hoch. Eine solche Zahlung einmalig abzulösen, das ginge doch wohl nur mit dem Zehn- bis Zwanzigfachen des Jahresbetrages, also mit einem Kapitelbetrag, der einen Zins in ähnlicher Höhe abwerfen würde – oder? Es wird so gerechnet, als wäre aus einer kleinen Eisengießerei im 19. Jahrhundert auf jeden Fall ein moderner Hochofen geworden – und als müsste eine Entschädigung für die Enteignung dieser Gießerei nach dem hypothetischen Wert dieses hypothetischen Hochofens berechnet werden. Stattdessen stellt sich jedoch eher die Frage, ob es all die kirchlichen Gewerbe heute überhaupt noch gäbe oder ob die Mühlen, Schmieden und Baumschulen nicht ohnehin schon zur Zeit der Industrialisierung der Konkurrenz zum Opfer gefallen wären – so wie inzwischen auch die meisten deutschen Hochöfen.

Geschichtsvergessene Argumente

Bis heute aber werden die alten Ansprüche der Kirchen immer neu bestätigt und bekräftigt. Bayern beispielsweise hat dies 1963 in Verträgen mit den Kirchen getan. Allerdings waren die

Vereinbarungen wohl nicht konkret genug, denn seitdem musste der Freistaat Bayern allein 700 Schreiben und Erlasse herausgeben, die sich mit dem Vorgehen der Verwaltungen bei Kirchenbaulasten befassen.[51]

Das Festhalten an den Entschädigungen wird zwar mit Geschichte begründet, beruht aber auf geschichtsvergessenem Denken. Seit der Säkularisation 1803 haben große und kleine Kriege das Eigentum von vielen Menschen zerstört. Die Grenzen der Länder, der Fürstentümer und des deutschen Reiches wurden mehrfach gewaltsam verschoben. Ganze Familien sind von ihren Besitztümern geflüchtet. Nach 1945 wurden andere in Ostdeutschland entschädigungslos enteignet. Geschichte ist kein Nullsummenspiel, sie hinterlässt Schäden. Als vielleicht einzige Institutionen aber sind die katholische und die evangelische Kirche in der gewalttätigen deutschen Geschichte weitestgehend unbehelligt geblieben. Ihr Draht zum Staat war stets gut genug, um ihre Ansprüche erneut abzusichern, zuletzt in den ostdeutschen Bundesländern.

Wenn Sie also heute von Kirchenvertretern hören und lesen, dass all die schönen Überweisungen der Städte, Gemeinden und Länder nichts anderes sind als das gute, verfassungsmäßig verbriefte Recht der beiden Konfessionen, dann ist das zwar nicht unwahr (bis auf das Wort »gut«). Aber die Zeit ist längst reif, genau diesen Zustand zu beenden.

Aus Lamberts Dossier:
Das Presbyterium und die Kirchenfinanzen

Lange haben sich Lambert und seine Frau Gabriele in der evangelischen Kirchengemeinde engagiert. Er spielte im Posaunenchor, sie wollte sich für Soziales einsetzen – in der Kleiderkammer für Asylbewerber, in der kirchlichen Jugendarbeit. Gabriele wurde »beknetet«, sagt sie, auch in den Gemeinderat zu kommen, für einen ausgeschiedenen Presbyter. In dieser Funktion erfuhr sie, wofür der Gemeindeetat eingesetzt wird. Die Gemeinde legte Geld zurück für die Orgel und die Reparatur des Kirchturms. Sogar einen eigenen Kleinbus schaffte der Gemeinderat an, um am Sonntag ein paar alte Leute in die Kirche zu bringen. »Die sind aber gar nicht gebrechlich – und denen ein Taxi zu bezahlen, wäre tausendmal billiger gewesen.« Für das Kinderheim in Rumänien, das die Gemeinde unterstützt, wurde kein Geld aus dem Gemeindeetat eingesetzt – nur gelegentlich die Kollekte im Gottesdienst. Gabriele: »21,75 Euro an einem Sonntag – lächerlich.« Andere Aufgaben waren dem Presbyterium mehr wert: den Gemeindemitgliedern ein Frühstück in der Osternacht zu bezahlen oder die Fahrtkosten zum Kirchentag zu erstatten – »und zwar für alle, egal wie reich oder arm. Da war ich empört.« Wohlhabende Familien prägen die Gemeinde. Auch wenn die Arbeit sie befriedigt hat, so sieht sie heute die »Jugendarbeit für satte Kinder« zwiespältig. »Zwischen Klavierspiel, Tennis und Reiten habe ich denen auch noch Theaterspielen und andere Highlights geboten.« Heute sagt Gabriele: »Kirchensteuer hat überhaupt nichts mit Gemeinnützigkeit zu tun.«

Kirche und Staat

Dann eben abschieben –
Staatsnähe statt Menschennähe

Kaum jemand ist schwächer und verletzlicher als Flüchtlinge. Spanier beschießen sie mit gefährlichen Gummigeschossen, wenn sie aus Marokko über den Zaun zur spanischen Enklave Mellilla klettern wollen. Eine internationale Polizeitruppe fängt sie an der polnisch-ukrainischen Grenze ab. An Flughäfen sind extraterritoriale Zonen eingerichtet, damit sie das Schengen-Visum-Gebiet erst gar nicht offiziell erreichen. Die Europäische Union lässt offiziell zu, dass sie im Mittelmeer ertrinken. Und wenn die Menschen geschnappt werden, landen sie gleich in Lagern und werden wieder abgeschoben. Die Kirchen melden sich in Migrantenfragen gerne als das »Gewissen der Allgemeinheit« zu Wort. Doch wenn es wirklich ans Eingemachte geht und die Kirchenspitze frontal gegen eine unmenschliche Abschottungspolitik protestieren müsste, dann halten sie still. Es sind hingegen einzelne Gemeinden, die Kirchenasyl gewähren. Denn wenn manche Pfarrer, Presbyter und Ehrenamtliche die Flüchtlinge und ihre Schicksale persönlich kennenlernen, dann leisten sie spontan Hilfe gegen die deutschen Behörden, die sie abschieben wollen. Wenn es hingegen nach der Kirchenleitung geht, dann wird – streng nach Recht und Gesetz – lieber ein Ausländer zu viel abgeschoben, als dass man sich zu lange mit seinem bedauernswerten Schicksal beschäftigt.

Ein Kirchenasyl wird politisch

Ohne Unterstützung durch die kirchliche Basis und durch kirchenferne Unterstützer wäre heute die Kurdin Fatma Kuş mit ihrer neunköpfigen Familie nicht mehr in Deutschland. Und wenn bei der beispiellosen Kraftprobe »Wanderkirchenasyl« in den Jahren 1998 bis 2003 alles nach dem Willen des damaligen landeskirchlichen Ausländerreferenten Jörn-Erik Gutheil gelaufen wäre, wäre Familie Kuş wohl abgeschoben worden. Fatma und ihr Mann Tevfik beherbergten in ihrem Heimatdorf in Kurdistan Anfang der 1990er Jahre ab und zu Kämpfer der kurdischen PKK und gaben ihnen zu essen. Das blieb der türkischen Armee nicht verborgen, sie suchte nach Tevfik, und er musste untertauchen. Soldaten verhörten Fatma, sie wollten von ihr den Aufenthaltsort ihres Mannes erfahren, sie misshandelten die schwangere Frau und traten ihr in den Bauch. Sie verlor ihr Kind. Schließlich gelang es der Familie zu fliehen. Mithilfe von Fluchthelfern erreichten sie im April 1991 in einem Lkw Düsseldorf. Doch die Familie wusste nicht, wie wichtig es im deutschen Asylverfahren ist, gleich zu Beginn alles zu erzählen, was als Asylgrund anerkannt werden könnte. So verschwieg Fatma aus Scham auch ihre Misshandlung. Nach mehreren Versuchen, Asyl zu bekommen, ist das Ende aller rechtlichen Bemühungen erreicht. Seit Dezember 1997 ist die Familie illegalisiert – täglich kann die Polizei in ihrer Unterkunft in Kranenburg am Niederrhein auftauchen und sie zum Flughafen bringen. Da kommt im Januar die Nachricht aus Köln: In der Kartäusergemeinde in der Kölner Innenstadt öffnet Pfarrer Kurt Werner Pick jedem Flüchtling das Kirchentor. 20 Kurden sind schon da, dann kommt auch Familie Kuş – und immer mehr andere. Die Besonderheiten dieses Kirchenasyls: Die Kirchengemeinden arbeiten von Anfang an mit den großteils kirchenfernen Aktivisten der Aktion »Kein Mensch ist illegal« zusammen.

Angesichts der schieren Menge der illegalisierten Kurden, die sich schließlich einfinden, fordern die Gemeinden einen Abschiebestopp in die Türkei, wo zu der Zeit auch im Westen des Landes Kurden von der Polizei drangsaliert wurden. In den ersten fünf Wochen gelangen 87 Kurden ins Kirchenasyl. Als sie von einer Gemeinde in die andere wandern müssen, damit die Last ihrer Unterbringung auf viele Gemeinden im Rheinland und Westfalen verteilt werden kann, da wird aus der Aktion das »Wanderkirchenasyl«. Pressewirksam reisen Kurden, Aktive aus den Gemeinden und andere Unterstützer mit Bussen zu Demonstrationen und Veranstaltungen, zu Hearings und zum Landesinnenministerium. Mit Benefizveranstaltungen sammeln die Aktivisten Geld für das Wanderkirchenasyl. Doch von Anfang an gewinnt man den Eindruck, dass der Leitung der rheinischen Landeskirche drei Tatsachen nicht gefallen: Die Gemeinden arbeiten mit Politaktivisten zusammen, die der Kirche sonst fernstehen, sie handeln eigenständig und koordinieren sich über das »Ökumenische Netzwerk Asyl in der Kirche«, und sie stellen eine politische Forderung. Der rheinische Präses und EKD-Ratsvorsitzende Manfred Kock spricht zwar in Zeitungsartikeln angesichts der Asylrealität von einem Recht auf Widerstand, aber im Bereich seiner Kirche tut die Kirchenleitung alles dafür, dass dieser nicht stattfindet.

Kirchenleitung auf dem Schoß der Regierung

Widerstand leistet in der Kirchenleitung der für Migranten zuständige Landeskirchenrat Jörn-Erik Gutheil. Gutheil kämpft schon seit einiger Zeit gegen das »Netzwerk Asyl in der Kirche«. Er will erreichen, dass alle Fälle von Kirchenasyl über seinen Schreibtisch laufen, damit er ihre Aussicht auf Erfolg beurteilt, so wie er es als die entscheidende Person in der NRW-Härtefallkommission gewohnt ist. Gutheil sagt, man müsse Distanz zu den Betroffenen haben, um das richtig beurteilen zu können. Mit anderen Worten: Wenn der Ausländerreferent aufgrund der Aktenlage den Daumen senkt, dann kann die Kirche nichts mehr für den Flüchtling tun. Die Gesetze sind dann leider so. Dass Pfarrer Pick die Pforten der Kölner Antoniterkirche ganz pauschal für die kurdischen Flüchtlinge geöffnet hat, hält Gutheil für unverantwortlich. Zum Landesinnenministerium hat er allerdings einen hervorragenden Kontakt. Dort ist für Ausländer Ministerialdirigent Hans Engel zuständig, der ehrenamtlich auch in der Synode der EKD mitwirkt und über deren migrationspolitische Papiere mit beschließt. Engel ist über die kircheninternen Konflikte, das Gerangel über Kompetenzen und Strategien auf dem Laufenden; er erhält von Gutheil – »persönlich, vertraulich« – Kopien des internen Schriftwechsels zwischen Kirchenleitung und Gemeindevertretern. Wenn es um das ständige Gerangel geht, wer das Wanderkirchenasyl in Gesprächen mit dem Innenministerium vertreten soll, dann ist der Ministeriale im Bilde. Gutheil versucht, so der Eindruck aus den Unterlagen, die politischen Aktivisten von »Kein Mensch ist illegal« auszubooten und alle Verhandlungen an sich zu ziehen.

Manchmal wird der Kompetenzstreit öffentlich. Nach einer vom Wanderkirchenasyl veranstalteten Anhörung zur Situation in der Türkei im Juni 2008 fordern drei Superintendenten einen Abschiebestopp. Auch Landeskirchenrat Gutheil stimmt zu, dass die Kirchengemeinden und die Kurden Unterhändler bestimmen sollen, die mit dem Landesinnenministerium darüber beraten wollen. Doch schon ein paar Tage später soll das nicht mehr so gewesen sein – die Kirchenleitung gibt eine Presseerklärung heraus, in der sie darauf pocht, die Strategien zu bestimmen und alleine mit der Regierung zu verhandeln. Es geht ganz offensichtlich darum, die politische Forderung zu entschärfen.

Während all dieser Kämpfe kümmern sich die Gemeinden weiter um die Flüchtlinge, und deren Zahl nimmt ständig zu.

Nach einem Jahr stehen fast 500 Kurden auf der Liste des Wanderkirchenasyls. Fatma und Tevfik Kuş sind mit ihren sieben Kindern weiterhin dabei; sie sind in einer Wohnung der katholischen Kirchengemeinde St. Josef in Herzogenrath untergekommen. Diese Gemeinde prüft nicht zuerst die Chancen der Familie bei den Ausländerbehörden – sie hilft einfach. Das Pastoralteam von St. Josef hat Erfahrung mit Kirchenasyl und nimmt fremdenfreundliche Bibelworte ernst: »Der Fremde, der sich bei euch aufhält, soll euch wie ein Einheimischer gelten, und du sollst ihn lieben wie dich selbst.« (3. Mose 19, 34) Ohne richtige Zukunftsperspektive lebt die Großfamilie nun in der kleinen Wohnung, in ständiger Angst vor Verhaftung, denn der Bundesgrenzschutz ist in der nur 100 Meter von der niederländischen Grenze entfernten Straße oft unterwegs. Die Gemeinde versucht, der Familie ein einigermaßen normales Leben zu ermöglichen, sorgt dafür, dass die Kinder zur Schule gehen können, und trägt die Unterhaltskosten. Ein Netzwerk, dem auch Ärzte angehören, die sie kostenlos behandeln, hilft der Familie. Die Unterstützer schöpfen in einem steten Kleinkrieg mit den Ausländerbehörden alle juristischen Mittel für ein Bleiberecht aus.

Ende gut – aber nur durch Basisarbeit

Erst nach über vier Jahren, im Mai 2002, fällt die Entscheidung, dass die Familie bleiben darf. Entscheidend war dafür ein guter Draht zum Landrat. Mit seiner Hilfe gelingt es den Unterstützern, den Fall der Familie Kuş vom unnachgiebigen Ausländeramt Kleve zum Kreis Aachen verlagern zu lassen. Ähnlich aufwendig ist die Unterstützungsarbeit in den anderen über 100 Gemeinden, die sich im Laufe der Jahre am Wanderkirchenasyl beteiligen, das erst nach fünf Jahren offiziell für beendet erklärt wird. Bilanz der Unterstützungsaktion: Fünf

Menschen wurden abgeschoben, 20 sind untergetaucht, aber 397 von 492 Menschen haben einen »relativ stabilen Aufenthaltsstatus« erreichen können, 31 eine »Duldung«. Die restlichen sind freiwillig aus dem Kirchenasyl ausgeschieden oder in andere Länder weitergewandert.[1] Nur für 25 von knapp 500 konnte offensichtlich keine Lösung erzielt werden.

Auf keinen Fall hätte das Wanderkirchenasyl dieses Ergebnis erreicht, wenn, wie gewünscht, die Kirchenleitung die Akten geprüft und weitergeleitet hätte – und entscheidend war, dass der Druck auf die Politik für einen Abschiebestopp aufrechterhalten wurde; so setzten sich auch Bundespolitiker der SPD und der Grünen für die einzelnen Kurden ein. Die Kirchenleitung hingegen versuchte gleichzeitig, die Vernetzung der Gemeinden zu stören. Ihr Machtmittel: Zuschusskürzungen für die Geschäftsstelle des Asylnetzwerks. Fast zwölf Jahre nach Beginn des Wanderkirchenasyls allerdings scheint das Gedächtnis des Kirchenmannes Gutheil getrübt, den seine Landeskirche inzwischen als »Mr. Migration« belobigt und mit einem eigens für ihn veranstalteten Symposium aus seinem Amt in den Ruhestand verabschiedet hat. Ob er dem Ministerialdirigenten Engel interne Kirchenunterlagen zuschob, daran erinnert er sich nicht mehr. Dafür aber schreibt er sich wohl selbst den gesamten Erfolg der Einzelfallprüfungen des Wanderkirchenasyls zu.

Mitarbeit bei strenger Einwanderungspolitik

In seinem Spezialgebiet ist der Pensionär Gutheil weiterhin aktiv. Er und zwei weitere Kirchenvertreter stellen 2009 die Hälfte der Mitglieder von Nichtregierungsorganisationen in der »Härtefallkommission NRW« beim Innenministerium.[2] Da prüfen sie die Akten von Flüchtlingen, die zur Ausreise verpflichtet wären. Als allerletzte Instanz darf die Kommission noch einmal einen Appell an die Ausländerbehörden richten.[3] In NRW haben die Kirchenvertreter in der Härtefallkommission strengen Grundsätzen für ihre Entscheidung zugestimmt – es müssen atypische außergewöhnliche Gründe den Einzelfall hervorstechen lassen, und »unter integrativen Aspekten« allein dürfen sie nicht entscheiden, dass Migranten in Deutschland bleiben dürfen.[4] Nur 18 Prozent der Ersuchen reicht die Kommission überhaupt mit einer Befürwortung weiter – dann allerdings folgen die Ausländerämter fast immer der Empfehlung.[5] Ganz getreu ihrer langen staatsnahen Tradition sind die Kirchenvertreter eingebunden und akzeptieren das, was der Staat an Kriterien vorgibt für Menschen, die bleiben wollen – und gehen müssen.

Mit dabei ist die rheinische Kirche auch bei der Zwangsdeportation von Ausländern. Das Gutheil-Projekt »Abschiebebeobachtung« wird von der evangelischen Landeskirche getragen und vom NRW-Innenministerium bezahlt. Ein Mitarbeiter steht Ausländern auf dem Düsseldorfer Flughafen bei, bis sie ins Flugzeug in Richtung Herkunftsland gesetzt werden. Aber wenn es dabei nicht human zugeht, darf der Projektmitarbeiter das auf keinen Fall an die Öffentlichkeit bringen, meint Jörn-Erik Gutheil. Denn sonst würde nach Aussage des Ex-Kirchenhierarchen das nach seiner Ansicht notwendige Vertrauensverhältnis zur Bundespolizei gestört. So bleibt summarische Kritik an der Abschiebepraxis dem evangelischen »Mr. Migration« vorbehalten.[6] Ein vertrauensvolles Verhältnis pflegt Gutheil weiter zu dem nun ebenfalls pensionierten Hans Engel. Ihn lädt er gerne mal auf die eine oder andere der Tagungen zur Asylpolitik ein,[7] die er mit Kirchen- und EU-Geld organisiert, mal in Bonn, mal in Brüssel, auf Malta oder Lesbos, in Kiew oder Casablanca. Da erzählt der Ex-Ministeriale und Mitglied der EKD-Ratskommission für Ausländerfragen dann, ihm missfalle selbst das kleine Schlupfloch der Humanität, welches das Recht mit den zahnlosen Härtefallkommissionen in den Bundesländern eröffnet.

Seine Begründung: »Entscheidungen nach Gutsherrenart gehören nicht zum Rechtsstaat.«[8]

Eine »problematische Rolle« spielen Diakonie und Caritas in den bayerischen Flüchtlingslagern, sagt Matthias Weinzierl vom Flüchtlingsrat Bayern, der die Auflösung dieser Lager fordert. Die dortigen Lager sollen ausdrücklich »die Bereitschaft zur Rückkehr in das Heimatland fördern«, so steht's in der bayerischen Asyldurchführungsverordnung[9]. Gemeint ist damit ganz offensichtlich: Die Lager sollten möglichst abschreckend sein für die Flüchtlinge; sie sollen aus Deutschland hinausgeekelt werden. Entsprechend miserabel sind die Lebensbedingungen in den Unterkünften. Fünfköpfige Familien hausen auf zehn Quadratmetern – eine verdreckte Dusche soll für 60 Menschen reichen in einem Haus an der Stadtgrenze, die die Flüchtlinge nicht überschreiten dürfen. Hineinfahren in die Stadt können sie auch nicht, weil ihr Taschengeld dafür nicht reicht. Die Christlich-Sozialen in Bayern haben außerdem dafür gesorgt, dass Flüchtlinge sich ihr Essen nicht selbst kaufen können, sondern sich jahrelang aus Essenspaketen ernähren müssen. Was machen Caritas und Diakonie? Einerseits kümmern sie sich um die Flüchtlinge; Sozialarbeiter besuchen und beraten sie. Manchmal, sagt Matthias Weinzierl, sind es »großartige Einzelkämpfer«, die sich für das Wohlergehen der Menschen in den Lagern einsetzen, und manchmal gibt es auch eine Arbeitsteilung mit dem Flüchtlingsrat. Der Caritas-Mitarbeiter liefert dann die Insiderinformationen, mit denen die Aktivisten vom Flüchtlingsrat die bayerische Käfighaltung für Flüchtlinge bekämpfen können. Und doch: Die Caritas beispielsweise, die die meisten Flüchtlingslager betreut, ist so sehr auf eine gute Zusammenarbeit mit dem Staat angewiesen, dass sie das Wort nicht all zu laut gegen die Lager erhebt, hat Weinzierl beobachtet. Außerdem bekommen auch die Beratungsstellen Staatszuschüsse. Und wenn sich die Bewohner eines Flüchtlingsheims über die staatliche Heimleitung beschweren, steht die Caritas oft dazwischen oder verteidigt die Heimleitung sogar.

Kirchliche Mitverantwortung für die Flüchtlingsmisere

2009 starteten Caritas und Diakonie eine Kampagne für ein Bleiberecht von solchen Einwanderern, die seit Jahren ständig von der Abschiebung bedroht sind, weil sie allenfalls eine ausländerrechtliche Duldung erhalten. An der Verschlimmerung des Asylrechts aber tragen die Kirchen eine Mitverantwortung. Denn der »Asylkompromiss« von 1993 wurde auch von ihnen geschlossen. Er ist die Ursache dafür, dass nur ganz wenige Flüchtlinge Deutschland erreichen. Damals hat der Bundestag mit einer Änderung des Grundgesetzes das Grundrecht auf Asyl drastisch eingeschränkt – manche sagen: abgeschafft. Wer beispielsweise über einen als »sicher« deklarierten Staat Deutschland erreicht, wird gleich wieder dorthin zurückgebracht. Man muss schon mit dem Fallschirm über Deutschland abspringen, damit ein Amt überhaupt die Asylgründe prüft. Unter dem Eindruck von fremdenfeindlichen Parolen und Gewalttaten hatten auch die Spitzen der evangelischen und der katholischen Kirche ganz offiziell der Grundgesetzänderung zugestimmt – am Nikolaustag 1992. In der Woche der Bundestagsentscheidung im Mai 1993 kündigte deshalb Helmut Leuninger, katholischer Priester und Sprecher der Organisation »Pro Asyl«, an, er werde das Kommissariat der deutschen Bischöfe nie mehr betreten. Die Geschäftsstelle sei eher »ein Vorhof der Macht als eine Stätte des Asyls«.[10]

Wäre der neue Asylartikel 16 a schon im Grundgesetz gewesen, als Fatma Kuş und ihre Familie in Düsseldorf ankamen, dann hätte man sie sofort wieder über die Grenze zurückgeschickt. Jetzt aber leben Fatma und Tevfik in einer eigenen

Wohnung in Herzogenrath-Straß, die Gemeinde lädt zuweilen zu »Kurdisch Kochen mit Fatma« ein, und Fatma erscheint ab und zu bei der katholischen Messe, um ihre Freundinnen in der Gemeinde zu treffen.

Ausnahmegesetze und Gesetzesausnahmen

Die Zahl der Paragrafen in Bundes- und Landesgesetzen, die Kirchen begünstigen, geht in die Hunderte. Dazu kommen Ausnahmeregelungen und Sonderrechte in Rechtsverordnungen von Bundes- und Landesministerien – es ist so gut wie unmöglich, einen vollständigen Überblick zu bekommen. Wer es versucht, erlebt so manche Überraschung. Warum sollte die Kirche im Urheberrecht bevorzugt werden? So wie Schulbuchverlage darf sie – ohne nachfragen zu müssen – Texte, Töne und Bilder in Sammelbänden übernehmen.[11] Warum zum Beispiel müssen Religionsgemeinschaften bei der Bauleitplanung nur dann besonders berücksichtigt werden, wenn sie Körperschaften öffentlichen Rechts sind? Eine Benachteiligung von Muslimen.[12] Warum darf insbesondere die Kirche einen Wehrpflichtigen im Fall der Fälle für »unabkömmlich« erklären, wenn sie ihn selbst als Beschäftigten benötigt?[13] Warum gilt die Mitbestimmung von Arbeitnehmern weder bei den Kirchen noch bei ihren karitativen oder erzieherischen Einrichtungen?[14] Warum verzichtet der Staat grundsätzlich auf Erbschafts- und Schenkungssteuer, wenn das Erbe kirchlichen Zwecken zugutekommt?[15] Warum müssen Theologen weder Wehrdienst noch Zivildienst leisten?[16] Warum müssen an Grund- und Hauptschulen in Niedersachsen die Anteile der katholischen und evangelischen Lehrer der Zusammensetzung der Schüler entsprechen – gibt es eine katholische Art, im

69

Sportunterricht über den Barren zu springen? Rechnet ein protestantischer Mathelehrer lutherisch?[17] Und warum sollten im Land NRW manche Rechtsverordnungen über die Hygiene in Krankenhäusern nicht auch in einem kirchlichen Krankenhaus gelten?[18] Verhalten sich Viren in katholischen oder evangelischen Krankenhäusern anders als in weltlichen?

Der bürokratische Freiraum der Kirchen

Den Kirchen räumt die Verfassung großen Freiraum ein: »Jede Religionsgesellschaft ordnet und verwaltet ihre Angelegenheiten selbständig innerhalb der Schranken des für alle geltenden Gesetzes«, bestimmt der Artikel 137 der Weimarer Reichsverfassung, der heute noch gilt.[19] Um dieses Recht auszufüllen, treiben die verfassten Kirchen einen enormen Verwaltungsaufwand, mit Kirchengesetzen und Richtlinien, Verordnungen und Satzungen, Gerichtsordnungen und Musterstatuten – und das oft für jedes Bistum und jede evangelische Landeskirche einzeln. Kirchenjuristen und Kirchenverwalter publizieren Amtsblätter, betreiben Datenbanken und Loseblattsammlungen und füttern Kirchenrechtslehrstühle mit Material. Fast alles, was zu regeln ist, wird in der Kirche noch einmal neu geregelt: In welcher Höhe Psychotherapie von Kirchenbeamten bezuschusst wird, wie die Haushälterinnen von Priestern sozialversichert werden und wie kirchliche Bildschirmarbeitsplätze auszusehen haben.

Negative Folgen für Kirchenabhängige

Die Folgen der Sondergesetze – und der Gesetzeslücken – können für Einzelne schmerzhaft sein. Die staatlichen Datenschutzgesetze beispielsweise werden auf die Kirchen nicht angewendet, die Beihilfe für Kirchenbeamte läuft anders als beim Staat. Bernd Unterstöger (Name geändert), der als Kirchenbeamter bei einem katholischen Orden beschäftigt ist, bekam das sehr schmerzhaft zu spüren.

Er muss sich privat krankenversichern, aber die Krankenversicherung zahlt nur die Hälfte der Behandlungskosten, die andere Hälfte trägt – bis zu Höchstbeträgen – die »Beihilfestelle« des Arbeitgebers. Einem Beihilfeantrag sind viele sehr persönliche Daten und Unterlagen beizufügen: die Diagnosen, die Therapien, durchgeführte Operationen, die Namen der verordneten Medikamente. Sensible Daten, die einen Arbeitgeber nichts angehen. Der Vorgesetzte braucht nur zu wissen, ob ein Beschäftigter arbeitsunfähig ist, mehr nicht. Deshalb gibt es bei öffentlichen Arbeitgebern eigene Stellen, die diese Anträge bearbeiten. Die Beamtengesetze legen fest, dass diese Stellen unabhängig arbeiten müssen und kein anderer in der Behörde Zugang zu den Beihilfeakten haben darf.[20] Anders dagegen bei Unterstögers Arbeitgeber, dem Orden. Die Ausgaben für eine externe Verwaltung der Beihilfeanträge wollte sich der Orden sparen. Deshalb nahm das Vorzimmer des Dienststellenleiters die Beihilfeanträge entgegen. Man ließ die Unterlagen ein oder zwei Wochen im Tresor und bearbeitete sie schließlich, wenn dafür Zeit war. Angeblich, so sagte der Chef, schaute keiner richtig darauf, wenn die Formulare abgestempelt und weitergeleitet wurden. Bernd und seine Kolleginnen und Kollegen, die immer wieder Beihilfeanträge stellen, mochten das nicht recht glauben. Mehrfach hatten sie um Abhilfe gebeten, vergeblich dagegen protestiert und schließlich auch einmal mit dem Landesdatenschutzbeauftragten telefoniert. Der Datenschützer hörte sich die Geschichte mit zunehmender Empörung an. Ein eindeutiger Verstoß gegen den Datenschutz, urteilte er. Er wollte Unterlagen, Adressen, weitere Details – aber dann, am Ende eines langen Telefonats, als herauskam, dass der Anrufer bei einem kirchlichen Arbeitgeber beschäftigt ist,

sagte er: »Ich kann leider nichts für Sie tun.« Ende der Fahnen-
stange. Ob vielleicht ein kirchliches Datenschutzgesetz für sie
gilt und ein kirchlicher Datenschutzbeauftragter beim Bischof
zuständig ist, das wissen Bernd und die anderen Betroffenen in
seiner Dienststelle bis heute nicht. Auf ihre Ankündigung, den
Arbeitgeber zu verklagen, ernteten sie nur massive Drohungen.
Sie gaben auf. Die Beihilfeanträge liefen weiter durch das Vorzimmer ihres Vorgesetzten.

Datenschutzlücken für Kirchenbeamte – der Chef liest mit

Das war die Lage, als Bernd Unterstöger schwer erkrankte.
Lange war unklar, warum er ständig matt war. Er liebt seinen
Beruf, aber dann musste er einsehen: Er war arbeitsunfähig.
Monatelang wanderten nun seine prekären Krankenunterlagen über den Schreibtisch des Chefzimmers. »Unklare Psycho-
se« stand zunächst darauf. Die Formulare verzeichneten einen
mehrwöchigen Psychiatrie-Aufenthalt, in den Bernd zur Dia-
gnosestellung eingewilligt hatte. Und schließlich trugen seine
Krankenunterlagen die Diagnose – eine neurologische Erkrankung und den Namen des Medikaments, das er nun regelmäßig nehmen musste und das ihm schließlich wieder auf die
Beine half.

Ein Jahr nach seiner Erkrankung war er also wieder da, arbeitswillig und arbeitsfähig. Bernd Unterstöger hatte den sehr
bestimmten Eindruck, dass sein Chef, der sich brüderlich besorgt gab, genau wusste, wie seine Krankengeschichte verlaufen war. Er wolle ihm helfen, wieder bei der Arbeit zurecht-
zukommen, sagte der Vorgesetzte. Es seien alle möglichen
Geschichten im Umlauf, was mit ihm los gewesen sei. Und ob
es da nicht eine gute Idee wäre, den versammelten Kollegen bei
einer der regelmäßigen Abteilungskonferenzen einfach zu er-

zählen, was für eine Krankheit er habe. Erst wehrte Unterstöger heftig ab. Woran er litt, das ging die Kollegen nichts an, sagte er. Doch dann erzählte er bei der nächsten Konferenz doch von seiner Krankheit, und dass sie nun mit dem Medikament beherrschbar war – und dass er sich auf die Zusammenarbeit jetzt freut.

Eine Woche später, ein neues Gespräch mit dem Chef. Immer noch brüderlich besorgt. Aber jetzt, wo er auch offiziell die Diagnose kennt, lässt er die Katze aus dem Sack. Es sei ja nun doch zweifelhaft, ob er den Arbeitsstress noch aushalten könne, sagt ihm der Chef. Um ihn zu schützen, so erklärt er, wolle er doch lieber mal von einem Amtsarzt prüfen lassen, ob Unterstöger nicht dauerhaft arbeitsunfähig sei. Bernd ist entsetzt.

Wenn niemand die Hierarchie kontrolliert

Ab und zu hatte er Konflikte mit seiner Arbeitsstelle gehabt. Er ist sich sicher, dass der Chef nun in seiner Krankheit eine willkommene Gelegenheit sieht, ihn, den Störenfried, endgültig loszuwerden. Er sitzt in der Falle. Denn ihn zum Amtsarzt schicken, das darf die Dienststelle jetzt, glaubt er.

Vor allem für verbeamtete kirchliche Beschäftigte rächt sich in solchen Fällen, dass es keine außerkirchliche Instanz gibt, an die sie sich wenden können. In solchen Dienstangelegenheiten schaut kein weltliches Amt, kein Arbeitsgericht, kein Verwaltungsgericht dem Chef auf die Finger. Es ist immer das Amt des Bischofs oder die Ordensoberin, allenfalls das Kirchengericht. Und ein Verstoß gegen die kirchliche Datenschutzordnung ist nicht mit Geldbußen belegt, im Gegensatz zum staatlichen Datenschutzgesetz. Bei manchen Einrichtungen, die einem Orden gehören, vereinigen sich die Funktionen von Träger und Leitung in ein und derselben Person. Wenn beispielsweise auch die Schulleiterin eine Nonne des Ordens ist, dem die Schule gehört, dann gibt es keine übergeordnete Instanz, an die sich ein Beschäftigter wenden kann. Das begünstigt Hauen und Stechen, Mobbing und Intrigen unter den dort Tätigen.

Doch – zu seinem Glück – kommt es ganz anders, als es sich der Vorgesetzte ausgemalt hat. Der Psychiater fragt Unterstöger: »Wollen Sie arbeiten oder wollen Sie pensioniert werden?« »Arbeiten«, antwortet Bernd, und das beschert ihm – nach der Untersuchung – ein Schreiben, in dem ihm volle Arbeitsfähigkeit bescheinigt wird, unter einer Voraussetzung: dass er mittags am Arbeitsplatz eine knappe Stunde Gelegenheit zu einem Schläfchen bekommt. Selbst darum musste er kämpfen, aber jetzt, einige Jahre danach, ist er froh, weiter an seinem Arbeitsplatz sein zu können.

Rechtsschutz für Gott als Knüppel gegen Kritik

Ob es die Mitglieder der Religionsgemeinschaften über für sie unangenehme Gesetzeslücken hinwegtröstet, dass zum Ausgleich Spezialparagrafen ihren Gemütsfrieden strafrechtlich schützen? Der § 166 des Strafgesetzbuchs bestimmt: Wer ihr Bekenntnis, ihre Institutionen, ihre Einrichtungen oder ihre Gebräuche »in einer Weise beschimpft, die geeignet ist, den öffentlichen Frieden zu stören, wird mit Freiheitsstrafe bis zu drei Jahren oder Geldstrafe bestraft«.[21] Von dem »Gotteslästerungsparagrafen« machen Fromme und fromme Politiker durchaus Gebrauch, wenn sie gegen radikal religionskritische Äußerungen vorgehen wollen. Doch es gefällt ihnen nicht, dass allzu oft die Verfahren ohne Verurteilung beendet werden. Denn für eine Bestrafung muss der »öffentliche Frieden« gestört sein. Wenn fromme Menschen eine aufgeregte Demonstration veranstalten, dann ist das ein Indiz für öffentlichen Unfrieden – die Predigtpassage eines missvergnügten Bischofs reicht nicht aus. Deswegen forderte der damalige bayerische Ministerpräsident Stoiber 2007, den Paragrafen zu verschärfen[22] und damit letztlich seine alte Fassung wieder einzuführen. Noch in der Weimarer Republik wanderten Künstler und Publizisten tatsächlich wegen »Gotteslästerung« ins Gefängnis. Wer bewusst auf den religiösen Empfindungen anderer Menschen herumtrample, müsse mit Konsequenzen rechnen, sagte der fromme Stoiber aus Anlass der Empörung mancher Muslime über die dänischen »Mohammed-Karikaturen«. Interessante Logik: Wenn die Karikaturisten und Redakteure in Dänemark oder anderswo im Gefängnis sind, braucht kein muslimischer Eiferer mehr den Käse aus dem Land der Lästerer zu boykottieren, in Teheran die jeweilige westliche Landesfahne zu verbrennen oder in Gaza in die Luft zu schießen.[23] Eigentlich hatte Stoiber natürlich nicht den Schutz der muslimischen Gemüter im Sinn, sondern den der christlichen. So taugt selbst der verbohrteste Muslim als Argument für den bayerischen Katholiken – denn mit einer Verschärfung des § 166 könnte der örtliche Bischof effektiver gegen die nächste Marienverspottung auf einer Theaterbühne in seiner Diözese vorgehen.

Diskriminierung mit gesetzlichem Segen

Darüber, dass Ausnahmegesetze und Gesetzesausnahmen immer weitergeführt werden, wachen katholische und evangelische Verbindungsbüros bei den Landesregierungen und der Bundesregierung. Sie schlagen Alarm bei Bischöfen und Landeskirchenämtern, wenn sie es für nötig halten. Bei Anhörungen sind die Kirchen immer mit ihren Lobbyisten vertreten. So hatte zum Beispiel die NRW-Landesregierung im Jahr 2007 die gute Idee, dass Kindertagesstätten bei der Aufnahme von Kindern bestimmte Bevölkerungsgruppen nicht diskriminieren dürfen. Alle sollen gleichen Zugang zu den Kindergärten haben, die in NRW zu 88 Prozent vom Staat finanziert werden. Also sah man in den Planungen für das (Kita-)»Kibiz«-Gesetz einen entsprechenden Paragrafen vor. Doch so einfach ging das Gesetz nicht durch. Am Ende stand dort zusätzlich: »Die verfassungsgemäßen Rechte der Kirchen bleiben gewahrt.« In diesem Fall brauchten die Kirchen – wie so oft – noch nicht einmal selbst aktiv zu werden, das besorgte für sie der Landesverband der Wohlfahrtsverbände, in dem die Kirchen ein gewichtiges Wort haben. Als der erste Entwurf bekannt wurde, hatte sich der NRW-Geschäftsführer der Arbeiterwohlfahrt noch ein wenig vergaloppiert und es öffentlich begrüßt, dass alle Kitas nun unterschiedslos alle Kinder annehmen müssten. Nach der Verabschiedung des weichgespülten Gesetzes aber wiegelte er ab – der neue Passus sei eine »reine Formsache« gewesen, weil die Kirchen ohnehin Menschen wegen der Weltanschauung unterschiedlich behandeln dürften.

Und daher dürfen die kirchlichen Träger von Kindergärten in NRW wie gehabt schalten und walten, zum Wohle der eigenen Mitgliedschaft, und oft zum Schaden der restlichen Kinder. So schließen die nordrhein-westfälischen Bistümer Kindergartengruppen und betreiben in der Regel nur noch so viele Kindergärten, wie für die Versorgung der katholischen Kinder nötig sind. Denn schließlich belasten die Kindergärten den Etat – und Köln, das reichste Bistum der Welt, hat beschlossen, gerade hier sparen zu müssen. Effekt: Die christlich-katholischen Kinder werden aufgenommen, die anderen abgewiesen, sobald die Kapazität des Kindergartens ausgeschöpft ist. In Stadtvierteln mit hohem muslimischem Bevölkerungsanteil ist das eine Katastrophe mit diskriminierender Wirkung. Wenn aber – außer den konfessionellen – zu wenige Kindergärten da sind, die eine Mischung der Kindergruppen gewährleisten können, entstehen Kita-Ghettos außerhalb der konfessionellen Kindergärten.

Kruzifixe und Militärseelsorge

Nur allzu willig gibt der Staat den Kirchen nach, wenn sie ihre gewichtige Rolle in der Öffentlichkeit wahren wollen. 1988 ließ sich der Freistaat Bayern von den Kirchen für alle Lehrer (nicht nur Religionslehrer) verbindliche Leitsätze »für die Erziehung nach dem christlichen Bekenntnis« neu formulieren – und das Kultusministerium machte sie zur Dienstpflicht.[24] Und 1995 erließ der Freistaat eigens ein Gesetz, dass in jedem Klassenraum ein Kreuz angebracht werden muss. Nur wenn ein böser Querulant verlangt, das Kreuz abzuhängen, muss es verschwinden – Anlass für andauernden Unfrieden, der bewusst von der bayerischen Staatsregierung geschürt wurde.[25] Noch 2006 schrieb das Land NRW in sein Schulgesetz, neben anderem sei Ehrfurcht vor Gott »vornehmstes Ziel der Erziehung«.[26] In der thüringischen CDU streiten 2009 ein evangelischer und ein katholischer Flügel um Einfluss[27] – ein Klerikalismus, wie er in der West-BRD in den 1950er bis 1960er Jahren vorherrschte. Der sachsen-anhaltinische Wirtschaftsminister Reiner Haseloff rühmt seinen Landtag: Nur 20 Prozent der Bevölkerung im Bundesland seien getauft, aber 60 Prozent der Landtagsabgeordneten gehörten einer Kirche an. Also sei es gelungen, »Grundwerte des christlichen Abendlandes als Pflöcke einzuschlagen«.[28]

Der Staat in der Kirche

Ex-Minister, Bundestagsabgeordnete und Staatsbeamte sind im Zentralkomitee der Deutschen Katholiken und in der Synode der EKD weit überrepräsentiert. Der frühere bayerische Landtagspräsident Alois Glück (CSU) führt die katholischen Laien an, und Vorsitzende der EKD-Synode ist die Grüne Bundestagsabgeordnete Katrin Göring-Eckardt. Ihr frommer Stellvertreter Günther Beckstein (CSU) hat sich als bayerischer Innenminister durch Law-and-Order-Rhetorik profiliert und den gewalttätigen Jugendlichen »Mehmet« ausweisen lassen, der in Deutschland geboren ist, aber einen türkischen Pass hatte. Nun verabschiedet er in der EKD-Synode Resolutionen, die zur Toleranz aufrufen.

Die angebliche Laienveranstaltung Evangelischer Kirchentag dominieren – neben den Kirchenbeamten – hohe Beamte und Politiker, und zwar sowohl bei der Organisation als auch bei Veranstaltungen in den großen Sälen. Im Kirchentagspräsidium sitzen Ex-Minister, Staatssekretäre, Bundestagsabgeordnete, Hochschullehrer und hauptamtliche Theologen.[29] Den Beamten wird es leicht gemacht, Kirchenfunktionen zu übernehmen, denn Bundesbeamte und Soldaten müssen[30], Länderbeamte können[31] für Kirchenveranstaltungen und Funktionen in Kirchengremien bezahlten Sonderurlaub bekommen. Kirchen- und Katholikentage sind in den Regelungen eigens als Sonderurlaubsgrund aufgeführt.

Als ich im Mai 2009 den Kirchentag auf der Bremer Bürgerweide erreiche, schallen gerade die Referate der Bibelarbeiten aus den Lautsprechern. Thema an diesem Morgen ist die Schöpfungsgeschichte: Eva hat die Frucht vom »Baum der Erkenntnis des Guten und Bösen« gepflückt. Ausgerechnet das einzige Verbot, das den beiden ersten Menschen nach der Schöpfungsgeschichte gesetzt war, hat sie gebrochen. Die Theologen und Protestantenpolitiker zeigen dem Publikum an diesem Morgen, dass aus der Bibel das ganze Spektrum des herrschenden Zeitgeistes herauszulesen ist. In der einen Messehalle referiert Pfarrer Friedrich Schorlemmer und lobt die »erste Sünderin«, weil sie begonnen hat, ihre Umgebung zu erforschen und zu erobern: »Eva, das hast du gut gemacht!« Im AWD-Dome hingegen gibt der damalige Bundesinnenminister Wolfgang Schäuble (CDU) seine eigene Auslegung zum Besten. Der Mensch braucht Grenzen, sagt er: »Wenn alle wüssten, was Gut und Böse ist, und sich alle dran halten würden, dann bräuchten wir keine Polizei, keine Armee, keinen Bundesgrenzschutz und keinen Bundesinnenminister.«[32] Womit er seine Rolle als Minister ein kleines bisschen in die Nähe des Grenzensetzers Gott rückt.

Militär und Kirche – »Lebenskunde« und »Global Prayers«

Der Zweite Weltkrieg war kaum vorbei, da konferierten die Planer der westdeutschen Armee mit den Planern der Kirchen über eine Kooperation. Im Oktober 1951 bereits beschloss der Rat der Evangelischen Kirche, mit der »Dienststelle Blank«, die den Aufbau einer neuen deutschen Wehrmacht betrieb, Gespräche aufzunehmen, von denen die Öffentlichkeit nichts erfahren sollte.[33] Der evangelischen Kirchenleitung waren die Militärpfarrer so wichtig, dass sie im Februar 1957 den Militärseelsorgevertrag mit der Adenauerregierung abschloss, obwohl die EKD-Synode ihr sieben Monate zuvor genau das untersagt hatte: Fakten zu schaffen, die nicht mehr rückgängig zu machen sind. Erster evangelischer Militärbischof wurde Hermann Kunst. Kunst war so glücklich und eifrig, dass er sich das Bischofskreuz noch vor seiner offiziellen Nominierung umhängte. Er hatte 1935 als Standortpfarrer in Herford den jungen Soldaten Hitlers gesagt: »Ihr seid bis an euer Lebensende keine Privatperson, sondern dem Führer des Volkes verschworene Gemeinschaft.«[34]

In der Bundesrepublik läuft es nicht mehr auf eine Ertüchtigung der Soldaten zum Gehorsam hinaus – jedenfalls nicht so offensichtlich wie zu Zeiten von Reichswehr und Wehrmacht. »Innere Führung« lautete das geheimnisvolle Zauberwort der Militärplaner um den lutherischen Christen und

General Wolf Graf Baudissin. Der christliche Soldat darf jetzt am Töten zweifeln. Seinen Gewissenskonflikt nimmt man ernst – und bindet ihn genau dadurch ein. Zynisch gesprochen: Er darf sich fromm zieren. Hauptsache, der Soldat betätigt am Ende doch verantwortungsvoll den Auslöser, weil den Staatsbürger in Uniform keine ungerechte Diktatur, sondern seine Demokratie in den »Friedenseinsatz« geschickt hat. So wie Bundeswehroberst Georg Klein im September 2009 in Afghanistan. Aus dem Kommandostand des Christen ging eine Lüge an die US-Streitkräfte, damit sie zwei von den Taliban gestohlene Tanklaster bombardierten. Dabei starben Schätzungen zufolge 142 Menschen, darunter viele Zivilisten. Nur weil behauptet wurde, seine Bundeswehrsoldaten hätten direkte Feindberührung mit den Taliban, warfen die US-Jets ihre Bomben.[35] Vor dem Bundestags-Untersuchungsausschuss sagte der Oberst bedauernd: »Ich habe Gott um Beistand und Vergebung gebeten. Ich trauere um die Menschen.«[36]

Nicht den Opfern, sondern den Soldaten steht die Militärtheologie bei. Die Militärtheologin Angelika Dörfler-Dierken 2008: »Innere Führung ist … eine Konzeption auch für solche Menschen, die mit ihrem Gewissen ringen, für Menschen, die das fünfte Gebot des Dekalogs: ›Du sollst nicht töten!‹, verinnerlicht haben. Nicht töten wollen und möglicherweise doch in die Situation kommen, töten zu sollen, bedeutet für Soldaten ein kaum auszuhaltendes Dilemma.«[37] Zu staatlichen Uniformträgern fühlen sich die Kirchen anscheinend besonders hingezogen. An ihrem Beispiel machen sie eines ihrer Lieblingsthemen deutlich, die segensreiche Tätigkeit von Seelsorgern bei Menschen, die einen schweren Dienst leisten, im Frieden, im Verteidigungsfall, im Einsatzfall, auch im Ausland. Und so stellen sie Polizeiseelsorger, Feuerwehrseelsorger und Militärseelsorger, mal mit neonfarbenen Warnwesten, mal in Zivil, mal im Talar oder mit dem steifen Priesterkragen.

Als Sahnehäubchen für die Kirchen wurde der »lebenskundliche Unterricht« den Militärseelsorgern übertragen. Eine einmalige Chance: Die Soldatenpfarrer bekommen so die Gelegenheit, sich jedes Jahr bei Zehntausenden jungen Männern und Frauen als persönliche Lebensberater zu profilieren. Kirche und Staat betonen, der »lebenskundliche Unterricht« habe nichts mit Religion zu tun. Doch ihre Weltanschauung geben die Pfarrerinnen und Pfarrer natürlich nicht an der Garderobe vor dem Schulungsraum ab: Bei diesem Unterricht sind »alle Fragen des Lebens im Licht des Evangeliums« zu deuten, stand auf der Website der EKD zu lesen.[38] Gewissenskonflikte sind ein Herzensanliegen für Seelsorger, die als unabhängige Vertrauenspersonen immer ein offenes Ohr für die Soldaten haben. Das ist die Botschaft.

Bischof und Pfarrer von Staats wegen

Dass die Soldaten ihre Gewissenskonflikte aushalten, ist dem Staat viel wert; dafür schließt er sich mit der Kirche so stark wie nirgends sonst zusammen. Zum Militärbischof kann ein Geistlicher nur werden, wenn die Bundesregierung keinen schwerwiegenden Einwand gegen ihn hat. Militärgeistliche werden von den Kirchen vorgeschlagen; dann werden sie auf Probe eingestellt und schließlich in das staatliche Beamtenverhältnis übernommen und vom Verteidigungsministerium bezahlt. Den ostdeutschen evangelischen Landeskirchen war die Staatsnähe der Militärseelsorge nach dem Fall der Mauer zuwider. Es dauerte 15 Jahre, bis sie 2004 diese Kröte im Rahmen des Anschlusses an Westdeutschland schluckten. Kritische Religionsrechtler sehen die Militärseelsorge selbst, und insbesondere den »lebenskundlichen Unterricht« der Geistlichen als den krassesten Verstoß gegen das verfassungsrechtliche Gebot der Trennung von Kirche und Staat.[39] Die evangelische Kirche verstößt aber auch gegen eines ihrer nach eigener Aussage wichtigsten Dokumente, auf das sie sich heute wieder gerne beruft. Die »Barmer Erklärung« von 1934 konstatierte einst nämlich: »Wir verwerfen die falsche Lehre, als solle und könne sich die Kirche über ihren besonderen Auftrag hinaus staatliche Art, staatliche Aufgaben und staatliche Würde aneignen und damit selbst zu einem Organ des Staates werden.«[40] Das tun aber die Militärbischöfe und ihre nach Beamten-Gehaltsgruppe A 16 bezahlten Dekane, die – wie zur Bekräftigung des Verstoßes – den Bundesadler in ihrem Dienstsiegel führen.

Der militärisch-religiöse Komplex

Manchmal ereignen sich Geschichten, an denen sich vieles deutlich zeigt, in diesem Fall sind es gleich mehrere Spielarten katholischer Treue. Die kriegsnahe Staatstreue eines deutschen Bischofs, seine Wendehals-Prinzipientreue bei politischen Auffassungen und den Anschein feiger Kirchentreue einer Fernsehredaktion.

Zwischen Januar und Mai hat der Tross der leitenden katholischen Militärgeistlichen eine ganze Serie von Gastauftritten in den Kathedralen, denn für die Soldatengottesdienste öffnen die deutschen Bischöfe jedes Jahr gerne die Kirchenpforten. Von einer regelmäßigen Weltfriedenstagsmesse für Kriegsdienstverweigerer und Deserteure war hingegen noch nichts zu hören.

Es herrscht Krieg, als am 31. Januar 1991 Kardinal Joachim Meisner zu einem solchen »Soldatengottesdienst« in den Kölner Dom einlädt. Die Iraker unter Diktator Saddam Hussein haben fünf Monate zuvor das Nachbarland Kuweit angegriffen und besetzt. Alle Welt wartet auf den Zeitpunkt, wann US-Oberbefehlshaber Norman Schwarzkopf den Einmarsch eines Teils der 500 000 in Saudi-Arabien zusammengezogenen Soldaten nach Kuweit – und vielleicht auch in den Irak – befiehlt.

1991 unterstützt Bundeskanzler Helmut Kohl den Krieg, wenn auch nur finanziell und logistisch. Deutschland trägt Milliarden von Mark zu dem Militäraufmarsch der Anti-Saddam-Allianz bei, aber die deutschen Soldaten bleiben in den Kasernen. Mit einem Auslandseinsatz ist man damals noch vorsichtig, aber es wird darüber diskutiert. Beim zweiten Irak-Krieg, elf Jahre später, ist das anders. Bundeskanzler Gerhard Schröder entscheidet eindeutig gegen eine Kriegsteilnahme – also fühlt sich jeder Rundfunkmoderator dazu berufen, Häme über den US-Präsidenten George W. Bush junior auszugießen. Doch 1991 sind die Medien vorsichtiger, halten sich mit Stellungnahmen zurück.

Den 1. Januar hat seit 1968 Papst Paul VI. zum »Weltfriedenstag« erklärt, das ist der Anlass für den »Soldatengottesdienst« Meisners 1991. Katholiken in Uniform reisen dazu aus umliegenden Kasernen in olivfarbenen Bussen an. Welchen Ratschlag würde Kardinal Meisner den katholischen Soldaten wohl geben? Eigentlich konnte es nur eine Aussage sein: »Gerechter Krieg« – das war einmal. Krieg ist kein Mittel zur Lösung von Konflikten, jetzt muss »gerechter Frieden« her. Denn genau das hatten die DDR-Bischöfe noch 1983 in einem Hirtenwort geschrieben, das von jeder katholischen Kanzel Ostdeutschlands verlesen wurde.[41] Vorsitzender der DDR-Bischofskonferenz war damals Joachim Meisner.

Jetzt aber, acht Jahre später, schließt Meisner seine Predigt an die Soldaten mit den aufmunternden Worten: »Wohlan, frisch ans Werk!« Auch wenn die Predigt ansonsten nur Ratschläge zum geistlichen Wachstum der Zuhörer enthält, konnte sich jeder gut denken, was der Kardinal damit meint: Auf in den Irak, Soldaten!

Wenn das Medium vor dem Kardinal kuscht

Für die »Aktuelle Stunde«, das Regionalmagazin des WDR-Fernsehens, berichtete ich über den Soldatengottesdienst. Beim Empfang nach der Messe fragte ich Meisner, was er denn genau mit seinem Schlusssatz meinte. Er wand sich ein paar Minuten lang, ich hakte mehrmals nach, zitierte schließlich aus dem friedliebenden DDR-Hirtenwort und stellte dem Kardinal eine Vorhalt-Frage, damit er Farbe bekannte: »Meinen Sie also, die deutschen Soldaten sollten in den Irak gehen?« Meisners Antwort: »Ich sehe keine andere Möglichkeit, oder wissen Sie eine?« Ich hatte es geschafft, den Kardinal festzunageln, seine wirkliche Meinung aus ihm herauszulocken. Für Zuhörer klang mein Vorhalt ziemlich respektlos. Deswegen dauerte das Viereinhalb-Minuten-Interview für den dabei stehenden Pressesprecher Meisners gefühlte 15 Minuten lang.

Dem verantwortlichen Redakteur der »Aktuellen Stunde«, Harald Brand, gefiel es vielleicht auch nicht so recht, dass der WDR eine solch respektlose Vorhaltfrage inklusive Antwort senden sollte. Er nahm den Bericht trotzdem ab – zunächst. Aber dann hat er womöglich kalte Füße bekommen, jedenfalls rief mir kurz vor der Sendung der damalige »Aktuelle-Stunde«-Moderator Tom Buhrow nach der Tonmischung des Beitrages zu: »Ulli, wir gehen vor der letzten Frage aus dem Beitrag raus.« – »Ihr Feiglinge!«, antwortete ich, darauf Buhrow: »Nee, wirklich nicht, der einzige Grund ist, dass wir so besser ins Studio rüberkommen.« Und so blieb die entscheidende Nachfrage an Meisner an diesem Abend ungesendet. Von dem Interview waren gerade mal zehn – harmlosere – Sekunden in dem Bericht zu hören. Ich war mir sicher, die Redaktionsleitung wollte dadurch Ärger mit der Kirche vermeiden.

Doch der Ärger kam trotzdem. Meisners Pressesprecher Manfred Becker-Huberty schickte einen Beschwerdebrief an den Sender: Von einem 15-minütigen Interview mit dem Kardinal habe der WDR nur zehn Sekunden gesendet – Unverschämtheit! Und der Sender knickte ein. Man habe den Bericht des freien Mitarbeiters auch »nicht glücklich« gefunden, schrieb Harald Brand zurück.

Kritischen Themen weichen die Bischöfe in den Medien gerne aus. So machte Militärbischof Walter Mixa im April 2009 seine Teilnahme an der ARD-Talkshow »Menschen bei Maischberger« davon abhängig, dass der Buchautor Marcus Wegner wieder ausgeladen wird. Denn Wegner hat geschrieben, dass Mixa Teufelsaustreibungen (sogenannte große Exorzismen) in Auftrag gab und sich dabei nicht einmal an die Regeln der Deutschen Bischofskonferenz hielt.[42] Lieber ist es dem Bischof, wenn die Fragen an ihn so herangetragen werden wie beim Bayerischen Rundfunk. »Ja, Exzellenz, in dieser Zeit ist die Kirche gefragt. Ganz konkret an Sie die Frage: ›Was ist für Sie die im Moment größte Ungerechtigkeit?‹«, will Chefredakteur Sigmund Gottlieb in der »Münchner Runde« von Mixa wissen. Die Anschlussfrage lautet: »Kirche, was tust du?« Eine schöne Gelegenheit für Mixa, auf Kindertagesstätten, die Caritas und die kirchliche Schulfürsorge hinzuweisen.[43]

Die Kosten der staatsfrommen Militärseelsorge

Im militärisch-religiösen Komplex mischen viele Institutionen mit. Die Journalistenakademie der Konrad-Adenauer-Stiftung fährt einen Sondereinsatz im Kosovo, damit der katholische Militärseelsorger Stephan van Dongen dem Leser mitteilen kann: »Gott wird in den Gesprächen meist durch die Hintertür vermittelt.« In dem Magazin *Einsatz* kommt natürlich auch der evangelische Kollege zu Wort. »Manchmal denke ich, dass wir in unseren Stiefeln viel näher an dem sind, was Jesus gemacht hat«, vertraut Pfarrer Gerhard Kern dem Konrad-Adenauer-

Reporter an. Der schließt seinen Bericht mit den Sätzen: »Soldatenstiefel als moderne Jesussandalen. Das ist Militärseelsorge.«[44]

Die Militärseelsorge kostet die Kirchen keinen einzigen Cent, auch wenn es seit einiger Zeit die Katholiken und die Protestanten anders darstellen. Zwar haben beide Kirchen einen Etat gebildet für die Betreuung der Soldaten in ihrer Freizeit, zum Beispiel für katholische Soldatenvereine und Laiengremien, eigene Bildungseinrichtungen und für Wallfahrten. Doch die Gehälter, jeder Dienstwagen, jeder Tropfen Messwein und jeder Liter Benzin für die Militärseelsorge wird aus dem Verteidigungsetat bezahlt. Für »Rüstzeiten«, Exerzitien, Wallfahrten, Kirchen- und Katholikentage bekommen Soldaten Sonderurlaub – und weil das attraktiver ist, als Wache zu schieben, haben die Kirchen Zulauf bei den Soldaten. Dem Staat ist das alles jährlich Millionen Euro wert. Die Sachausgaben sind in allen möglichen Einzelposten des Verteidigungsetats verborgen. Die Personalkosten der 290 Beamten und 276 Arbeitnehmer in der Militärseelsorge sind im Bundeshaushalt nicht in Euro ausgerechnet.[45] Doch aus den Einzelposten, dem Stellenplan und den Tarifgehältern für Arbeitnehmer und Beamten lässt sich errechnen, dass die Militärseelsorge den Bundesetat im Jahre 2009 mit mindestens 29 Millionen Euro belastet hat – darunter 1,8 Millionen für nebenberufliche Personalreferentinnen und -referenten, eine halbe Million Euro für die Gebetbücher und anderes gedrucktes Material, das die Kirchen an jeden Soldaten verteilen dürfen, 48 000 Euro für »Kultmaterial«; und auch ein Reisekostenzuschuss von 7000 Euro für die beiden Militärbischöfe Martin Dutzmann (evangelisch) und Walter Mixa (katholisch) wurde nicht vergessen.[46] Die Reisekosten der Pfarrer nach Afghanistan und ans Horn von Afrika sind damit noch nicht erfasst. Doch sie sind weltweit tätig, wie Militärdekan Monsignore Carl Ursprung es beim Empfang nach dem Kölner Soldatengottesdienst 2008 frohgemut verkünden konnte: »Wir erleben uns nicht nur als Global Player, sondern auch als Global Prayer, also nicht nur weltweite Akteure, sondern auch globale Beter.«[47] Ein Monsignore-Kalauer als kirchliche Unterstützung für die gerade herrschende Militärdoktrin. Auch der katholische Militärbischof Walter Mixa springt der Bundesregierung bei und spricht sich für den Verbleib der Bundeswehr in Afghanistan aus.[48]

1960, als die Militärdoktrin noch »massive Vergeltung« hieß und Verteidigungsminister Franz-Josef Strauß die atomare Bewaffnung Westdeutschlands betrieb, war das auch nicht anders. Damals sagte der evangelische Militärgeneraldekan Albrecht von Mutius: »Wer die Atombombe ablehnt, kann kein Militärpfarrer werden.«[49] Und der Steuerzahler zahlt als »local payer« die Rechnung fürs »global prayer«.

Aus Lamberts Dossier:
Das Kreuz im Polizeigebäude

Ein neues Polizeigebäude wird in Kerpen eingeweiht, im Rhein-Erftkreis, wo Lambert bei der Kriminalpolizei arbeitet. Zur Feierstunde ist der Landrat gekommen, ein Staatssekretär, ein Polizeidirektor, einige Landtagsabgeordnete und natürlich die Polizisten, die in dem Haus arbeiten. Der katholische Kreisdechant »weiht« das Haus. Der evangelische Polizeipfarrer hält eine kleine Ansprache und überreicht dem Leiter der Polizeiinspektion ein Kreuz als Geschenk. Es ist 70 cm hoch, eine Spezialanfertigung aus Ton, im Schnittpunkt der Kreuzbalken prangt das Landeswappen von Nordrhein-Westfalen mit dem westfälischen Rappen, dem rheinischen Fluss und der lippischen Rose. Ein nettes Geschenk mit Hintergedanken. So um die 50 solcher Kreuze hat der Polizeipfarrer anfertigen lassen, weiß Lambert. Er verschenkt sie bei passenden Gelegenheiten – mit durchschlagendem Erfolg,

wie es scheint. Kurz darauf hängt in den neu bezogenen Ge-
bäuden ein Kreuz, so auch kurz nach der Einweihung im Ker-
pener Polizeigebäude, direkt gegenüber dem Haupteingang.
Jeder, der zur Polizei will – oder muss –, geht darunter hin-
durch.

Lambert beschwert sich schriftlich beim Landrat – er möchte
nicht unter einem christlichen Kreuz dienen, sondern als je-
mand wahrgenommen werden, der weltanschaulich neutral
ist. Die Muslime, schreibt er, »werden sich durch das christli-
che Symbol ... diskriminiert fühlen, wenn sie das Gebäude in
der Annahme neutraler Haltung der Bediensteten betreten«.
Zwei Wochen darauf kommt die Ablehnung von Landrat
Werner Stump: Ein Kreuz sei kein belastender Verwaltungs-
akt, also auch keine Rechtsverletzung, schreibt der Landrat, er
vertraue der Neutralität seiner Beamten, und die Bundesre-
publik sei untrennbar mit den christlich-abendländischen
Kultur- und Wertvorstellungen verbunden.

Doch auch bei protestantischen Gemeindemitgliedern trifft
das Staatskreuz einen Nerv. Ein Protestant monierte die Ver-
bindung des Kreuzes mit den staatlichen Symbolen, ein ande-
rer sorgte sich um die Neutralität der Polizei – und am Ende
wird das Staatskreuz dann doch von der Wand genommen.

Kirchliche Entwicklungshilfe:
Mission mit Steuergeld

Kirchlich gelenkte Entwicklungshilfe lebt hauptsächlich von
staatlichem Geld. Bei den Protestanten finanzieren die Landeskirchen nur zu rund einem Drittel die Tätigkeit des Evangelischen Entwicklungsdienstes (EED), zwei Drittel kommen aus
den Steuerkassen, im Jahr 2008 waren es 106,4 Millionen Euro

Steuerzuschüsse und 50,4 Millionen aus den Kirchenkassen – was rund ein Prozent der Kirchensteuer ausmacht.[50] Wie viel davon aus Kirchenkollekten stammt, gibt der EED nicht an. Das bischöfliche Hilfswerk Misereor führt zwar das Wort »bischöflich« im Namen, aber aus den Haushalten der Bischöfe und Diözesen stammten 2008 nur bescheidene 8,9 Millionen des Etats. Über Kollekten und Spenden kamen 55 Millionen herein, von der Bundesregierung[51] hingegen stammt der Löwenanteil der Einnahmen: 90 Millionen Euro.[52]

Mit dem Staats- und Spendengeld leisten kirchliche Entwicklungsexperten zwar ähnliche Arbeit wie nichtkirchliche – aber mit einem wichtigen Unterschied: Die Protestanten und Katholiken bedenken vor allem kirchliche Partnerorganisationen in den Empfängerländern mit dem Geld. Die ausländische Finanzierung ermöglicht es dem lokalen Bischof und seiner Diözese, mit sozialen Großtaten zu glänzen. Gerne besucht der Purpurträger dann »seine« Schule, »sein« Sozialprojekt, »seine« Brunnenbohrer und zeigt damit: Seht, es ist die Kirche, die hier Gutes tut. In den Berichten der katholischen Hilfsorganisation Misereor wimmelt es von Projekten, die von ausländischen Diözesen getragen werden. Aus einem Misereor-Beispiel von vielen, bei dem es um die Beratung von Bauern in Ruanda geht: Sie »richtet sich an kleinbäuerliche Selbsthilfegruppen sowie einzelne Haushaltsmitglieder und arbeitet dabei eng mit kirchlichen Strukturen auf Gemeindeebene zusammen«.[53] Die Protestanten halten es nicht anders: Kirchen sind die »geborenen Partner vor Ort« in den Entwicklungsländern, sagt im Jahr 2006 der damalige Chef des Evangelischen Entwicklungsdienstes EED, Konrad von Bonin.[54]

Wer aber die Institutionen der christlichen Kirchen in den Entwicklungsländern stärkt, der greift ein in den Konkurrenzkampf der Religionen um Einfluss. Das wirkt missionierend, selbst dann, wenn keines der kirchlichen Sozialprojekte aktiv die Konvertierung von Menschen anderen Glaubens fördert.

Dabei arbeitet die kirchliche Entwicklungshilfe zuweilen Hand in Hand mit den kirchlichen Hilfswerken, die explizit Mission betreiben. Die Hilfswerke Missio oder Adveniat fördern dann die Errichtung von Kirchengebäuden und die Ausbildung des Klerus, während in derselben Region Misereor den Aufbau kirchlicher Sozialprojekte betreibt. Das vervielfacht den Werbeeffekt für die örtliche Kirche.

Wenn die Protestanten und Katholiken beim Bundesministerium für Wirtschaftliche Zusammenarbeit Zuschüsse akquirieren, ist die Konkurrenz der Kirchen um die Köpfe in den Entwicklungsländern kein Thema. Wirbt der Klerus aus dem Süden bei deutschen Gläubigen um Spenden, klingt es allerdings anders. Als Monsignore Prof. Dr. Obiora Ike, der Generalvikar des nigerianischen Bistums Enugu, in Aachen die Misereor-Zentrale besuchte, machte er auch einen Stopp bei der katholischen Studentenvereinigung Ripuaria und erzählte von der Konkurrenz der Religionen in seinem Heimatland. Den Armen in seinem Land verspreche man Kredite, wenn sie Muslime würden, sagte er – und deshalb sei die Arbeit von Misereor in Afrika so wichtig – als Gegengewicht.[55]

Besondere Anfälligkeit für Korruption

Dass sie bequem über längst bestehende Kanäle der Kircheninstitutionen verteilt und organisiert werden kann, ist ein Vorteil der kirchlichen Entwicklungshilfe – und gleichzeitig ein Fluch. Denn hierarchisch organisierte Bistümer und protestantische Kirchen sind anfällig für Korruption. Wenn die Verantwortung nicht verteilt und die Kontrollinstanzen nicht unabhängig sind, lässt sich leicht Geld veruntreuen. So sind in Tansania mindestens 300 000 Euro an evangelischen Spenden in privaten Kanälen versickert, unter anderem vom Hilfswerk »Mission Eine Welt«, dem nordelbischen Missionswerk und der Kirchenprovinz Sachsen. Es wurde Geld abgezweigt, Löhne wurden doppelt gezahlt oder an schon Verstorbene überwiesen. Der örtliche lutherische Bischof Shadrack Manyiewa ließ sich einen 60 000 Euro teuren Geländewagen finanzieren und verkaufte dafür einen fünf Jahre alten Wagen auf eigene Rechnung. Geld für eine Krankenhausambulanz, für Biogasanlagen oder Schulen kamen nie am Ort an. Die deutschen kirchlichen Entwicklungspartner haben das lange nach außen hin verschwiegen und vertuscht und an einer »internen Lösung« gearbeitet, um nicht »paternalistisch« zu reagieren, wie sie sagen. Aber der Arzt Rainer Brandl, der in dem lutherischen Krankenhaus in der Kleinstadt Bulongwa eine Aids-Station leitete, machte die Korruption öffentlich – und wurde anschließend mit Polizeigewalt von seinem Arbeitsplatz vertrieben, ein Hinweis auf die Verbandelung der Kirche mit den lokalen Machthabern.[56] Der Bischof ist inzwischen abgesetzt, und die kirchlichen Geldgeber in Europa arbeiten weiter an ihrer »internen Lösung«. Damit machen sie einen entscheidenden Nachteil ihrer Hilfe deutlich: Sie fühlen sich in jedem Fall an ihre »Partnerkirche« gebunden, während weltliche Geldgeber ihren Projektpartner gegebenenfalls wechseln können, wenn er schwerwiegende Probleme verursacht.

Wenn der Priester seine Schäfchen beglückt

Manchmal ist nicht einmal gewährleistet, dass Hilfe unterschiedslos allen Bedürftigen zugutekommt, egal welcher Religion. Das zeigt sich nach dem Tsunami zur Jahreswende 2004/2005, als eine riesige Flutwelle auch an der südindischen Küste große Verwüstungen anrichtet. Angesichts der Fernsehbilder von der Katastrophe erhalten Hilfsorganisationen so viele Spenden, dass sie geradezu darum konkurrieren, helfen zu dürfen. Und weil gleichzeitig immer neue Spenden angeworben werden, achten viele von ihnen darauf, gleich in gutes Licht zu kommen. Insbesondere die internationale christliche Hilfsorganisation »world vision« macht sich unbeliebt. Beobachter berichten, dass an jedem neu gepflanzten (und bald verdorrten) Straßenbaum und jedem von »world vision« errichteten Wasserspeicher sogleich ein Werbeschild für die Organisation hängt. Außerdem werden die Tsunami-Geschädigten von den christlichen Helfern dazu gedrängt, erst einmal eine Missionsschrift anzunehmen, bevor sie eine Mahlzeit bekommen.[57] In Kanyakumari, der südlichsten Provinz Indiens, kommen die Hilfsorganisationen gar nicht umhin, mit der dort sehr mächtigen katholischen Kirche zusammenzuarbeiten. In vielen Gemeinden übernimmt der örtliche Priester die Verteilung von Hilfsgütern und bevorzugt dabei die Gemeindemitglieder. In dem Ort Kesavanputhanthurai wird eine katholische Frau dafür bestraft, dass sie einen Hindu geheiratet hat – sie geht ganz leer aus. Und eine zu pfingstlerischen Protestanten übergetretene Familie beschwert sich ebenfalls, dass sie von der Auszahlung von Hilfsgeldern ausgeschlossen wurde, die über die Kirche flossen.[58] Das sind Extrembeispiele – und die deutschen kirchlichen Hilfswerke Misereor und Evangelischer Entwicklungsdienst (EED) sind weit entfernt davon, eine solche Missionierung oder Bevorzugung von Christen der eigenen Konfession zu fördern. Doch was geschieht, wenn ihre Evaluierungsberichte geschrieben und die Kontrolleure abgereist sind?

Religiöse Konfliktparteien am Tropf der Entwicklungshilfe

In der Konkurrenz zwischen Islam, Hinduismus und den unterschiedlichen christlichen Denominationen und Konfessionen spielt das ausländische Geld eine wesentliche Rolle – und damit auch bei den Gewalttätigkeiten, die zwischen religiösen Gruppen ausbrechen. Oft werden religiöse Unterschiede genutzt, um Konflikte zu schüren oder die anderen wirtschaftlichen und machtpolitischen oder ethnischen Interessen der Kriegsparteien zu verschleiern, so zum Beispiel in Nigeria, das eine lange Geschichte von Konflikten mit religiösem Gesicht hat. Mal stürmen nigerianische Muslime im Norden des Landes die Kirchen, weil in Dänemark Mohammed-Karikaturen veröffentlicht wurden, mal verjagen im Süden Ackerbau treibende Christen muslimische Hirten mit Gewalt von den Feldern. Zuletzt starben im Januar 2010 bei gewalttätigen Auseinandersetzungen zwischen muslimischen und christlichen Gruppen im nordnigerianischen Jos mindestens 160 Menschen, 18 000 flohen aus ihren Häusern.[59] Religion ist in Nigeria »big business«. Ein Weg, zu Geld zu kommen, ist eine eigene Kirche zu gründen. Schon die englische Kolonialmacht nutzte in Nigeria Religion für ihre machtpolitischen Zwecke – »Teile und herrsche«. Während sie in der einen Provinz ihrer anglikanischen Kirche das Missionieren erlaubte, verbot sie es in der anderen Region – und regierte dort mithilfe der muslimischen Machthaber. Wie friedenstiftend demgegenüber ihre Arbeit in Nigeria ist, wollte das katholische Missionswerk Missio zum »Monat der Weltmission« im Oktober 2009 beweisen. Es lud aus dem nigerianischen Bundesstaat Plateau, dessen Hauptstadt Jos ist, den katholischen Erzbischof Kaigama und den islamischen Emir Abdullahi nach Deutschland ein, damit sie von ihrem segensreichen Einsatz für die Schlichtung und Vermeidung von Konflikten berichten. Prima: Der muslimische und der katholische Würdenträger rücken gegebenenfalls selbst gemeinsam aus, um Streit zu schlichten.

Doch ein Bewusstsein darüber, wie die ausländische Hilfe das Machtgefüge verändert und damit konfliktverschärfend wirken kann, gibt es anscheinend nicht. Erzbischof Kaigama antwortet ausweichend auf die Frage, ob es denn gut ist, wenn es ausgerechnet immer die katholische Kirche ist, die Entwicklungsgelder ausgibt, also eine Organisation, die von den Muslimen als Konfliktpartei gesehen wird. Natürlich kommen alle guten Taten ohne Ansehen der Religion unterschiedslos allen zugute, sagt er, also keine Diskriminierung gegenüber Muslimen.[60] Danach war aber gar nicht gefragt worden.

Wenn der Erzbischof Gewalt sät

Erzbischof Kaigama hat christliche Hetzprediger in seiner eigenen Organisation, der Christlichen Kirchenvereinigung von Nigeria, CAN, deren regionaler Vorsitzender er ist. Der nationale nigerianische CAN-Vorsitzende, der anglikanische Erzbischof Peter Akinola, stieß im Jahre 2006, als Christen verprügelt und getötet worden waren, eine kaum verhüllte Drohung aus: »Muslime haben kein Monopol auf Gewalt.«[61] Auch nach öffentlichen Protesten blieb Akinola bei seiner Aussage und rechtfertigte Randale von jugendlichen Christen mit dem typischen Argumentationsmuster der Anstifter von Gewalt. Er missbilligte die Gewalt – und äußerte gleichzeitig Verständnis für die Schlägerbanden, weil sie sich lediglich wehrten: Die Jugendlichen »sind einfach verbittert und wütend, sie haben genug«, erklärte der Erzbischof. »Die christliche Religion gebietet ihnen nicht, dass sie zurückschlagen sollen. Aber vergessen Sie nicht: Die Kreuzzüge waren die Antwort auf 400 Jahre islamische Aggression in Europa. Vergessen sie das nicht. Das geschah nicht aus Spaß.«[62]

Statt in einem solch religiös aufgeladenen Konflikt auf kirchenferne Vermittler zu setzen, stärken die deutschen Katholiken das katholische Element – und damit indirekt die Konkurrenz der Religionen in Nigeria. Per Stellenanzeige suchen sie deutsche Fachkräfte für Friedensschlichtung, die in Nigeria als Angestellte der Kirche arbeiten und natürlich, wie üblich, Kirchenmitglied sein müssen.[63]

Der Beirat des Evangelischen Entwicklungsdienstes hat sich im März 2005 mit der Thematik auseinandergesetzt und ein Arbeitspapier veröffentlicht: »Die religiöse Dimension in Konflikten und die damit verbundenen Herausforderungen im Kirchlichen Entwicklungsdienst«. In dem Papier stehen viele feine Beobachtungen und Schlussfolgerungen. Doch wenn es um Handlungsempfehlungen geht, zeigen die Protestanten, dass sie nicht über ihren Schatten springen können. Alles richtet sich auf das Religiöse. Punkt 1 der Empfehlungen ist: »Der Bedeutung von Religion … ist gerade in Krisensituationen besonderes Augenmerk zu widmen.« Und in den weiteren sechs Punkten ist ständig von »interreligiösem Dialog« und von »interreligiös geprägten Konflikten« die Rede. Nach dem Beitrag von »Religionen für … Sinnstiftung und Friedensbildung« wollen sie suchen. Religiöse Organisationen, religiöse Gesprächspartner, religiöses Tamtam. Religionsvertreter machen sich dicke. Organisationen, die Teil des Problems sind, bringen sich als wichtigste Konfliktlöser ins Spiel. Nichtreligiöse, Nichtgläubige kommen als wichtige Bündnispartner nicht vor. Wer religiös aufgeladene Konflikte entschärfen will, kommt so nicht wirklich weiter. Der Evangelische Entwicklungsdienst wird seit 2009 umorganisiert und wandert zusammen mit »Brot für die Welt« und der Diakonie Katastrophenhilfe unter das Dach des Diakonischen Werkes.[64] Damit wird ihr missionarischer Auftrag noch verstärkt, denn die »Innere Mission« arbeitet fortan mit der »Äußeren Mission« zusammen, ganz gemäß dem Leitbild der Diakonie: »Mit unserer Arbeit veranschaulichen wir das Evangelium und laden zum Glauben ein.«[65]

Kulturkämpfe:
Immer die Schulen

Private Bekenntnisschulen – kein Platz
für schwache Schüler

Die angebliche Renaissance des Religiösen hat viele Gesichter, und oft sind es die lächelnden Gesichter von Synodalen, Bischöfen und bildungsbewussten Eltern. Lauter wohlmeinende Menschen, die eine bessere Bildung schaffen wollen – gute Taten für die nächste Generation. Das Mittel zum Zweck: konfessionelle Privatschulen. Doch hinter der lächelnden Maske grinst eine Rücksichtslosigkeit, die Religion nur als Vehikel für egoistische Interessen benutzt. Was zunächst als Posse um die Privatschulen erscheint, entpuppt sich als geradezu faustische Tragödie: Die Akteure des Spiels wollen das Gute, schaffen das Böse – und sie wissen es. Bigotterie allerorten. Sie sagen »bessere Bildung« und meinen »aber nur für meine Familienmitglieder«. Sie sprechen von »Werteerziehung« und nehmen in Kauf, dass der Wert der Solidarität mit den Schwächeren auf der Strecke bleibt. Das treibende Motiv der Kirchen dafür, alle unerwünschten Nebenwirkungen zu ignorieren, ist ihr Eigeninteresse, als Institution groß und wichtig zu bleiben.

Denn wie kommt die Kirche an die Jugendlichen heran, wenn das Elternhaus nicht mehr mithilft? Dazu müssen die Christen Köder auslegen. Kirchliche Privatschulen treffen einen Nerv bei ansonsten heidnischen Menschen. Schnell entdecken die bildungsbewussten Eltern, wie sie sich Religions-freiheit und Subsidiaritätsprinzip (den Vorrang der privaten Träger vor staatlichen) zunutze machen können – und hilflos müssen Bildungsplaner dabei zuschauen, wenn die Verfechter der »freien Schulen« ihre Pläne durchkreuzen.

Wie man sein evangelisches Herz entdeckt

Privatschulen boomen in Deutschland – und die Protestanten sind ganz vorne mit dabei. 2007 gingen 168 000 Schüler in evangelische Privatschulen, eine Steigerung um 37 Prozent gegenüber dem Jahr 1999. Besonders beliebt ist es, evangelische Grundschulen neu zu gründen, und besonders eifrig sind dabei die Kirchen in den östlichen Bundesländern, einschließlich Berlins. Die Zahl der evangelischen Grundschulen stieg dort binnen acht Jahren von 28 auf 105.[1]

Einer der vielen Schauplätze des Stücks ist Berlin-Kreuzberg. Im multikulturellen Kiez leben gerne auch Kreative. Viele Betreiber von Dönerbuden haben sich längst teure Espresso-maschinen angeschafft, reagieren auf die Bedürfnisse der Bürger und verkaufen ihnen in ansprechender Umgebung auch den nett dekorierten Spezialitätenteller. Wenn die Gegend bloß nicht so viele pädagogische Schmuddelecken hätte – zum Beispiel Grundschulklassen, in denen 90 Prozent Kinder von Hartz-IV-Empfängern und radebrechende Türkenkinder erst einmal anständiges Deutsch und das erwünschte Sozialverhalten lernen müssten. Wer will sein Kind dem schon ohne Not aussetzen?, fragen sich Papa und Mama, und das Publikum versteht sie gut.

Vorhang auf im Schultheater für Rechtsanwältin Angelika Klein-Beber, die Vorsitzende des »Fördervereins Evangelische Grundschule Kreuzberg«. Sie wurde aktiv, als sie feststellte, dass in ihrem Haus ein Elternpaar nach dem anderen auszog, obwohl es den Kreuzberg-Flüchtlingen bis dahin im Stadtviertel gut gefallen hatte. Und zwar immer, sobald das erste Kind ins Grundschulalter kam. Selbst der Rektor einer nahe gelegenen Grundschule sagt, laut Angelika Klein-Beber, er könne nicht empfehlen, ein Kind auf seiner Grundschule anzumelden. In Berlin gelten Grundschulbezirke: Kinder müssen in die nächstgelegene Grundschule gehen – oder aber in eine Privatschule. Eltern, die nicht wegziehen, versuchen es mit Tricks. Sie melden die Familienwohnung, oder auch nur ihr Kind, zum Schein in einem anderen Stadtviertel an und schicken ihr Kind dort in die städtische Grundschule. Doch die Stadtverwaltung steuert gegen. Die Schulaufsicht stattet den Schulen auch mal Überraschungsbesuche ab und fragt die Kinder nach ihrem Schulweg. So kommt sie Stadtteilflüchtlingen auf die Schliche.

Und so begab es sich im Jahre 2006 nach Christi Geburt, dass einige Kreuzberger Eltern, deren Kinder den evangelischen Kindergarten besuchen, die Idee hatten, einen Privatschulverein zu gründen. Der Pfarrer fand, das sei eine unterstützenswerte Idee. Prima, dann könnten die Kinder aus dem Kindergarten auch in der Schule zusammenbleiben. Der Schulförderverein wird aus der Taufe gehoben, mit Angelika Klein-Beber als Vorsitzender. Die hat zwar nach eigener Aussage mit Religion und Kirche überhaupt nichts am Hut, sie ist nicht einmal passives Kirchenmitglied. Aber mit der Satzung ihres eigenen Vereins verpflichtet sie sich nun, alles Mögliche zu fördern, was einem kirchenfremden Berliner sonst nicht in den Sinn kommt: eine »christlich orientierte Schulbildung«, das »kirchliche Schulwesen«, und – immerhin auch, wir sind ja evangelisch – die »Pflege der modernen humanistischen Bildung«, »Achtung und Toleranz«, »gesunde Ernährung und Bewegung« sowie »innovative pädagogische Konzepte«. Bei alledem möchten die neuerdings evangelisch Erweckten aber keine Andersgläubigen ausschließen, denn die Schule soll »unter Wahrung religiöser Identität gleichzeitig konfessionsüber-

greifend die gemeinsame Orientierung an Werten der europäischen Staatengemeinschaft und anderen Konfessionen«
vermitteln. Das alles klingt gut – auch für den Mitgründer der
linksalternativen *tageszeitung*, der gerne weiter in Kreuzberg
leben will.

Auch wenn sich das nach Einkommen gestaffelte Schulgeld
bei monatlich mindestens 40 Euro und maximal 150 Euro in
Grenzen hält[2] (und es dafür ein paar Stipendien gibt) und die
Vereinsvorsitzende den Verdacht weit von sich weist, die Schul-
gründung würde Migranten und sozial Schwache diskriminieren – eines ist sicher: Der Anteil von Kindern mit Lernproble-
men würde an der evangelischen Schule erheblich geringer
sein als an der staatlichen Grundschule im selben Viertel. Denn
»bildungsferne« Familien kommen gar nicht erst auf die Idee,
ihre Kleinen rechtzeitig bei der evangelischen Schule anzumelden. Nähme die Privatschule wirklich quotentreu alle Arten
von Kreuzberger Kindern auf, so würde sie von vornherein
ihre eigene Existenzgrundlage untergraben.

Privatschule – leicht gemacht

Die 2004 ins Leben gerufene evangelische Schulstiftung steht
bereit, um die neue Kreuzberger Schule zu betreiben. Diese
Stiftung macht es allen Elternvereinen leicht, eine protestantische konfessionelle Privatschule zu gründen. Galt dies früher
als langwieriger Prozess, so geht es nun für die neuerdings
evangelisch tickenden Menschen im Bereich der »Evangelischen Kirche Berlin Brandenburg Schlesische Oberlausitz«
ganz fix – wenn erst einmal ein Gebäude da ist. Den Papier-
kram und die Verwaltung erledigt der Träger, die kirchliche
Schulstiftung. In Berlin-Friedrichshagen brauchte die evangelische Schulinitiative weniger als ein Jahr, bis sie zum Schuljahr
2009/2010 die ersten Schüler aufnehmen konnte. Ist die Grün-

dung erst einmal unter Dach und Fach, darf sich ein Förderverein auf das konzentrieren, was er in seinem Namen trägt, auf die Förderung der Schule.

Die Friedrichshain-Kreuzberger Schulstadträtin Monika Herrmann schäumt vor Wut, wenn sie auf den evangelischen Schulverein in ihrem Stadtbezirk angesprochen wird. »Die nehmen es mit dem achten Gebot – Du sollst nicht lügen – nicht so genau. Sie erzählen von den Stipendien – aber nur wer sehr intensiv nachfragt, erfährt, dass nur zwei Kinder pro Klasse gefördert werden.«

Herrmann versucht gegenzuhalten, um die städtischen Schulen als gemeinsame Schulen für alle Kinder zu retten – doch ihr Einfluss als Bezirkspolitikerin ist begrenzt. Das finanziell klamme Land Berlin macht eher das Gegenteil. Es fördert die städtischen Grundschulen in benachteiligten Stadtvierteln längst nicht so stark, wie es nötig wäre, findet sie. Stattdessen wurden 2007 die Zuschüsse für die Privatschulen erhöht, und ihre Gründung wurde weiter erleichtert. Wer ein geeignetes Gebäude findet und bestimmte Kriterien erfüllt, hat Anspruch darauf, eine Privatschule zu errichten. Rund 80 Prozent der laufenden Schulkosten zahlt der Staat. Weil die Kosten pauschal erstattet werden, lässt sich mit Einsparungen und Rationalisierung der Eigenanteil drücken. So berichten Lehrer, dass sie an der kirchlichen Privatschule einige Stunden länger arbeiten müssen als an einer staatlichen Schule – ob dies gegenüber dem Geldgeber dokumentiert wird, bleibt offen. Lehrer an kirchlichen Schulen benötigen nicht dieselbe formale Qualifikation wie an einer staatlichen Schule. Ein Quereinsteiger, der nicht das zweite Lehrerstaatsexamen hat, wird aber nach einer geringeren Gehaltsstufe bezahlt als eine voll ausgebildete Kraft, leistet aber dieselbe Arbeit. Auch das senkt den Eigenanteil des privaten Trägers.

Kirchennahe Schulen als Missionsfeld

Seit 2008 machte sich der evangelische Schulverein Kreuzberg Hoffnungen auf ein Kreuzberger Schulgebäude, in dem eine städtische Grundschule geschlossen wurde, weil – zu allem Überfluss – insgesamt die Schülerzahlen gesunken sind. Doch die Bezirkspolitiker zogen die bürokratische Notbremse und übergaben das Gebäude der städtischen Berliner Immobilienverwaltung BIM. Die soll nun über die Nutzung entscheiden – oder nicht entscheiden. Dass die BIM die diversen Privatschulen fernhalten soll, die sich für das Gebäude beworben haben, ist kein großes Geheimnis. Neben dem evangelischen bemühen sich drei weitere Privatschulvereine um das Gebäude. Einer davon ist der türkische Verein TÜDESB, der seine Grundschule gerne aus Schöneweide nach Kreuzberg verlegen würde, da dort ohnehin die meisten Eltern wohnen. Denn, wie die Neu-Evangelischen, haben auch die bildungsbewussten türkischstämmigen Migranten von Kreuzberg ihre Neigung zu Privatschulen entdeckt. Mit ihrer Konzeption von Mehrsprachigkeit (Deutsch-Englisch-Türkisch) und Lernen nach Montessoripädagogik würde TÜDESB gerne die Kreuzberger beglücken. Eigentlich ist das Konzept nicht so weit von dem der geplanten evangelischen Schule entfernt. Aber von Zusammenarbeit ist keine Rede, eher von Abgrenzung. Bedenkenträger gegen die türkische Schule – in der es keinen Religionsunterricht gibt – ziehen reflexhaft die Islamistenkarte. Immer wieder wird in der Presse die Verdächtigung wiederholt, der Trägerverein könne dem islamischen Extremismus zugeordnet werden. Allerdings gibt es in der liberalen und offenen Praxis der Schule keinen Hinweis auf radikale islamistische Tendenzen.

»Es ist Bauernfängerei, was hier läuft«, sagt Schulstadträtin Herrmann. »Die Protestanten wollen mitten im Kreuzberger Türkenmilieu über das Vehikel Bildung Mission treiben.« Der örtliche Pfarrer habe das einmal bei einer Podiumsdiskussion zugegeben – eine Bemerkung, die er allerdings nicht mehr wiederholen wolle. Mit Mission ist dabei nicht Konvertierung gemeint. Aber die Schüler – und damit auch ihre Eltern – werden an das protestantische Milieu und die Kirche herangeführt, mit obligatorischem Religionsunterricht und Schulgottesdiensten, Teilnahme am Gemeindeleben, Weihnachtsbasar und Sammlungen für Brot für die Welt. Auch das dürfte allerdings Muslime abschrecken und für einen höheren Anteil blonder Haare in der Privatschule sorgen, die Angelika Klein-Beber lieber als »freie Schule« bezeichnen möchte, das klingt viel freundlicher.

Mit Macht gegen gemeinsame Bildung

Die Protestanten in Berlin-Brandenburg haben mit einem Beschluss ihrer Synode die Bekenntnisschulen zur Priorität erklärt. In der Zeit angeblich knapper Kirchenkassen stecken sie 1,8 Millionen Euro in die Schulstiftung und übertragen ihr kirchliche Immobilien. Die Strategie ist erfolgreich. Binnen weniger Jahre wurde die Stiftung zum größten privaten Schulträger der Region. Anfang 2010 unterhält die Evangelische Schulstiftung im Gebiet der Evangelischen Kirche Berlin Brandenburg schlesische Oberlausitz (EKBO) 28 Schulen mit fast 8000 Schülern.[3]

Von den Hintergründen des evangelischen Privatschulbooms, wie sie sich in Kreuzberg zeigen, schweigt die evangelische Kirche von Berlin-Brandenburg in ihrem Jahresbericht 2007. Die Kirchenleitung spricht lieber von einem »besonderen Bildungsauftrag«, wenn die Schulen »an zentraler Stelle gesellschaftliche Verantwortung übernehmen«. Als Motiv der Eltern kennt die Kirche offiziell nur, dass »ihnen die religiöse Erziehung ihrer Kinder wichtig ist«. Evangelische Privatschulen böten mit ihrer Arbeit »Anreiz für qualitativ hochwertige Schulen auch bei anderen Trägern, wehren dem Bildungsmonopolismus des Staates und fördern die Vielfalt der Schullandschaft«.[4] »Bildungsmonopolismus«, das klingt wie eine kritikwürdige Ideologie. Aber wer sonst, wenn nicht das alle umfassende Gemeinwesen, soll denn Bildungschancen für alle garantieren können?

Nichts sagt die Berlin-Brandenburger Kirche in dem Zusammenhang darüber, ob es gut ist, Benachteiligte und Migranten in staatlichen Schulen alleine zu lassen. Wenn es den eigenen Zwecken nützt, vergessen die Protestanten ihre Verantwortung. Dann darf die Gesellschaft sich hin zum amerikanischen oder britischen Zweiklassen-Bildungssystem bewegen, und der evangelische Landesbischof besucht gerne mal vorbildliche Projekte in »seinen« Privatschulen. Hat denn nicht der Herr schon gesagt, man solle die Kindlein zu ihm kommen lassen?

Privatisierung auf schleichendem Wege

Das einfache Verfahren für die Gründung einer evangelischen Schule machte sich auch der Bürgermeister der brandenburgischen Stadt Wriezen zunutze. Ein protestantischer Geist hat ihn nicht angeweht. Davon, dass Eltern die religiöse Erziehung ihrer Kinder besonders wichtig sei, war auch nicht die Rede. Aber den Bürgermeister wurmte doch sehr, dass der Landkreis beschlossen hatte, das Wriezener staatliche Gymnasium zu schließen. Sollten denn wirklich die Bürger seiner Stadt ihre Kinder zur Schule ins zwölf Kilometer entfernte Bad Freienwalde schicken müssen? Ein Schulgebäude zu finden, war hier das allergeringste Problem. Das Gebäude des Wriezener Staatlichen Gymnasiums würde ja in Kürze leer stehen. Anruf bei der evangelischen Schulstiftung in Berlin, ein paar Konferenzen und Vereinbarungen, und gleich nach den Sommerferien 2007, in denen die staatliche Schule geschlossen wurde, konnte am selben Ort das evangelische Johanniter-Gymnasium[5] eröffnen – mit einer halben Million Euro Anschubfinanzierung von der Stadt. 94 Prozent der Personalkosten (berechnet nach den Kosten einer staatlichen Schule) kommen ohnehin vom Land Brandenburg. Die Gründer vergaßen nicht, sich gut gegenüber den Medien und der Politik abzusichern. Im Kuratorium der Schule sitzen auch der Landrat des Kreises und der Chefredakteur der *Märkischen Oderzeitung*[6]. Die am Nasenring vorgeführte Kreisverwaltung macht dazu ein Gutwettergesicht, denn sie kann nichts dagegen ausrichten, dass die gesamte Schulplanung des Kreises mit der Gründung einer evangelischen Privatschule über den Haufen geworfen wird. Die gewählten Landkreispolitiker sind machtlos. Das Subsidiaritätsprinzip (der Vorrang für private Träger) hebelt das Demokratieprinzip (die Volksvertreter sorgen mit ihren Entscheidungen für einen Interessenausgleich) aus. Und tatsächlich verursacht die neue Privatschule Probleme. Weil etliche Schüler aus Wriezen und Umgebung nun das Johanniter-Gymnasium besuchen, konnte im Jahre 2008 die Bertolt-Brecht-Schule im zwölf Kilometer entfernten Freienwalde keinen neuen Schuljahrgang bilden. Nur 33 Anmeldungen kamen, doch mindestens 40 verlangt das Brandenburger Schulministerium. Die Eltern der Siebtklässler des Jahrgangs 2008 mussten sich nun entscheiden: Mindestens 70 Euro monatlich an Schulgebühr zahlen für das evangelische Privatgymnasium (wobei Hartz-IV-Empfänger angeblich nichts zahlen müssen) oder 30 Kilometer fahren zu den Gymnasien in Eberswalde oder Strausberg. Auch Wriezener Kinder, die eigentlich nach Bad Freienwalde in die Schule wollten, hatten dadurch einen noch viel weiteren Schulweg als vor der Gründung des Johanniter-Gymnasiums. Die Leiterin der Bertolt-Brecht-Schule in Freienwalde, Gudrun Fenger, sagt, sie nimmt die Herausforderung des Wettbewerbs mit der neuen Privatschule an. Aber auch wenn es 2009 wieder genug Anmeldungen gab, könnte in Zukunft ihre staatliche Schule in ihrem Bestand gefährdet sein, denn immer mehr Menschen wandern aus dem Landkreis Märkisch-Oderland ab. Das Schulsystem in Brandenburg wird auf schleichendem Wege privatisiert[7] – und die evangelische Kirche ist daran aktiv beteiligt.

Die Geometrie der Schulkirche

Der Kirche kann es egal sein. Ob in Wriezen oder Berlin: Freundschaftliche Beziehungen der Schulen zu der jeweiligen Kirchengemeinde sind garantiert. Gemeindefest und Gottesdienst sind Pflichttermine, die örtliche Pfarrerin kommt als Ehrengast zum ersten Schultag oder zur Abiturfeier. Ein Zulauf neuer, so schmerzlich vermisster junger Kirchenmitglieder ist in Sicht. Die Rechnung der Protestanten ist in Wriezen aufgegangen: ein neues Aktionsfeld für ihre Kirche. In Geometrie beschäftigen sich die Wriezener Johanniter-Schüler nun auch mal mit Plänen für den Wiederaufbau der örtlichen Marienkirche. Ein Schüler der Klasse 7 b findet das völlig logisch: Das sei ja auch die Schulkirche, und die müsse beim ersten Abiturgottesdienst in wenigen Jahren schon 300 Schüler und ihre Familien fassen können. Wer hingegen seine Kinder vom Protestantismus fernhalten will oder sich das Schulgeld in Wriezen nicht leisten kann, der ist gezwungen, sie in den Bus zu einer Regionalschule im Nachbarkreis zu setzen. Damit das evangelische Gymnasium den anderen Schulen nicht allzu viele Schüler wegnimmt, hat man sich mit der Schulverwaltung darauf geeinigt, dass pro Jahrgang maximal 50 Schüler in zwei Klassen angenommen werden.

90 Bewerber auf die 50 Plätze in den beiden Eingangsklassen hatten die Protestanten 2008. Die Kinder kamen aus der gesamten Region, nicht nur aus Wriezen. Das gibt der Schule eine willkommene Gelegenheit, die Schülerschaft stärker auf evangelisch zu trimmen. Schulleiter Michael Tiedje plant, die

Auswahlkriterien für die Schüler in Zukunft zu verfeinern. »Neben dem Leistungsniveau geht es dann auch um solche Punkte wie die aktive Mitarbeit in den Kirchengemeinden.«[8]

Mit dem Konjunkturprogramm für Privatisierung

In Wriezen und anderswo zahlen sich die guten Beziehungen zum Staat in Schulfragen für die Kirche aus. Die neue evangelische Grundschule in Berlin-Mitte konnte sich mithilfe zusätzlichen Staatsgeldes gründen. Das von ihr übernommene Schulgebäude wurde mit Mitteln aus dem staatlichen Konjunkturprogramm saniert – während gleichzeitig städtische Grundschulen geschlossen werden. Das katholische Liebfrauen-Gymnasium in Berlin-Charlottenburg durfte 2009 ebenfalls mit Mitteln aus dem Konjunkturprogramm sein Schulgebäude ausbauen, um einige Hundert Schüler mehr aufnehmen zu können – Schüler, die in städtischen Gymnasien fehlen werden.

Eigentlich müssten sozial schwache Eltern und ihre Kinder im Mittelpunkt stehen – aus gesellschaftlichem Eigennutz, nicht aus Wohltätigkeit. Denn Deutschland hat nicht etwa deswegen im Bildungsvergleich mit anderen Ländern einen PISA-Schock erlitten, weil die Kinder der Mittelschicht keine guten Bildungschancen hätten, sondern weil die schwächeren Schüler alleingelassen werden. Deshalb müssten solche Kinder, die an ihrem ersten Schultag immer noch nicht richtig Deutsch sprechen können, jede erdenkliche Förderung erhalten. Dazu würde auch gehören, dass sie zusammen lernen und leben mit anderen Kindern, die besser auf den Schulbesuch vorbereitet sind. Mit Kindern, denen schon mal aus einem Buch vorgelesen wurde, Kindern, die mehr Hoffnung auf eine gute Zukunft haben, und Spaß am Erobern der wunderbaren Welt des Wissens und Erfahrens.

Doch das Ideal, dass alle Kinder wenigstens in Kindergarten und Grundschule gemeinsam lernen sollten, rückt in immer weitere Ferne. Es gibt Stadtviertel, die sind schon gekippt, mitsamt ihren Schulen. Die Politik hat keine Rezepte dagegen. In dem Schmierentheater »Schulkämpfe« schafft die Kirche Fakten, die kaum rückgängig zu machen sind – und das alles nur, um ihren eigenen Einfluss zu stärken, aber mit einem unschuldigen pädagogischen Lächeln. Der nächste Schritt ist schon vorprogrammiert: In ein paar Jahren, wenn der Marktanteil der Privatschulen hoch genug ist, werden sie höhere öffentlichen Zuschüsse fordern und diese genau so begründen wie bei konfessionellen Kindergärten: »Wir übernehmen hier netterweise staatliche Aufgaben – und wenn wir das nicht mehr tun, dann wird es für den Staat teurer.«

Am liebsten mit Steuergeld – die Bekenntnisschulen des Staates

In Niedersachsen und Nordrhein-Westfalen brauchen die Kirchen keine Schulstiftung und keinen einzigen Cent aus dem Kirchenetat für konfessionelle Grundschulen auszugeben. Dass dies wie zu alten Zeiten der Staat, das Bundesland, besorgt, dafür hat in den 1960er Jahren die katholische Kirche gekämpft. Sie leistete erbitterten Widerstand gegen die Abschaffung der staatlichen Bekenntnisschulen – in NRW und Niedersachsen mit Erfolg. Die Eltern in den beiden Bundesländern haben das Recht auf eine zu 100 Prozent vom Staat finanzierte Schule des Bekenntnisses ihrer Wahl – und nur die Eltern selbst können die Bekenntnisschulen mit einer Abstimmung schließen. Und wieder geht es in der Praxis selten um Religion, sondern darum, dass ein jeder auf dem Bekenntnisticket sein Schäfchen ins Trockene bringen will. Ist eine Schule, an der Kinder gleich welcher Konfession lernen, erst einmal dadurch in Verruf gekommen, zu viele benachteiligte Kinder unterrichten zu müssen, dann wird diese Schule von den Bildungsbürgern gemieden wie das Weihwasser vom Teufel. Sie wollen das Beste für ihren Nachwuchs, und das wenn nötig mit allen Tricks. Einer dieser Tricks ist die Flucht in die staatliche Bekenntnisschule.

Warum Eltern ihren Kindern das Katholische wünschen

Oft geht die Geschichte schlecht aus für die benachteiligten Kinder. So schien es auch im Bonner Stadtteil Mehlem zu sein. 2002 erreichte den Schulausschuss der Stadt Bonn ein Alarm. Zum ersten Schuljahr in der Gemeinschaftsgrundschule »Am Domhof« waren 36 Kinder neu angemeldet, davon 29 mit »Migrations-Hintergrund« – also ein Migranten-Anteil von vier Fünfteln. Immer mehr Eltern mit Kindern im Grundschulalter hatten in Mehlem eine bisher verschüttete Neigung zum Katholizismus entdeckt. Ob sie nun konfessionslos waren, katholisch oder evangelisch – die Grundschule »Am Domhof« war ihnen wegen des hohen Anteils an Migranten nicht gut genug. Die Kinder strömten in Scharen zur nahe gelegenen Katholischen Grundschule Mehlem: Dort hatten von 49 Angemeldeten für das erste Schuljahr nur zehn einen Migrationshintergrund, also ein Fünftel. Zwar war die katholische Schule offenbar auch bereit, muslimische Kinder aufzunehmen, aber die türkischen Einwanderer kümmerten sich nicht so sehr um die Schulwahl – oder aber es schien den Muslimen immer noch logischer, ihre Kinder in die Gemeinschaftsschule aller Bekenntnisse zu schicken. Dadurch wurde die Nachbarschule »Am Domhof« zu einer Ghetto-Schule – ihr Abstiegsweg war vorgezeichnet.

Die Stadt Bonn handelte. Als Erstes rief sie die Eltern der neu angemeldeten Schüler beider Schulen zu getrennten Versammlungen zusammen. Eindeutig war die Stellungnahme der – zahlreich erschienenen – Eltern, die ihr Kind für die katholische Grundschule angemeldet hatten: Sie waren nur dann bereit, ihre Kinder doch noch an der Gemeinschaftsschule anzumelden, wenn dort eine reine Migrantenklasse gebildet würde. Dann wäre wenigstens in der Parallelklasse der Anteil der Kinder mit rein deutschem Hintergrund hoch genug.

Zu der Versammlung der Gemeinschaftsgrundschule »Am Domhof« kam hingegen nur ein Drittel der betroffenen Eltern. Sie äußerten zwar – als Muslime – Vorbehalte gegen die katholische Grundschule, aber sie legten sich nicht eindeutig fest, wie es weitergehen sollte. Das demonstrierte den Schulplanern schon einen Teil des Problems: »Bildungsfern« zu leben heißt, sich nicht besonders stark um Bildung zu kümmern.

Nun kann man sich leicht ausrechnen, was eigentlich für die Schüler an beiden Schulen das Beste wäre: eine gemeinsame Schule für alle Kinder, gleich welcher Herkunft. In der vereinten Schule von Mehlem wäre der Migrantenanteil nicht zu hoch. Aber der große Haken ist, dass dies die Abschaffung der katholischen Grundschule bedeuten könnte. Und dies kann in NRW nur mit der Mehrheit von zwei Dritteln der Eltern beschlossen werden, deren Kinder diese Schule besuchen.

Der Anachronismus bleibt bestehen

Das Scheitern einer solchen Abstimmung ist aus mehreren Gründen ziemlich gewiss. Sobald eine funktionierende staatliche katholische Grundschule geschlossen werden soll, machen Kirchengemeinde, die Verbände der Katholischen Elternschaft und die Schulabteilung der Diözese den Politikern und den Eltern Feuer unterm Hintern. Und die Eltern an der katholischen Schule selbst, die über die Umwandlung abzustimmen haben, zeigen wenig Interesse, ausgerechnet die Schule abzuschaffen, die sie mit Bedacht für ihr Kind ausgewählt haben. Eine Abstimmung würde zudem große Unruhe an die Schule tragen. Die Umwandlung einer katholischen Bekenntnisgrundschule in eine Gemeinschaftsgrundschule gelingt also in der Regel nur dann, wenn die Schule wegen sinkender Anmeldezahlen ohnehin in der Existenz gefährdet ist[9] – also zum Beispiel, wenn eine attraktive Gemeinschaftsschule ihnen die Schüler abzieht. Das war aber in Mehlem nicht der Fall. Weil der Elternwille vorgeht, waren auch dem Schulamt die Hände gebunden. Wir werden später sehen, wie das Problem dennoch gelöst werden konnte.

Anfang der 1990er Jahre habe ich eine solche Schulabstimmung an einer katholischen Grundschule im Kölner Stadtteil Heimersdorf erlebt. Treibende Kraft für die Abschaffung der katholischen Schule war der Schulleiter – ein im Geiste der katholischen Soziallehre denkender Mann. Seine Sicht des Katholizismus: Es ist viel angemessener, wenn alle Kinder desselben Jahrgangs, egal welchen Glaubens oder Nicht-Glaubens, »in christlicher Toleranz« an seiner Schule zusammen lernen und leben können. Also beantragte der Teil der Eltern, der diese Ansicht teilte, eine Abstimmung darüber, die katholische Grundschule »Am Lebensbaumweg« in eine Gemeinschaftsgrundschule umzuwandeln. Doch es gab genügend Eltern, die ihre schöne kleine Schule weiterführen wollten wie bisher und die viel Energie in den Wahlkampf steckten. Mir brachte eigens ein Kurier den Brief der Schulpflegschaftsvorsitzenden ins Büro, in dem stand, eine Berichterstattung über die Schulabstimmung sei nicht erwünscht. Die Abstimmung ging schief – die Schule blieb katholisch. Nach seiner Niederlage war das Klima für den Rektor so vergiftet, dass er sich sofort von seiner bisherigen Schule weg auf eine andere Stelle bewarb.

Staatliche Schulen als Vorhof der Pfarrei

In Nordrhein-Westfalen sind von 3266 Grundschulen 1034 katholisch, also rund ein Drittel. Außerdem gibt es 102 evangelische und zwei jüdische Grundschulen (alle Zahlen aus dem Schuljahr 2008/2009). Viele NRW-Steuerzahler sind sich nicht klar über den Status der konfessionellen Schulen ihres Bundeslandes, sie meinen, die Kirchen seien hier Schulträger oder müssten die Bekenntnisschulen irgendwie mit finanzieren. Doch das ist keineswegs so: Städte und Kreise sind Schulträger; der Staat bezahlt zu 100 Prozent Gebäude, Personal, Material, laufende Kosten. Trotzdem hängt die katholische Kirche mächtig an den staatlichen Konfessionsgrundschulen. In Pfarrgemeindebriefen werden sie auf eine Weise erwähnt, als seien sie kirchliche Einrichtungen[10]. Das geistliche Personal, der Pfarrer, der Diakon, die Pastoralreferentin lassen sich in den Bekenntnisschulen immer wieder gerne zu einer Aktion blicken und werben für die heilige Kommunion. Am Pfarrfest, kirchlichen Feiertagen und der Fronleichnamsprozession nimmt die katholische Grundschule teil. Aktive aus der Pfarrgemeinde lassen sich in den Elternrat wählen und bestimmen dann mit. Zum Adventssingen und für die Sammelaktionen zu Dreikönig werden vor allem Kinder aus der staatlichen Konfessionsschule rekrutiert. Das alles kann den Kindern »den Weg in die konkrete Ortsgemeinde« bahnen und »Schritte zu einer Beheimatung im Glauben« ermöglichen, schreibt das Schulreferat des Kölner Erzbistums in einer Information zur katholischen Bekenntnisschule in NRW.[11] Etwas zupackender ausgedrückt: Die staatlichen Bekenntnisschulen sollen der Missionierung der Kinder den Weg bahnen und sie der katholischen Kirche zuführen. Als angenehmer Nebeneffekt wird auch in der Lehrerschaft des Bundeslandes der Katholizismus gestärkt. Denn in den Bekenntnisgrundschulen sollen nur Lehrer der betreffenden Konfession unterrichten. Also haben auf einem Drittel der Grundschularbeitsplätze in NRW Katholiken Vorrang.

Katholizismus als Vorwand

Andere gesetzliche Bestimmungen stehen dagegen lediglich auf dem Papier. Was etwa die Bestimmung des NRW-Schulgesetzes bewirkt, dass in solch einer Grundschule nach den »Grundsätzen des betreffenden Bekenntnisses unterrichtet und erzogen«[12] werden soll, legt jedes Lehrerkollegium anders aus. Mal riecht's allerorten nach Weihrauch, und die Schule macht sich durch konservative Strenge bekannt, mal strebt sie nach Reformpädagogik und schweigt zu allem Religiösen. Die meisten Eltern haben ohnehin andere Kriterien für ihre Schulwahl als die Konfessionalität: Wie nah die Schule liegt, ob ihnen das Konzept behagt, ob dort schon Englisch in der ersten Klasse zu lernen ist, ob die Klassenlehrerin etwas taugt, ob es mittags frisches Essen oder Konservennahrung gibt und ob der Anteil von Kindern nicht zu hoch ist, die auffälliges Verhalten an den Tag legen oder erst mal richtig Deutsch lernen müssten. Der zuletzt genannte Gesichtspunkt hieß früher mal kurz »Ausländeranteil«. Ob sms-sozialisierte deutschstämmige Schüler oder auch die Lehrer an den Bekenntnisschulen aber immer das bessere Deutsch beherrschen, darf bezweifelt werden, wenn zum Beispiel eine Schulleiterin im örtlichen Pfarrbrief schreibt: »Als katholische Grundschule orientiert sich unser Schulleben besonders an den kirchlichen Festen im Jahreskreis.«[13]

Mit dem Niedersachsenkonkordat zurück in die 1960er Jahre

Ähnlich wie in NRW sind die Verhältnisse in Niedersachsen. Auch dort werden Bekenntnisgrundschulen errichtet, wenn die Eltern dies verlangen.[14] Der Staat ist Schulträger und bezahlt alle Kosten, ebenso wie in NRW. Aber die Hürde zur Umwandlung in eine »normale« Schule ist noch höher als im Nachbarland. Zwei Drittel der katholischen Eltern an der niedersächsischen Schule müssten der Umwandlung zustimmen; Nichtkatholiken haben kein Stimmrecht. Anders als in NRW dürfen diese Schulen auch nur zu 20 Prozent Schüler aufnehmen, die nicht dem betreffenden Bekenntnis angehören. Dass diese Regelung zu krassen Problemen führt, erlebte zum Beispiel Vechta. In der Stadt gab es bis 2008 vier katholische Grundschulen, eine evangelische und zwei Gemeinschaftsgrundschulen. Aber nur noch 42 Prozent der Schulanfänger waren katholischen Glaubens – für die Nichtkatholiken gab es also schlicht zu wenige Schulplätze. Die Stadt hatte demnach nur die Wahl zwischen zwei Übeln. Entweder mussten die katholischen Schulen mehr als 20 Prozent der Kinder ohne katholisches Bekenntnis zulassen, und damit bewusst gegen das niedersächsische Landesrecht verstoßen – oder sie mussten Kinder abweisen.[15] Für die Misere ist – wie so oft – ein Kirchenvertrag verantwortlich. Das 1965 vom Land Niedersachsen mit dem Vatikan abgeschlossene Konkordat bindet den demokratischen Volksvertretern im Niedersachsen-Parlament die Hände. In dem Vertrag verpflichtet sich das Land, Bekenntnisgrundschulen auf Nachfrage anzubieten.[16]

Im niedersächsischen Lohne, wo die Situation ähnlich ist wie in Vechta, hat sich eine Elterninitiative gebildet, die sich auf ihrer Website darüber beklagt: »Die evangelischen, moslemischen, hinduistischen und nichtgetauften Kinder und ihre Eltern bekommen spätestens zum Zeitpunkt der Einschulungsformalitäten in Lohne ganz knallhart vermittelt: ›Wir sind anders als die anderen.‹ Selbst wenn am Ende des Einschulungsverfahrens auch viele nichtkatholische Kinder die katholischen Bekenntnisgrundschulen besuchen ›dürfen‹, fühlen sich ihre Eltern gedemütigt und diskriminiert – denn ihre Kinder haben kein Recht auf die Einschulung an der nächstgelegenen Grundschule.«[17] Auch die ungleiche Verteilung der Migranten auf die Schulen ist in Lohne ein Problem, beklagen sich die Eltern: »Nichtkatholische Kinder haben nur an der Brüder-Grimm-Schule einen Rechtsanspruch auf einen Schulplatz. Dort liegt der Migrantenanteil (Ausländer und Aussiedler) zur Zeit bei 84 Prozent.«[18] Den katholischen Eltern hingegen scheinen solche Klagen schnuppe zu sein. In Lohne ist keine Besserung in Sicht.

Auch in Vechta ging schließlich die Abstimmung über die Umwandlung von drei katholischen Schulen in Regelschulen schief. Nur in einer Schule stimmten 2008 zwei Drittel der katholischen Eltern zu – und das, obwohl sich im Fall Vechta auch die katholische Kirche für die Umwandlung der Schulen aussprach.[19] Die Kirchenvertreter hätten anscheinend lieber eine einzige staatliche katholische Schule mit wirklich katholischem Profil als vier nur scheinbar katholische Schulen gehabt – während es den Eltern mehr um das Recht ging, nichtkatholische Kinder abzuweisen.

Die Lobby der katholischen Schulen

In NRW stehen die Lobbyisten des Katholizismus immer bereit, »ihre« katholischen Grundschulen zu sichern und zu verteidigen. Wenn es bei einer Anhörung des Landtages beispielsweise um die Aufhebung der Grundschulbezirke geht, erscheint auch der Vertreter des »katholischen Büros«, das für die Interessenvertretung der katholischen Kirche gegenüber dem Land sorgt. Dem Mann ist es dabei vor allem wichtig, zu erklären, dass die staatlichen Bekenntnisgrundschulen erhalten bleiben müssen. Mehr noch: Sogar an den Gemeinschaftsschulen sei der Staat dazu verpflichtet, Kinder nach Bekenntnissen getrennt zu unterrichten, meint der Vertreter der katholischen Bistümer.[20] Da mag der ebenfalls geladene Pädagogikprofessor noch so laut eine Verschärfung der Segregation in den Schulen beklagen, die lernschwache Schüler ohne Hilfe zurückbleiben lässt. Die Kirche hat die Politik auf ihrer Seite. Wenn im Landtag nach dem »Ausländeranteil« in den Bekenntnisgrundschulen im Vergleich zu den Gemeinschaftsgrundschulen gefragt wird, dann rückt die Schulministerin nur globale Zahlen heraus, die über den Gesamtanteil von Ausländern an den unterschiedlichen Schulformen über das ganze Land hinweg informieren. Über die Not der alleingelassenen Gemeinschaftsgrundschulen in Hunderten von Einzelfällen täuscht diese Statistik hinweg.[21]

Das Erzbistum Köln andererseits gibt »seinen« Bekenntnisgrundschulen Argumentationshilfen und Handlungsanweisungen an die Hand für den Fall, dass eine katholische Grundschule gefährdet ist. Empfohlen sind »zum Beispiel das Aufhängen von Kreuzen in den Klassenräumen, die Pflege religiöser Traditionen wie Martinszüge« und »eine breite Information über Auswirkungen einer Umwandlung für den gesamten Stadtteil«.[22]

Nun, wie sähe denn die Auswirkung einer Umwandlung in eine Gemeinschaftsschule »für den Stadtteil« aus, zum Beispiel – wir erinnern uns – in Bonn-Mehlem im Jahr 2002, wo die Eltern ihre Kinder lieber auf der katholischen Schule anmeldeten als auf der Schule »Am Domhof«? Bei ihrer Elternversammlung war von Zuneigung der Bildungsbürger zu dem »katholischen Profil« der Schule laut Protokoll keine Rede, wohl aber von den Bildungschancen der Kinder – auch von denen der Migrantenkinder. Glücklicherweise zogen in Bonn-Mehlem dann die beiden Schulen und die Schulverwaltung an einem Strang: Sie votierten in einer gemeinsame Abstimmung über die Zusammenlegung der beiden Schulen und ihre Umwandlung in – eine katholische Bekenntnisgrundschule. Alles andere wäre angesichts des absehbaren Widerstands der katholischen Kirche und der katholisch gesinnten Elternschaft völlig unrealistisch gewesen. Also kam es zu einer rheinisch-katholischen Lösung. Die muslimischen Eltern erhielten die Zusicherung, die Pflicht, ihre Kinder zum katholischen Religionsunterricht zu schicken, würde nicht gar so eng gesehen. Und ein paar Jahre später schlug der städtische Integrationsrat die nun größer gewordene katholische Grundschule Bonn-Mehlem für die Verleihung eines »Integrationspreises« vor, wegen ihres Verhaltens beim Zusammenschluss und wegen eines vorbildlichen interreligiösen und interkulturellen Schulprogramms.

Apartheid auf Deutsch

In den Ruhrgebietsstädten Bochum, Essen, Dortmund, Herne, Hagen und Hamm sind die Unterschiede im »Ausländeranteil« besonders groß. In den Gemeinschaftsgrundschulen lernen im Durchschnitt der einzelnen Kommunen zwei- bis dreimal so viele Kinder mit nichtdeutschem Pass wie in den katholischen Grundschulen.[23] »Apartheid auf Deutsch«, unter diesem Titel habe ich 1993 eine halbstündige Dokumentation für den WDR gedreht, der die damals schon bestehende Misere schilderte. Die katholische Elternschaft Deutschlands hat sich über den Film beim WDR-Rundfunkrat beschwert – folgenlos, denn die Ergebnisse der Recherchen im ganzen Bundesland waren nicht wegzuwischen.

An den staatlichen katholischen Grundschulen haben katholische Kinder Vorrang – wenn es denn die Schulleitung eng sieht. Und so lassen bildungsbewusste Protestanten und Kirchenferne schon mal ihren Sprössling nur zu dem Zweck katholisch taufen, um ihn an der Elisabethschule in Essen-Frohnhausen anzumelden.[24] In Essen-Stoppenberg leitet die Schulleiterin Gerda Dröge sowohl die katholische Nikolaus-Grundschule als auch die »normale« Wilhelmschule, die im gleichen Gebäude residiert. Denn bei der klein geschrumpften Gemeinschaftsschule mit dem hohem Migrantenanteil will sich kein anderer als Schulleiter bewerben – für die Position gibt es in einer Schule mit nur einer Klasse pro Jahrgang nur eine geringe Gehaltszulage. In der Wilhelmschule ist der Migrantenanteil sehr hoch, sagt die Schulleiterin. In den ersten beiden Schuljahren gehe es erst einmal um den Spracherwerb, mit Förderklassen und hohem Aufwand. Dröge hält viel von dem »katholischen Leitbild« und dem katholischen Leben an ihrer Nikolaussschule. Wenn nichtkatholische Eltern ihre Kinder zur katholischen Schule schicken wollen, dann lässt sie das zu, solange Plätze frei sind. Dafür müssen sie lediglich, wie bei allen katholischen Grundschulen in NRW, unterschreiben, dass ihr Kind im katholischen Geiste erzogen werden und am Religionsunterricht teilnehmen soll. Auch türkischstämmige Eltern unterschreiben das manchmal. Aber wenn da eine türkische Mutter mit einem Kopftuch sitzt und ihr Kind an die katholische Schule schicken will, dann nützt die Unterschrift nichts mehr. Gerda Dröge weist sie ab, weil das Kopftuch der Schulleiterin anzeigt, dass die Mutter ihren muslimischen Glauben lebt. Auf diesen Widerspruch werde die Mutter hingewiesen. Nichtgläubige hingegen erkennt man nicht an der Kleidung – zuhauf können sie ihre Kinder in der katholischen Schule anmelden. Wäre es nicht, pädagogisch gesehen, besser, die Kinder aus beiden Schulen würden zusammen in den Klassen lernen und die besseren den schlechteren helfen? Das könne man so sehen, meint auch Gerda Dröge, aber es stehe nun einmal nicht in ihrer Macht, die katholische Grundschule abzuschaffen.

Als die Konfessionen einander Feind waren

Genau, das kann keine einzelne Schulleitung. Das könnten nur die Politiker, mit zeitgemäßen Schulgesetzen. Noch in den 1960er Jahren waren Konfessionsschulen die Regel – auch am Wohnort meiner Familie. Die katholische und die evangelische Volksschule lagen direkt nebeneinander – nur durch eine kleine Grünanlage getrennt. Eifersüchtig wachte der Leiter der katholischen Schule darüber, dass die Schüler der beiden Schulen keinen Kontakt miteinander aufnahmen. Wenn doch – dann setzte es etwas. Mein Bruder Lambert erzählt, er wurde von katholischen Kindern auf dem Weg zur Schule mit Steinen beworfen – er war ja der evangelische Pfarrerssohn. Auch ich ging bis 1967 selbstverständlich zur evangelischen Volksschule, die zu der Zeit in einen Neubau weiter entfernt von der katholischen Schule gezogen war. Die konfessionelle Trennung blieb nicht ohne Spuren, sie machte mich empfänglich für das Denken meiner Eltern. Die Welt wurde sauber eingeteilt in diejenigen, die mit uns – dem Pfarrhaus – waren, und solche, die gegen uns waren. Selten gab es Gegner im Inneren des evangelischen Klüngels zu beklagen. Der Feind war draußen und machte sich zum Beispiel bemerkbar, wenn der Schützenverein ausgerechnet zur Gottesdienstzeit mit Glockenspiel und Tschingderassabum über die Straßen zog. Da war die katholische Messe nämlich schon zu Ende, und der Spielmannszug marschierte zum Festplatz oder zum Ständchen beim Schützenkönig. Danach schimpfte mein Vater beim Sonntagsessen über die Störung. Schützenverein – »irgendwie doof«, das verinnerlichte ich. Dass die Tiraden wohl viel damit zu tun hatten, dass St. Hubertus der katholischen Kirchengemeinde zuzuordnen war, wurde mir erst sehr viel später klar.

Dumpf und unausgesprochen war der Antikatholizismus in meinem Elternhaus. Begriffen habe ich ihn nicht, mitgemacht trotzdem. Irgendwie kam es nicht infrage, mit Katholiken zu spielen, sich gar anzufreunden. Wie verbohrt ich schon als elfjähriges Pfarrerssöhnchen gewesen sein muss: Von der Spitze der Rutsche auf dem Spielplatz aus habe ich lauthals die Menschen auf der Wiese nebenan beim St. Martinsfeuer beschimpft – wegen der bei Protestanten verpönten Heiligenverehrung. Verinnerlicht habe ich die Abwehr des Katholischen wohlgemerkt in einem sehr bunten, konfessionell gemischten Ortsteil im Aachener Kohlerevier. In Alsdorf-Ofden waren in den 1950er Jahren Bergleute aus allen Teilen des alten deutschen Reiches angesiedelt und in Einfamilien-Reihenhäusern untergebracht worden, die sie im Laufe der Jahrzehnte immer wieder neu der jeweiligen Fassadenmode unterwarfen, mal Asbestplatten, dann Klinkerriemchen. Katholiken und Protestanten lebten nebeneinander, aber wir besuchten unterschiedliche Schulen.

»Dusselige« Christdemokraten im Patt mit dem Rest der Welt

Schulen sind Ländersache. In den 1960er Jahren hatten die meisten Landesregierungen in den westdeutschen Bundesländern gemerkt, dass sich die nach evangelisch und katholisch getrennten Volksschulen überlebt hatten und einfach nicht mehr vernünftig waren. Zwar gab es – noch – nur wenige Kirchenlose und Muslime, aber die Bevölkerung wohnte nicht mehr, wie früher, nach Konfessionen getrennt, denn Flucht und Vertreibung nach dem Krieg und die zunehmende Mobilität hatten Katholisch und Evangelisch miteinander vermischt. Auf dem Dorf arbeitete oft eine evangelische Zwerg-Volksschule neben einer katholischen – und beide unterrichteten acht Jahrgänge zusammen in einer Klasse. Dann machten sich die Bundesländer – eines nach dem anderen – an die Abschaffung der staatlichen Bekenntnisschulen.

Die katholische Kirche machte dagegen mobil. Die Volksseele kochte. In Bayern wurden mehrere Volksbegehren mit unterschiedlicher Zielsetzung veranstaltet. Als sich aber die Zustimmung der Bayern zu einer Volksabstimmung gegen die Konfessionsschulen als Regelschule abzeichnete, sah sich die CSU auf der Verliererseite und schaffte die staatlichen Bekenntnisschulen ab. Die bayerische Staatsregierung bewegte die Kirchen zu diesem Zugeständnis – und machte im Gegenzug selbst welche. So erhielten die Katholiken etwa erheblich größeren Einfluss auf die Universitäten. Dafür wurde die Gründung von kirchlichen Privatschulen erleichtert – im Freistaat können nun private Konfessionsschulen mit bis zu hundertprozentiger Finanzierung durch den Staat rechnen.[25] Und der Freistaat schrieb den Gemeinschaftsgrundschulen ins Gesetz, sie müssten christlich sein. Ähnlich geschah es auch in anderen Bundesländern der BRD, so zum Beispiel in Rheinland-Pfalz. Dort beseitigte eine Paradekatholikin die staatlichen Bekenntnisschulen; die als Protestantin zum Katholizismus konvertierte Laien-Dominikanerin Hanna-Renate Laurien war nämlich zu der Zeit Kultus-(=Schul-)Ministerin in Mainz.

Knapp 30 Jahre später sitzt mir Laurien als Berliner Senatorin im Interview gegenüber und wettert immer noch gegen die »dusselige CDU von Nordrhein-Westfalen«, die es ihr und anderen Katholiken in den 1960ern nicht gleich getan hatte. »Kinder müssen zusammen lernen, gleich welcher Konfession sie angehören«, sagt Laurien. Aber auch die seit Ende der 1960er Jahre regierenden SPD-Regierungen von NRW wollten es sich nicht mit den Bischöfen verderben und packten das Thema Bekenntnisgrundschulen nie wieder an, sogar der protestantische Ministerpräsident (und spätere Bundespräsident) Johannes Rau nicht, obwohl der sich zuvor anders geäußert hatte. Noch als SPD-Fraktionsvorsitzender unter NRW-Ministerpräsident Heinz Kühn hatte er gesagt, an das Thema Bekenntnisgrundschulen müsse die Landespolitik heran. Später, als NRW-Ministerpräsident, hatte er die Möglichkeit dazu, aber er ließ alles beim Alten und legte sich nicht mit den Katholiken an.

In NRW herrscht ein Patt. Keine der großen gesellschaftlichen Kräfte hat ein Interesse, die durch die Existenz von Bekenntnisgrundschulen verursachte Misere zu beklagen und eine grundsätzliche Änderung zu verlangen. Ab und zu protestieren mal Eltern, die ihr Kind gerade für die erste Klasse anmelden wollen. Eine Elterninitiative in Bonn plädiert 2009 für »kurze Beine – kurze Wege« und verlangt, dass auch Konfessionslose und Protestanten ihre Kinder gleichberechtigt in der katholischen Schule anmelden dürfen. Einige von ihnen hatten sich gewundert, dass ihr Kind bei der katholischen Grundschule gegenüber von ihrer Wohnung nicht angenommen wurde, weil dort Katholiken Vorrang haben. Der Rest der Beteiligten schweigt. Die Schulverwaltungen können kaum etwas machen. Die katholischen Grundschulen wollen erhalten bleiben – warum sollte ihre Elternschaft für die Abschaffung einer Schulart sein, die sie bewusst für ihre Kinder gewählt hat, wenn auch meist nicht aus religiösen Gründen. Die Gemeinschaftsgrundschulen in Problemstadtteilen wollen ebenfalls nicht protestieren. Wenn sie die Wirkungen der katholischen Grundschulen anprangern und ihre eigene Lage realistisch darstellen, dann verschlechtern sie selbst ihre Position auf dem Bildungsmarkt. Und wenn sich sowieso kein großer Protest regt, dann wollen auch die Politiker der CDU und der SPD sich nicht mit den Lobbyisten der katholischen Kirche anlegen.

Protestanten überrascht von frommen Einwanderern

Die Protestanten hatten ab Ende der 1960er Jahre auch in NRW anders reagiert und fast überall die evangelischen Bekenntnisgrundschulen in Gemeinschaftsschulen umgewandelt. Dort, wo sie doch bestehen blieben – mehr aus Untätigkeit denn aufgrund einer bewussten Entscheidung –, hatten sie selten ein so starkes konfessionelles Profil wie viele katholischen Grundschulen – sie hießen bloß noch evangelisch. Doch erlebten die Leitungen der nominell protestantischen Schulen Jahrzehnte später eine Überraschung, welche die Schule für

121

eingeborene Deutsche plötzlich unattraktiv werden ließ: Fromme Wolgaschwaben aus Kirgisien oder Kasachstan rannten den wenigen staatlichen evangelischen Bekenntnisgrundschulen in manchen Gemeinden, wie zum Beispiel Wipperfürth oder Bottrop, die Türe ein. Denn für die protestantischen Spätaussiedler war überhaupt keine Frage, in welche Grundschule sie ihre Kinder schicken wollten – in die evangelische natürlich. Jetzt aber hatte die Eltern an den scheinkonfessionellen Schulen das eingeholt, was als Existenzgrund ihrer Schule nur Vorwand war: Menschen, die die Konfessionalität persönlich ernst nahmen.

Aus Lamberts Dossier:
Loyalitäten

Ein Blatt im Dossier: Die Kirchenaustrittsbescheinigung der gesamten Familie – die alle dasselbe Datum tragen. Manchmal ist es einfach Loyalität gegenüber anderen, die Menschen in der Kirche hält. Lambert ist zwar schon in den 1970er Jahren aus der Kirche ausgetreten – und später wieder eingetreten, seiner Frau Gabriele und ihrer Herkunftsfamilie zuliebe. Ihr Sohn Johannes aber wurde schon als Dreijähriger zum Kirchenkritiker – wegen des Posters, das in seinem Kinderzimmer hing. Lauter exotische Tiere, die auf einem Schiff über das Meer schippern – ein schönes buntes Bild. Was ist das, fragte der kleine Junge. Gabriele erzählte ihm die biblische Legende von der Sintflut. Unter dem Wasserspiegel verfaulten die Leichen aller restlichen Lebewesen. Die hatte Gott für ihren Ungehorsam mit dem Tod bestraft. Eine spontane kindliche Empörung ergriff Johannes. Was war das für ein Gott, der aus reinem Egoismus eine furchtbare Überschwemmung schickt und fast alles Leben auf der Erde vernichtet? Johannes verlangte, das Bild müsse sofort abgehängt werden. Eigent-

lich wollte er nie in den Religionsunterricht, aber er nahm auf
Wunsch seiner Eltern teil. Unter Protest und seinen Eltern zu-
liebe ging er auch zum Konfirmandenunterricht – und war
bass erstaunt, als seine Mutter ihn erst kurz vor der Konfir-
mationszeremonie fragte, ob der das wirklich wolle. Ja. Jetzt
wollte er wirklich – die Geschenke und das Fest sah er als
Schmerzensgeld für den Konfirmandenunterricht. Aus dem
späteren Kirchenaustritt aber machte die Familie ein festli-
ches Ereignis, erzählt Gabriele: Beide Söhne und die Eltern –
zu viert gingen sie schließlich auf das Amt und leisteten die
Unterschrift beim Amtsgericht. Nach dem Kirchenaustritt
meinte Johannes zu bemerken, dass Bekannte aus der Ge-
meinde die Straßenseite wechselten, wenn sie der Familie
entgegenkamen.

Für den Reliunterricht von Kulturkampf zu Kulturkampf

Wenn Taufe, Konfirmation und Firmung bald nur noch eine
Sache von Minderheiten sind, dann soll die Schüler doch wenigstens ein oder zwei Stunden pro Woche der konfessionelle
Geist umwehen, im Religionsunterricht. Fast in allen Bundesländern haben die Kirchen in Deutschland den von ihnen gewünschten Stand bewahren können, dass Religionsunterricht
immer noch Pflichtfach ist, und wie bei Kirchen üblich, vom
Staat finanziert wird, während über die Inhalte und die Lehrbefugnis der Relilehrerinnen und -lehrer die Kirchen bestimmen. Nur wenn die Eltern oder ihr religionsmündiges Kind
»Reli« abwählen, ist dieses auch davon befreit. Nur in drei
Bundesländern ist es anders. In Bremen ist »Religionskunde«
(ohne Mitsprache der Kirchen) Pflichtfach, in Berlin ist es in

der Sekundarstufe Ethikunterricht und in Brandenburg – mit eigenem Konzept – »Lebenskunde, Ethik, Religion« (LER).

Doch alles, was Ethikunterricht, Lebenskunde, Religionskunde heißt, ist den Kirchenvertretern dabei zu wenig. Nur in der Spaltung in Konfessionen liegt offenbar das Seelenheil. Dabei muss man schon froh sein, dass es inzwischen nur noch um die Trennung zwischen evangelisch, katholisch und islamisch geht und nicht mehr um die zwischen den unterschiedlichen protestantischen Denominationen. Wenn es in den 1950er Jahren einen preußisch-evangelischen Lehrer nach Bayern verschlug, dann wurde häufig von ihm verlangt, er solle die kirchliche Prüfung für den Religionsunterricht noch einmal machen, damit auch alles bayerisch-lutherisch zugeht und nicht womöglich preußisch-reformiert.

Das Seelenheil der anderen im Sinn

Die Lücken im flächendeckenden Zugriff der Kirchen auf die religiöse Schulbildung sind den Kirchenvertretern ein Gräuel, zum Beispiel in Berlin, wo mittlerweile eine Bevölkerungsmehrheit konfessionslos ist. Während an der Grundschule in Berlin sowohl Religion als auch Lebenskunde Wahlfächer sind, ist in den weiterführenden Klassen 7 bis 9 seit 2006 gemeinsamer Ethikunterricht Pflicht und Reliunterricht ein Zusatzangebot. Deshalb bliesen die Kirchen in Berlin vereint mit einer Bürgerinitiative zum Angriff auf die schmähliche Zurückstellung des Religionsunterrichts. Die Zahl der Schüler im Religionsunterricht sank nach Angaben der kirchlich gesponserten »Pro Reli«-Initiative nach 2006 um zehn Prozent, weil, so die Initiatoren des Berliner Volksbegehrens, Reli als Zusatzangebot auf unbeliebte Tageszeiten geschoben wird.

307 000 Unterschriften für einen verpflichtenden Religionsunterricht sammelten die Katholiken und Protestanten der

Initiative bis Januar 2009. Die Kirchen witterten Morgenluft. Der damalige EKD-Präsident und Berliner Bischof Wolfgang Huber forderte den Berliner Senat auf, als Gesetzgeber »seines Amtes zu walten« und den Reliunterricht für die Klassen zum Pflichtfach zu machen, in Konkurrenz zum Ethikunterricht. Mit anderen Worten, eine Volksabstimmung nicht zu riskieren. Doch der Senat tat den Kirchen diesen Gefallen nicht.

Den »Teilnahmezwang« der Schüler in den Klassen 7 bis 10 am Fach Ethik sahen die Menschen von »Pro Reli« als »Bevormundung« und »bundesweit einzigartig«. Stattdessen wünschen sich die Christenmenschen, dass alle Schülerinnen und Schüler von der ersten bis zur letzten Klasse sich zwischen Ethik und diversen Schattierungen des Religionsunterrichts entscheiden und dann getrennt lernen müssen. Ausdrücklich ermunterten die Kirchen auch ihre muslimischen Brüder, es ihnen gleichzutun und den Islamunterricht auf Oberschulen auszudehnen, der an manchen Berliner Grundschulen schon gegeben wird. Motto: Jeder lernt getrennt und in Reinform »seine« Religion bzw. Konfession kennen. Die Toleranz gegenüber den anderen und vielleicht dann auch mal gegenüber Nichtglaubenden kommt später, wenn die Kinder erst einmal »ihre« Basis kennengelernt haben. Die Initiative drückte das so aus: »Respekt und Toleranz gegenüber anderen erfordern, dass man den eigenen Glauben und die eigene Weltanschauung kennt.« Wobei – ganz im päpstlichen Sinne – unter dem »eigenen Glauben« zuallererst das gesehen wird, was die Kirche als Glaubenssätze lehrt.

Schulfrei für die Religionsdemo

Die Initiative »Pro Reli« entfaltete eine medienwirksame Kampagne. So demonstrierten am Freitagmittag vor der Volksabstimmung rund 1200 Menschen mit bunten Luftballons auf dem Kurfürstendamm. Doch wer genau hinsah, konnte leicht erkennen, dass es der Initiative lediglich gelungen war, ihr eigenes konfessionelles Milieu zu mobilisieren. Das katholische Gymnasium »Liebfrauenschule« beispielsweise verlegte eigens eine Lehrerkonferenz auf den frühen Morgen und gab den Schülern ab der fünften Stunde frei,[26] um die Demo mit einigen Hundert Katholiken aufzufüllen. Dort demonstrierten sie dann für Religion als »ordentliches« Lehrfach, also nicht für das eigene Heil, sondern für das der anderen, weil an ihrem Privatgymnasium selbstverständlich katholische Religion ohnehin Pflichtfach ist.

In den Kirchen selbst war die Volksabstimmung umstritten. Mit »Christen pro Ethik« gründete sich eine Gegeninitiative von Theologen und Kirchenmitgliedern. Sie waren gar nicht entzückt darüber, »dass die Kirche meint, über ein besonderes Monopol für tragende Werte zu verfügen«.[27] – »Wir müssen die Absolutheitsansprüche religiöser und weltanschaulicher Bekenntnisse abbauen, wenn wir miteinander auskommen wollen«,[28] schrieb die andere Christenfraktion und forderte, dass weiterhin der Ethikunterricht für alle Kinder Pflicht sein müsse, um »das gegenseitige Kennenlernen und Verstehen verschiedener Kulturen« zu fördern.

Die Niederlage der Bischöfe

Am Tage der Volksabstimmung, dem 26. April 2009, treffe ich im Speckgürtel von Berlin auf einen feixenden Pfarrer, der zu DDR-Zeiten ordiniert wurde und der Initiative Pro Reli fröhlich wünscht, sie möge scheitern. Er freut sich gerade über einen »herrlich bissigen« Artikel der *tageszeitung*, die seinen Bischof Wolfgang Huber zerreißt und Häme über den Kirchenmann ausgießt. Zu DDR-Zeiten sei die Kirche sehr gut gefahren mit einem vom Staat völlig unabhängigen Religionsunterricht, sagt er. »Man soll sich den Leuten nicht aufdrängen.« Den gemeinsamen Lebenskunde-Unterricht aller Kinder im Land Brandenburg findet er sehr gut.

Bei der Berliner Volksabstimmung fielen die »Pro Reli«-Christen mit Pauken und Trompeten durch. 611 000 Jastimmen hätte die Initiative benötigt, aber nur 345 000 wurden es. Denn nur für 29 Prozent der Wahlberechtigten war das Thema wichtig genug, um überhaupt zur Abstimmung zu gehen, und von diesen votierte eine knappe Mehrheit dagegen. Lediglich im Westen Berlins bekam der obligatorische Reliunterricht eine Mehrheit – der gesamte Osten verweigerte sich. Im schmucken Zehlendorf gab es die höchste Wahlbeteiligung, es gingen dort 41 Prozent der Bürger zur Wahl, von denen 66 Prozent für »Pro-Reli« stimmten. Die Menschen im Bezirk Marzahn-Hellersdorf interessierten sich nur zu 22 Prozent für die Abstimmung, und von ihnen waren 77 Prozent dagegen.[29] Müssen wir all diese Menschen nun als Entwurzelte betrachten, weil sie nicht möchten, dass ihre Kinder ihre »religiösen Wurzeln« kennenlernen können?

Reliunterricht – das »Laberfach«

Ob flächendeckender »ordentlicher« Religionsunterricht wirklich eine so tolle Angelegenheit für die Verbreitung der kirchlichen Glaubenssätze ist, das ist eine offene Frage. Denn bundesweit fehlt es am rechtgläubigen Personal. Schüler und Eltern in vielen Bundesländern wissen längst, dass sich hinter dem Etikett Reliunterricht seit Langem schon vieles verbergen kann, bloß nicht Unterricht »nach den Grundsätzen des jeweiligen Bekenntnisses«, wie es in den Schulgesetzen heißt, also im Einklang mit dem, was sich die Bischöfin, der Dekan, der Präses und die Superintendentin darunter vorstellen. Es hängt vom einzelnen Lehrer ab. Das Fach ist in den höheren Klassen vielfach längst zum Nachdenkfach über Ethik, Gesellschaft und Moralisches mutiert. Manchmal ist das eine gute Sache. Oft nennen es die Schüler aber auch einfach ein »Laberfach«.

Was aus Sicht der Kirchen die Misere ist, zeigt meine Stichprobe in einer Berliner Grundschule, die mich freundlicherweise kurz vor der Volksabstimmung über den Religionsunterricht unbürokratisch und spontan einlässt. Dort darf ich beim freiwillig angebotenen evangelischen Religionsunterricht und beim Lebenskundeunterricht hospitieren.

Es stellt sich heraus, dass die Religionslehrerin selbst nicht an das glaubt, was jeden Sonntag als Glaubensbekenntnis in den Gottesdiensten aufgesagt wird. Deshalb will sie es den Schülerinnen und Schülern auch nicht lange erklären: »Am dritten Tage auferstanden von den Toten, aufgefahren in den Himmel; er sitzt zur Rechten Gottes, des allmächtigen Vaters; von dort wird er kommen, zu richten die Lebenden und die Toten.« Deshalb ist sie eher ratlos, was sie mit dem Curriculum anfangen soll, das in dieser nachösterlichen Zeit auf dem Stundenplan steht. Es ist ausgerechnet der Kern des Glaubens – der vom Tode zum Leben wiederauferstandene Jesus Christus. In der »Emmaus-Geschichte« zeigt er sich zwei Anhängern, die – noch ganz traurig über den Tod ihres Propheten und ratlos wegen seines geöffneten Grabes – unterwegs sind zum Ort Emmaus. Die Relilehrerin lässt die Klasse die Schritte der beiden wandernden Jünger aus Papier ausschneiden und auf den Klassenboden legen, sie lässt zwei Schüler die Szene nach einem Holzschnitt von Karl Schmidt-Rottluff[30] nachstellen, zupft die Kleindarsteller an Schultern und Armen, drückt sie sanft nieder. Die Kinder stehen ihr nicht traurig genug, sie hofft, dass sie wenigstens nachfühlen, wenn auch nicht verstehen, was in den beiden Jüngern vorgegangen ist. »Wie geht es euch in der Haltung?«, fragt sie. »Blöd«, antwortet Mark, und Maja sagt: »Der Rücken tut weh.«

Dann erzählt die Lehrerin den Kindern die Emmaus-Geschichte – und schließt: »Irgendetwas Geheimnisvolles ist da geschehen, wir wissen nicht genau, was es war ...« Die gelernte Sozialwissenschaftlerin möchte eigentlich lieber den Job wechseln, vielleicht macht sie sich demnächst selbstständig, bekennt sie mir. Die Arbeit als Relilehrerin war für sie eine Chance, als sie nach ihrem Studium keine Stelle fand. Auf der kirchlichen Hochschule ließ sie sich dazu im Schnellgang ausbilden. Ihr Kind war klein – ein neues reguläres Lehrerstudium wäre nicht möglich gewesen.

An derselben Schule wird auch vom Humanistischen Verband (früher »Freidenkerverband«) als Alternative ein Lebenskunde-Unterricht organisiert. Auch der »Humanistische Verband« erhält, wie die Kirche, die Personalkosten dafür vom Berliner Senat erstattet. Im Klassenraum hängen Zeichnungen und Texte, die beschreiben, wie sich unterschiedliche Völker und Religionen in Afrika, Australien und Europa die Schöpfung der Welt vorstellen. Mit den Kindern geht die Lehrerin an diesem Tag in den nahe gelegenen Park und lässt sie kleine Objekte sammeln. Anschließend sortieren die Kinder die Fundstücke, nach lebendigen (wie Käfern), absterbenden (wie Blättern), Leben spendenden (Samen) und toten (Steinchen). Mit der Übung möchte sie die Kinder auf fundamentale Lebensfragen stoßen. »In dieser globalisierten Welt möchte ich die Kinder in Stand setzen, sich das zu suchen, was sie selbst brauchen«, sagt die Lehrerin. Ich habe den Eindruck, die evangelische Relilehrerin würde das eigentlich gerne genauso halten – aber der kirchlich bestimmte Lehrplan »biblische Geschichte nach dem Kirchenjahr« lässt ihr dazu keinen Raum.

Vielleicht plagte die frühere hessische Kultusministerin und gelernte Religionslehrerin Karin Wolff ja eine ähnliche Ratlosigkeit, die sie zu dem seltsamen Vorschlag motivierte, die biblische Schöpfungslegende auch im Biologieunterricht zu behandeln – also religiöse Ideen auch in wissenschaftlichen Fächern zu behandeln[31].

Die Kirchen und ihre Geschichtsverfälschungen

Weimar: Für Kirchenrechte – gegen Demokraten

Wie viel Einfluss die Kirchen noch im 19. Jahrhundert hatten, zeigt der empörte Hirtenbrief des Mainzer Bischofs Wilhelm Emmanuel von Ketteler aus dem Jahr 1873. Ketteler schrieb an gegen das hessische Schulgesetz, mit dem die Konfessionsschulen als Regelschule abgeschafft wurden. Das Gesetz hatte Folgen für die Kirche, die der Bischof als unerträglich ansah. Denn bis dahin galten folgende Regeln:

- Schüler wie Lehrer waren verpflichtet, Kirchendienste zu leisten.
- Auch an Wochentagen mussten die Schulkinder zur Kirche gehen.
- Sechs Stunden Religionsunterricht pro Woche waren Pflicht, mit dem neuen hessischen Gesetz aber sollten es »nur« noch vier Stunden sein.
- Die Kirchen waren obligatorisch in der staatlichen Schulaufsicht vertreten.

Noch 45 Jahre später, 1918, wetterte die »Vereinigung der Katholiken Deutschlands zur Verteidigung und Förderung der christlichen Schule und Erziehung« gegen das hessische Schulgesetz von 1873 und stellte fest: »Als Lenkerin und Leiterin der Gewissen ist von Gott die Kirche berufen. Sie hat Recht und Pflicht, die Eltern über ihre Erziehungspflicht aufzuklären, die Normen festzusetzen, die für eine gottgefällige Erziehung bestehen, auf die strengen Strafen hinzuweisen, die sich diejenigen zuziehen, die Gott und Gottes Gebot aus ihrer Pädagogik ausschalten wollen. Wenn nun die Kirche schon über die Eltern ein Ge- und Verbotsrecht besitzt, dann besitzt sie es auch über die Stellvertreter der Eltern in einzelnen Erziehungszweigen, das heißt konkret gesprochen über die Schule.«[1]

»Katholische Schulen für katholische Kinder!«, schreiben – mitten im Ersten Weltkrieg – die Oberhirten der deutschen Katholiken in einem Hirtenbrief zu Allerheiligen 1917. Der spätere Reichskanzler Wilhelm Marx verspricht: »Die deutschen Katholiken werden beim Schulkampf ihren Mann stehen.« Der katholische Lehrerverband in der Rheinprovinz wird angesichts der laufenden Kämpfe um die Schulen in der *Westdeutschen Lehrerzeitung* nationalpathetisch: »Der deutsche Krieger trägt über seinem feldgrauen Ehrenkleide den goldenen Wahlspruch: Gott mit uns. Möge in allen Wechselfällen kommender Tage und Zeiten das deutsche Volk zu dem ›Gott mit uns‹ ebenso wahr von sich sagen können: Wir mit Gott.«[2]

Für Kaiser, Volk und Konfessionsschule

Die Entmachtung des Kaisers als Oberhaupt auch der Kirche, die Trennung von Staat und Kirche, welche die Weimarer Republik in ihrer Verfassung vorsah – das waren für die beiden christlichen Konfessionen bittere Pillen. Ihre Verbände liefen schon allein aus diesen Gründen Sturm gegen die erste Demokratie auf deutschem Boden. Die Protestanten legten sich mit Kampagnen gegen die Enteignung der Adeligen ins Zeug, die bis 1918 gleichzeitig auch ihre Kirchenfürsten gewesen waren.

Widerstand war erste Katholikenpflicht, vor allem in der Schulfrage. Teufelszeug war den Schulfunktionären der Schulerlass der sozialdemokratischen Regierung Preußens vom November 1918, obwohl der auch nicht weiter ging als das hessische Gesetz aus dem 19. Jahrhundert. Noch sahen sich die katholischen Schulfunktionäre einig mit dem Willen der meisten Eltern, zumindest in überwiegend katholischen Gegenden. So hatten die Münchner Eltern im September 1919 in Listen einzutragen, an welcher Art von Volksschule sie ihr schulpflichtiges Kind anmelden wollten, an einer nichtkonfessionellen »Simultanschule« oder an einer Konfessionsschule. Ergebnis der Volksabstimmung: 52 128 Kinder sollten nach dem Elternwillen in eine Konfessionsschule gehen, 15 040 in eine »Simultanschule« für alle Konfessionen. Doch die Katholiken ließen es angesichts dieses Ergebnisses nicht dabei bewenden, zu triumphieren. Sie traten der Minderheit noch in den Rücken. Denn zwei Drittel der Protestanten hatten in München für die »Simultanschule« votiert, ebenso wie drei Viertel der »Israeliten«, wie die katholisch orientierte Münchener Zeitung *Bayrischer Kurier* die Juden damals nannte. Diese beiden religiösen Minderheiten wollten weder zum Besuch von rein katholischen Schulen gezwungen sein noch eine eigene Konfessionsschule als Ghetto erhalten. Der Schreiber des *Bayerischen Kuriers* prangerte sie deshalb an: Diese Tatsache »erhellt zur Genüge, in welchen Kreisen jene zu suchen sind, denen die Förderung der Simultanschule so sehr am Herzen liegt«. Nach dem Ergebnis der Münchener Abstimmung musste die Stadt acht statt bisher zwei »Simultanschulen« einplanen, damit die Minderheit von 15 000 Kindern ihr Recht wahrnehmen konnte, gemeinsam mit Nichtgläubigen und anderen Konfessionen in die Schule zu gehen. Aber selbst das sollte der Minderheit verweigert werden, befanden die Katholiken. Ein Schulstreik folgte. »Die Kundgebung dieses Beschlusses hat den schärfsten Widerspruch der katholischen Bevölkerung hervorgerufen …

(es) sind die christlichen Eltern in den Schulstreik eingetreten. Die katholischen Kinder bleiben den Schulen fern.«[3]

Gegen die Demokratie um der Konfession willen

Noch Ende 1932 forderte die Zentrumspartei im Reichstag ein Reichsschulgesetz, das die einzelnen Länder des Reiches an die Kandare nehmen sollte – für Konfessionsschulen und für den Einfluss der Kirchen auf den Religionsunterricht. Die Protestanten standen dem nicht nach. Der »Evangelische Bund« forderte 1932 »evangelische Schulen für evangelische Schüler«, wenn auch »unter Anerkennung des geschichtlichen Rechts der christlichen Simultanschule«. Außerdem wollten die Evangelischen etwas für ihre Klientel tun: mit einer Quote für protestantische Beamte in den Schulbehörden und in den Schulen selbst, entsprechend der Quote der protestantischen Schüler. 1932 veröffentlicht die Katholische Schulbewegung einen rechtsphilosophischen Aufsatz, der, gegen den Text der Weimarer Verfassung, einen Vorrang für die Konfessionsschule vor der Gemeinschaftsschule begründet – und zwar, typisch für einen Katholiken, aus dem Naturrecht.[4] Bald darauf bemüht sich der Düsseldorfer Jesuit Josef Schröteler schon einmal darum, die nationalsozialistischen Ideen mit den katholischen Bildungsidealen zu versöhnen, und da er nicht demokratisch gesinnt, sondern autoritätsgläubig ist, fällt ihm das nicht schwer: »Der Katholik wird daher das Führerprinzip im gegenwärtigen Staat grundsätzlich anerkennen. Er ist der Überzeugung, dass jede Autoritätsform ihre Ansprüche und ihre Wirkkraft nicht tiefer zu begründen vermag als durch die Tatsache, dass Autorität Stellvertreterschaft Gottes ist.«[5]

Gefahr für die katholischen Interessen kam für sie nur von der Demokratie, nicht von den immer stärker werdenden autoritären und faschistischen Parteien. Zum Ende der Republik, auf dem Essener Katholikentag 1932, sah der preußische Landesausschuss der »Katholischen Schulbewegung« den drohenden »Staatsabsolutismus« nicht bei den Nationalsozialisten, sondern vor allem bei den herrschenden demokratischen Parteien – und zwar allein schon deshalb, weil sie der Gemeinschaftsschule aller Religionen und Bekenntnisse den Vorrang gaben. In ihrer Resolution heißt es: »Die gegenwärtige schulpolitische Entwicklung birgt besonders die Gefahr in sich, dass der Staatsabsolutismus auch der Schule droht.«[6] Damals, in der ersten deutschen Demokratie war es »Staatsabsolutismus«, heute sprechen hochrangige Protestanten von »Staatsmonopolismus« in der Bildung, wenn sie Konfessionsschulen fördern. So wurde weiter gekämpft, bis zum Ende der Weimarer Republik, und noch ein bisschen darüber hinaus. Neben ihrer Kaiserhörigkeit waren die »Kulturkämpfe« ein Grund dafür, warum die protestantisch orientierte Deutschnationale Volkspartei (DNVP) zu einer der Totengräberinnen der jungen Demokratie wurde. Die DNVP schloss sich im Juni 1933 komplett Hitlers NSDAP an.

Der Schulkampf und das dauernde Mäkeln der Kirchen am ungeliebten säkularen Weimarer Staat waren schließlich offensichtlich Motive für die katholische Zentrumspartei, bei der letzten Sitzung des Weimarer Reichstages dem Ermächtigungsgesetz für Hitler zuzustimmen und ihm damit die Macht eines Diktators zu verleihen.

Bevor der Reichstag über das »Ermächtigungsgesetz« abstimmte, pinselte Adolf Hitler im Reichstag den Abgeordneten erst einmal den konfessionellen Bauch und erklärte in seiner Rede: »Die nationale Regierung sieht in den beiden christlichen Kirchen wichtigste Faktoren der Erhaltung unseres Volkstums.« Hitler versprach, seine Regierung werde »in Schule und Erziehung den christlichen Konfessionen den ihnen zukommenden Einfluss einräumen und sicher stellen«.[7] Noch Monate später – die sozialdemokratische Opposition war bereits mundtot gemacht, die Kommunisten in den Untergrund getrieben worden – frohlockte der frühere Zentrumsabgeordnete und Münchener Domdekan Anton Scharnagl über die erhofften segensreichen Auswirkungen des Ermächtigungsgesetzes vom 23. März 1933, es habe »die Hindernisse beseitigt, die bisher einer reichsrechtlichen Regelung der Schulfrage im christlichen Sinne entgegenstanden«. Zu begrüßen war für Scharnagl auch das Reichskonkordat, das Hitler einige Monate später mit dem Papst schloss. Hierin habe Hitler Wort gehalten, als der Staat der Kirche Macht über den Religionsunterricht und den Katholiken, wo irgend möglich, ein Recht auf katholische Bekenntnisschulen eingeräumt habe.[8] Gelobt sei Jesus Christus.

Dies war die Stimmung unter katholischen Funktionären nach 14 Jahren Kultur- und Schulkampf gegen die demokratische Weimarer Republik: Wenn Hitler bloß der katholischen Kirche ihre Wünsche erfüllen würde, so sei es aller Ehren wert, ihn zu unterstützen. Die Kirchen wurden also zu Steigbügelhaltern eines Diktators, der genügend Köder für die Kirchentreuen ausgelegt hatte, damit sie ihm zur Macht verhalfen – auch wenn er wenig geneigt war, sich an seine Zusagen zu halten.

»Märtyrer« statt Wahrhaftigkeit

Alles alte Geschichten – über die Zeit des Nationalsozialismus und die Rolle der Kirchen ist doch ausgiebig geforscht und publiziert worden, oder? Stimmt. Tatsächlich haben einige rührige Forscher und Publizisten die großen schmutzigen Flecken auf der weißen Kirchenweste erforscht, oft von sich aus. Damit waren auch die Kirchen zur Beschäftigung mit ihrer Vergangenheit gezwungen und haben ihre Mitschuld erkannt – eigentlich. Aber woher dann die Überheblichkeit der Kirchen? Sie wollen uns weismachen, Kirchenmenschen seien immer schon die besseren Menschen gewesen – auch während der Zeit des Faschismus. Es ist, als wäre die Wahrheit nicht im Bewusstsein der Kirchenvertreter angekommen, schon gar nicht in ihren Herzen. Mehr noch, die Reinwaschversuche dauern bis heute an. Dabei arbeitet die Kirchen-Propaganda vor allem mit Weglassen und Verschweigen. Und deswegen muss auch die Schuld der Kirchen im deutschen Faschismus wieder zum Thema gemacht werden.

Die Helden des Widerstands

Wenn die Sprache auf die Zeit des Nationalsozialismus kommt, dann schmücken sich die Kirchen gerne mit vorbildlichen Widerständlern aus ihren Reihen. Katholische Heldinnen und Helden sind Menschen wie die Nonne Edith Stein, der oppositionelle Pater Alfred Delp oder Kardinal von Galen, der laut gegen das Verbrechen der »Euthanasie« predigte. Bei den Protestanten sind es Ikonen wie Dietrich Bonhoeffer oder Martin Niemöller, manchmal auch (wenn er den Kirchenhierarchen nicht zu linksgerichtet ist) der Theologe Karl Barth, außerdem der württembergische Bischof Theophil Wurm, Pfarrer Martin Braune oder Friedrich von Bodelschwingh, die sich auf unterschiedliche Weise – hinter den Kulissen – für Menschen aus »Heil- und Pflegeanstalten« eingesetzt haben, die die Nazis zu Hunderttausenden töteten. Wobei nicht alle diese Menschen unter Hitler eine solch weiße Weste behalten haben wie der evangelische Theologe Dietrich Bonhoeffer, der kurz vor Kriegsende im Konzentrationslager Flossenbürg hingerichtet wurde. Ein Gedicht, das er aus dem Kerker der Berliner Gestapo im Dezember 1944 seiner Verlobten schickte, geht Glaubenden noch heute unter die Haut, besonders dann, wenn sie die Biografie des Autors kennen: »Von guten Mächten wunderbar geborgen erwarten wir getrost was kommen mag. Gott ist mit uns am Abend und am Morgen und ganz gewiss an jedem neuen Tag.«[9] Beide Kirchen bemühen sich permanent darum, ihre Widerstandshelden ins Rampenlicht zu stellen und die vielen Nationalisten, Kriegstreiber, Antisemiten, Nazis und Mittäter in ihren eigenen Reihen vergessen zu machen. Da gibt es einiges zu verstecken, denn bei beiden Kirchen machten sich sowohl das Führungspersonal als auch die Basis mitschuldig an den Verbrechen der Nazis.

Kampf für die eigene Sache

Beim Glattbügeln ihrer eigenen Vergangenheit bezieht sich die evangelische Kirche insbesondere auf ihren »Kirchenkampf« und sieht sich in der direkten Nachfolge der »Bekennenden Kirche«. Die sei, so die Legende, grundsätzlich gegen den nationalsozialistischen Staat gewesen. Ihr Gegenspieler sind die noch hitlertreueren »Deutschen Christen« unter Reichsbischof Müller gewesen – einer Figur, die ab 1935 aber de facto nichts mehr zu sagen hatte.

Die Katholiken haben es nicht ganz so einfach, eine Legende »Kirchenkampf« zu schmieden. denn ihr Oberhaupt Papst Pius XI. schloss gleich nach der Machtübernahme Hitlers mit dem faschistischen Staat einen Vertrag, das heute noch für geltend befundene Reichskonkordat.

Bei beiden Kirchen herrschte nicht etwa Empörung über die Beseitigung der ersten deutschen Demokratie, über Untaten, Morde und himmelschreiende Ungerechtigkeiten des nationalsozialistischen Regimes. Wenn Widerstand geleistet wurde, dann ging es um die »Weltanschauung«, die ihnen der NS-Staat nun streitig machte, mit der faschistischen »arisierten« Religion des Nazi-Ideologen Alfred Rosenberg. Dagegen kämpften sie mit offenem Visier. Und es ging um die engen Interessen der Institution Kirche selbst, welche die Nazis »gleichschalten«, also ideologisch und institutionell ihrer zentralen Kommandostruktur angliedern wollten. Oder, wie die katholisch-oppositionelle Theologin Uta Ranke-Heinemann es ausdrückt: Es ging der Kirche um »Ehegesetze, katholische Vereine, Kruzifixe in den Klassenzimmern«.[10]

Protestanten wählten Hitlers Partei doppelt so häufig wie Katholiken. Wenn sich die evangelische Kirche als Institution überhaupt entschlossen dem Naziregime entgegenstellte, dann war ihr der Erhalt der theologischen Uneinigkeit und regionalen Zersplitterung wichtig. Die protestantischen Funktionäre selbst würden es natürlich anders ausdrücken: Es ging um den Erhalt ihrer Vielfalt und evangelischen Identität. Beides zeigt sich an einem protestantischen Aufstand der Lutherischen Landeskirche von Bayern. Bis heute, 2010, hat die Evangelische Kirche in Deutschland 22 Mitgliedskirchen, meist in den Grenzen inzwischen längst untergegangener Fürstentümer. Mal sind die Kirchen lutherisch, mal reformiert, mal uniert – Unterscheidungen, die dem gemeinen Kirchenvolk inzwischen sicherlich ziemlich egal sind. Schließlich wechselt man nicht mit jedem Umzug innerhalb Deutschlands die protestantische Gesinnung.

1934 allerdings wollen die Nazis die evangelischen Kirchen insgesamt zentralisieren, in einer Reichskirche. Die bayerische lutherische Kirche gerät darüber derart in Aufruhr, dass dies den »bekennenden Christen« Landesbischof Hans Meiser zum »Widerständler gegen Hitler« macht. Er erkennt die Eingliederung in die Deutsche Evangelische Kirche nicht an, denn so ein Text in seinem Amtsblatt: »Lutherische Landeskirchen können ihre Kirchengewalt nur einer Reichskirche übertragen, die selbst eindeutig an das lutherische Bekenntnis (die Augsburger Konfession) gebunden ist.« Also Widerstand gegen die Zentralisierung, wenn sie nicht lutherisch passiert.

Der Staat und die Reichskirche reagieren. Es folgen: Ein Schmähartikel in der NS-konformen *Fränkischen Tageszeitung* mit der Schlagzeile »Weg mit Landesbischof Meiser!« Daraufhin eine Protestdemonstration der lutherischen Christen am folgenden Sonntag in München. Dort spricht Meiser, der aufmuckende Bischof. Das evangelische Gemeindeblatt schreibt von einer »bewegenden Ansprache« Meisers, die er mit einem warmen Bekenntnis zu Volk und Führer schließt. Die Gemeinde singt das Deutschlandlied und das nationalsozialistische Horst-Wessel-Lied: (»Die Fahne hoch! Die Reihen fest geschlossen! SA marschiert mit ruhig festem Schritt. Kam'raden, die Rotfront und Reaktion erschossen, marschier'n im Geist in unser'n Reihen mit.«) Und dann ziehen die Lutheraner mit dem »deutschen Gruß«, dem ausgestreckten rechten Arm, am Herrn Landesbischof vorüber. Sieht so Widerstand gegen Hitler aus? Es folgen: Die Absetzung der lutherisch-bayerischen Kirchenspitze durch einen Berliner Staatskommissar, Hausarrest für Bischof Meiser und eine Demonstration gegen Meisers Entmachtung mit 10 000 Teilnehmern auf dem Adolf-Hitler-Platz. Staat und Zentralkirche mussten nachgeben; sechs Wochen nach Beginn dieser heißen Phase des bayerischen »Kirchenkampfs« war Meiser wieder Landesbischof und ein freier Mann.

So wie der Autor Ernst Klee, der den Konflikt aus den Quellen rekonstruiert hat[11], lernen auch wir: Die Kirchen könnten sich wirklich gegen Hitler durchsetzen, wenn sie nur wollten. Doch sie kämpfen nur in eigener Angelegenheit, nicht für die Schwachen, nicht für andere Religionen, nicht für Andersdenkende, nicht für von Rassismus Bedrohte. Und gegen die Nazis 1934 schon gar nicht, dazu waren die Protestanten selbst zu häufig Nazis.

Staatstragender Widerstand

Wer im Sommer 2009 die Zentrale der Evangelischen Kirche im Rheinland in Düsseldorf besuchte, dem sprang dort im Foyer ein Stapel mit Nachdrucken der Barmer Erklärung der

»evangelischen Bekenntnissynode« von 1934 ins Auge. Gerne zitieren Kirchenleute bis heute daraus, denn die Absage an den NS-Staat klingt zunächst einmal radikal. »Wir verwerfen die falsche Lehre, als dürfe die Kirche die Gestalt ihrer Botschaft und ihrer Ordnung ihrem Belieben oder dem Wechsel der jeweils herrschenden weltanschaulichen und politischen Überzeugungen überlassen. … Wir verwerfen die falsche Lehre, als solle und könne der Staat über seinen besonderen Auftrag hinaus die einzige und totale Ordnung menschlichen Lebens werden und also auch die Bestimmung der Kirche erfüllen.«[12]

Diesen Text beschloss die »Bekenntnissynode« Ende März 1934. Warum die Aufregung zu dem Zeitpunkt? Sicher ging es den aufrechten Protestanten darum, den Staat allgemein zu Toleranz zu mahnen, oder? Denn schließlich hatten die Nazis 1933 vor aller Augen die demokratischen Parteien zerschlagen, die Gewerkschaften gewaltsam aufgelöst, Widerständler verhaftet, vertrieben oder umgebracht und die ersten rassistischen Gesetze erlassen, wie zum Beispiel das Gesetz »zur Wiederherstellung des Berufsbeamtentums«: Wer »Nichtarier« war, also Jude oder auch, wer die Naziideologie nicht teilte, zum Beispiel als Sozialdemokrat oder Kommunist, der durfte kein Beamter mehr sein – und die gesamte Familie verlor Einkommen und Pensionsansprüche. Das musste einem aufrechten protestantischen Christenmenschen doch einfach zuwider sein. Oder?

Doch keine dieser Ungerechtigkeiten hatte die evangelischen »Bekenntnis«-Synodalen so alarmiert, dass sie in Barmen zusammenkommen mussten. Einzig und allein das Bemühen Hitlers, die evangelische Kirche unter einem Reichsbischof der »Deutschen Christen« linientreu gleichzuschalten, brachte sie auf – es war ein Kampf darüber, wer in der Kirche das Sagen hat.

Noch kurz vor der Barmer Erklärung hatten sich die rheinisch-westfälischen »Bekennenden Christen« zu einer Großveranstaltung »unter dem Wort« in der Dortmunder Westfalenhalle getroffen. Ihr Grußtelegramm an die Regierenden wird in evangelischen Festschriften von heute nicht erwähnt: »25 000 Abgeordnete der bekenntnistreuen Gemeinden Westfalens und des Rheinlandes, versammelt im Kampf um den unverfälschten Glauben des reformatorischen Evangeliums, grüßen den Führer in unerschütterlicher Treue zu Staat und Volk.«[13] Die kurze Treueerklärung brachte die Haltung der Protestanten besser auf den Punkt als lange theologische Erklärungen. Ausübung von »unverfälschtem Glauben«, aber in »Treue« zum Staat – darum ging es.

Die Treueerklärungen nützten den Bekennenden Christen nur bedingt. Der NS-Staat illegalisierte nach und nach alle institutionellen Bemühungen der »Bekennenden«. Aber sie konnten weiterarbeiten – neben der offiziellen zentralisierten Reichskirche und sehr oft auch mit ihr.

Wenn in der Folgezeit bis 1945 von »Kirchenkampf« die Rede ist, dann ist damit vor allem der kircheninterne Kampf zwischen der »Bekennenden Kirche« und den »Deutschen Christen« gemeint, der sich auf allen Ebenen in einem Kleinkrieg äußerte. Mal konnte eine Gemeinde der »Bekennenden Kirche« zugerechnet werden, mal den »Deutschen Christen«, in der nächsten Gemeinde konnten Anhänger beider Fraktionen im Kirchenvorstand vertreten sein, die sich zuweilen um die Nutzung der Kirchengebäude stritten.

Auch mein Vater erzählte gerne immer wieder mal, dass er »illegaler Hilfsprediger« war. Das ist nicht falsch. Vor seinem ersten theologischen Examen hatte die Geheime Staatspolizei die verbotene kirchliche Hochschule der Bekennenden Kirche in Wuppertal geschlossen, an der er lernte. Im März 1938 machte er dann heimlich sein Examen und wurde Vikar und schließlich »Hilfsprediger« der Bekennenden Kirche in Essen, weil eine offizielle Ordinierung als Pfarrer nur den Deutschen Christen gestattet war. Aber der Begriff »Illegaler« weckt ganz falsche Assoziationen; er klingt nach Widerstand gegen Hitler, nach einer Wohnung im Keller, nach geheimen Gottesdiensten und aufrührerischen Predigten, nach Antifaschismus. Doch stattdessen arbeitete die Bekennende Kirche im Alltag oft so unbehelligt und staatstragend wie mein Vater, der 1934 sein Theologiestudium für ein Jahr unterbrochen hatte, um freiwillig Militärdienst zu machen.[14]

Von den Kanzeln der Bekennenden Kirche wurde am 3. Advent 1934 eine Absage an den Widerstand verlesen: »Wir wollen keine Zufluchtsstätte politisch unzufriedener Elemente sein.« Deshalb war bald auch kein Platz mehr in Deutschland für den Hauptautor der »Barmer Erklärung«, für den Theologen Karl Barth. Der war den Protestanten als Gewerkschafter und Sozialist bei Weitem zu unbequem – einer der wenigen, die über den evangelischen Tellerrand hinausschauten. Auf einer Theologenkonferenz fragte Barth bereits im Herbst 1933 seine »Brüder«: »Was sagt die Kirche zu dem, was in den Konzentrationslagern geschieht? Oder zur Behandlung der Juden? Oder zu allem, was in der Eugenik unternommen wird? Oder zum ›totalen Anspruch‹ des Staates?«[15] Die Protestanten sagten nichts. Jedenfalls nicht öffentlich. Als Barth dann auch noch als beamteter Theologieprofessor den Eid auf den Führer verweigerte, ließ ihn die Leitung der »Bekennenden Christen« fallen. Die Herren waren sich einig, »dass Karl Barth gegenwärtig die größte Gefahr für die Deutsche Evangelische Kirche ist«.[16] Er ging ins Schweizer Exil. Die hitlertreue »Bekennende Kirche« behielt hingegen ihren guten Draht zum Staat. Dass ihre »illegalen Hilfsprediger« vom Staat bereitwillig toleriert wurden, zeigte sich beispielsweise 1940, als sie wohlwollend in einer Verfügung des Reichsinnenministierums erwähnt wurden. Innenminister Frick entschied: Wird so ein »illegaler« Hilfsprediger zum Kriegsdienst eingezogen, dann erhält seine Familie dieselbe finanzielle Unterstützung wie ein offizieller Pfarrer.

»In brennender Sorge« für den katholischen Einflussbereich

Was für die Protestanten die »Barmer Erklärung«, das ist für die katholische Kirche die im März 1937 veröffentlichte Enzyklika »In brennender Sorge«, mit der sich Papst Pius XI. gegen den deutschen faschistischen Staat wendet. Die Enzyklika wird gerne als Fundamentalprotest gegen den Nazistaat an sich zitiert. Wenn wir das päpstliche Rundschreiben hoffnungsvoll auf christlich-humanistische Äußerungen hin durchsuchen, dann stoßen wir auf den Abschnitt über das Naturrecht. An diesem Recht kann, wie der Papst schreibt, »jedes positive Recht, von welchem Gesetzgeber es auch kommen mag, auf seinen sittlichen Gehalt, damit auf seine sittliche Befehlsmacht und Gewissensverpflichtung nachgeprüft werden«. Aha, Hitler kann also nicht machen, was er will. Und jetzt, so erwarten wir, wird der Papst sicher schreiben, dass das Naturrecht beispielsweise gegen die rassistischen, antisemitischen Nürnberger Gesetze spricht, die die Nazis 1935 erlassen haben und mit denen sie »Nichtarier« an den Rand der Gesellschaft drücken. Gesetze wie das »Blutschutzgesetz«, mit dem der Staat Ehen von Juden mit anderen Deutschen verbietet – und das damit auch mit den Gesetzesregeln des Vatikans über Mischehen kollidiert. Doch vergeblich. Pius fallen drei andere Fälle für ein »Naturrecht« ein, gegen das der NS-Staat verstoßen hat. Das Recht auf Glaubensfreiheit (womit er ganz offensichtlich ausschließlich die katholische Freiheit meint). Zweitens das Recht der Eltern, ihre Kinder zu erziehen, und insbesondere, drittens, das Recht auf den »Elternwillen in Schulfragen«. Schon wieder die Konfessionsschulen. Die Enzyklika ist eine Reaktion darauf, dass Hitler sich nicht an das Reichskonkordat hält. Entgegen allen Zusagen schließen die Nazis nämlich Konfessionsschulen, zerschlagen katholische Laienorganisationen, hetzen gegen jeden »politischen Katholizismus« und führen Kleinkriege um jede Kirchenfahne an einem Kirchturm.

Das päpstliche Archiv in Rom enthält Akten mit Beschwerdeschreiben des deutschen Klerus und der deutschen Gläubigen gegen die Zustände im Land. Der Buchautor Klaus Kühlwein hat die Protestbriefe ausgewertet hat und so zusammengefasst: »Auf der einen Seite beschönigen die Bischöfe nichts und geben sich kämpferisch. Andererseits aber tun sie so, als ob die Nazi-Tyrannei an den Grenzen der Kirche aufhöre. Was sich jenseits des kirchlichen Binnenraums abspielte, schien die Bischöfe nicht sonderlich zu interessieren. Zumindest war es ihnen kaum ein Blatt Papier wert für Rom.«[17] Ein einziger Brief ragt inhaltlich heraus. »Ist nicht der Vernichtungskampf gegen das jüdische Blut eine Schmähung der allerheiligsten Menschheit unseres Erlösers, der allerseligsten Jungfrau und der Apostel?«, schreibt Edith Stein, Nonne jüdischer Herkunft, schon im April 1933 empört an den Vatikan. Nuntius Pacelli, der 1939 selbst zum Papst gekürt wurde, bestätigte schriftlich, dass er das überaus klarsichtige Schreiben Papst Pius XI. vorgelegt hatte. In dem Brief fährt Edith Stein fort: »Wir alle, die wir treue Kinder der Kirche sind und die Verhältnisse in Deutschland mit offenen Augen betrachten, fürchten das Schlimmste für das Ansehen der Kirche, wenn das Schweigen noch länger anhält.«[18]

Kompromissbereit bei der Verteidigung von Schwachen

Wie der katholische Klerus seine Rolle unter dem Diktator sieht, das macht der Münchener Kardinal Michael Faulhaber sehr deutlich. Am 4. November 1936 führt er ein mehrstündiges Gespräch mit Adolf Hitler. Faulhaber protokolliert im Detail, dass er gegen die Angriffe des Staates und der paramilitärischen Organisationen SA und SS auf die Kirche protestiert. Bei der Verteidigung der Schwachen ist er hingegen nicht so standhaft wie bei der Verteidigung der kirchlichen Vereine, der kirchlichen Bewegungsfreiheit und der Bekenntnisschulen. Der Diktator fragt: »Soll der Kampf der Kirche gegen die Rassengesetze des Dritten Reiches weitergehen?« Der Kardinal weist darauf hin, es habe auch unter der Monarchie schon Gesetze gegeben, die der Gesetzgeber für notwendig erachtete, die Kirche aber nicht – zum Beispiel über Abtreibung und Ehescheidung. »So wird sich auch in anderen Fragen, in denen die Kirche ihren dogmatisch-sittlichen Standpunkt nicht verlassen kann, trotzdem ein Modus Vivendi finden.«[19] Tatsächlich, ein Modus Vivendi – ein Kompromiss, mit dem man leben kann – wird für die Kirchen gefunden. Die Opfer der rassistischen Gesetze, des Antisemitismus, des Antikommunismus und der »Euthanasie«-Aktionen ereilt währenddessen ein Modus Moriendi – der Weg zum Sterben.

Der Antisemitismus ist mitten in den Kirchen, sowohl in der katholischen als auch in der evangelischen. Selbst die Nonne und Philosophin Edith Stein, die später – als Jüdin – in Auschwitz ermordet wurde, sagt nach dem 9. November 1938, als die Synagogen in Deutschland brannten: »Das ist die Erfüllung des Fluches, den mein Volk auf sich herabgerufen hat.«[20] In ihrem Testament 1939 erklärte sie ihren eigenen Tod vorab zum Opfer *zur Sühne für den Unglauben des jüdischen Volkes*. Kirchenhistoriker führen beides, den Antisemitismus und die Staatsnähe der Kirche, auf die Geburtsumstände des Christentums zurück. Zu Beginn waren die Jesusjünger nicht mehr als eine jüdische Sekte, die meinte, mit Jesus sei der lang erwartete Messias gekommen – und der werde, wie versprochen, schon bald zurückkehren. Weil das aber nicht geschah, verfestigte sich die jüdische Sekte zum Christentum. Sie biederte sich dem römischen Staat an, wurde schließlich, zur »konstantinischen Wende« um 300 nach Christus, zur vom römischen Staat un-

145

terstützten Religion, dann zur Staatsreligion. Da ziemte es sich nicht mehr, klar zu sagen, wer ihren Jesus zum Tode verurteilt und hingerichtet hatte: die Römer unter ihrem Statthalter Pontius Pilatus. Fortan waren »die Juden« schuld an der Kreuzigung. Da passte es gut, dass das Römische Reich die Juden nach ihrem Aufstand im Jahre 70 nach Christus ebenfalls als Gegner sah. Absetzbewegungen von der Mutterreligion und Antisemitismus an der Wiege des Christentums – beides ist mindestens bis 1945 beim »christlichen Menschenbild« mitzudenken, und zwar auch und insbesondere bei den Protestanten. Der württembergische evangelische Landesbischof Theophil Wurm, hoher Repräsentant der »Bekennenden Kirche«, missbilligt zwar die Novemberpogrome 1939, aber er sagt auch: »Ich bestreite mit keinem Wort dem Staat das Recht, das Judentum als ein gefährliches Element zu bekämpfen.«[21]

Antisemitisch gegen die eigenen Glaubensbrüder

Es hat Juden in aller Regel nicht vor Verfolgung und Tod geschützt, wenn sie zum christlichen Glauben übertraten. Häufig wurden sie von ihren Glaubensbrüdern und Schwestern allein gelassen. Einzelschicksale zeigen eindrucksvoll, was »Kirchenkampf« in diesem Zusammenhang bedeutete und was eigentlich los war im Verhältnis zwischen staatlich gelenkter evangelischer Reichskirche, »Bekennender Kirche« und dem Nazistaat. Geschichte kann näher sein, als man denkt. Zwei Fälle von kirchlichem Antisemitismus ereigneten sich wenige Hundert Meter von meinem jetzigen Wohnort bzw. auf einer Pfarrstelle, die vierzig Jahre später mein Vater bekleidete. Ernst Flatow, ein Jude, der 1913 zum Protestantismus konvertiert war, arbeitete 1933 als Krankenhauspfarrer in Köln. Gleich im März 1933 verlor er seine Stelle aufgrund des Rassismus seiner eigenen Kirche.[22] Karl Euler, Konsistorialrat der evangelischen Kirche, begründete Flatows Abberufung – noch bevor die Hitler-Regierung die ersten rassistischen Beamtengesetze erlassen hatte – folgendermaßen: »Flatow hat in seinem Äußeren und in seinem Wesen so in die Augen springend diejenigen Merkmale an sich, die von dem Volke als der jüdischen Rasse eigen angesehen werden, daß eine Beschäftigung in einer Gemeinde unmöglich ist …« Es war der erste Schritt zu Flatows Tod. Zu emigrieren hätte den protestantischen Pfarrer retten können, aber später verlässt Ernst Flatow kurz vor der holländischen Grenze den rettenden Zug nach England. Er nutzt das Blanco-Ausreisepapier nicht, das es von der Kirche nur für Pfarrer gab. 1942 wird er aus den Lobetaler Anstalten, einer Außenstelle von Bethel, ins Warschauer Ghetto deportiert, wo er im selben Jahr noch durch Zwangsarbeit vernichtet wird: »Beim Bau der Ghetto-Mauern, mit nur einer Suppe täglich, zusammengebrochen«, heißt es beim Roten Kreuz über die Todesursache.[23] Der Verfasser der Entlassung Flatows hingegen wirkte noch bis 1945 in der evangelischen Kirche. Oberkonsistorialrat Euler wurde dann beurlaubt und schrieb, bevor er 1946 offiziell in Pension geschickt wurde, unter einem Pseudonym einige kirchenhistorische Schriften. »Das Gesetz Gottes im Herzen« ist der Titel seines Buches über St. Antonius von Padua, das wohl kaum eine Aufarbeitung von Eulers eigenem Leben beinhaltete.[24]

Ein fallen gelassener Kirchenmusiker

Der angebliche evangelische Widerstand lässt sich in fast jeder lokalen Kirchengemeinde erforschen – und entmystifizieren. Großen Respekt lernt man da vor dem Handeln Einzelner – aber auf keinen Fall vor den »Bekennenden« insgesamt. Auch die evangelische Gemeinde Köln-Nippes, in deren Einzugsbereich ich heute lebe, ist zur Nazizeit Schauplatz vom »Kirchen-

kampf« zwischen »Bekennender Kirche« und den noch nazi-
treuen »Deutschen Christen«. Im Zentrum des Konflikts,
den der kritische rheinische Kirchenhistoriker Hans Prolingheuer erforscht hat,[25] steht der Chorleiter und Organist Julio
Goslar. Der Kirchenmusiker gilt, obwohl protestantisch getauft, in den Augen der christlichen Rassisten als »Volljude«.
Im Staatsdienst durfte so einer nicht arbeiten. Also auch nicht
im Kirchendienst, befand die Kirchenzentrale in Berlin, obwohl, rein rechtlich gesehen, der »Arierparagraf«, den sich die
Evangelische Kirche der Altpreußischen Union eilends gegeben hatte, nur für Kirchenbeamte galt,[26] nicht also für andere
Kirchenangestellte.[27] Der kirchliche Musikdezernent Oskar
Söhngen, der auch noch nach dem Kriege weiter wirken und
seine eigene Kirchenmusik-Geschichte schreiben durfte, wollte zudem dafür sorgen, dass alle Kirchenmusiker auch Mitglied
in der Reichsmusikkammer sein müssen – das Aus für alle jüdischen Kirchenmusiker. Doch der Nippeser Pfarrer Friedrich
Geß protestiert schriftlich in Berlin zugunsten seines Organisten. Nach einigem Hin und Her darf Goslar seine Stelle doch
behalten. Das allerdings passt der Mehrheit des Presbyteriums
überhaupt nicht. Neun von 16 Presbytern, die sich zu den
»Deutschen Christen« zählen (davon sieben Parteimitglieder)
protestieren beim Kirchenamt in Düsseldorf – vergeblich. Aus
Protest gegen den »volljüdischen« Organisten Goslar treten
schließlich sechs der sieben NSDAP-Mitglieder im Presbyterium zurück und treiben es damit ungewollt ihrem Gegner in
die Hände, den »Bekennenden Christen«. Das Gremium wählt
sechs neue Mitglieder als Ersatz und tritt mit der Mehrheit
der Stimmen der rheinischen »Bekennenden Kirche« bei.
Doch damit war Julio Goslar keineswegs gerettet. Im Nazi-
Blatt *Stürmer* wird gegen ihn gehetzt. Schließlich sind es die
»Bekennenden Christen« im Presbyterium, die den »Voll-
juden« Goslar abservieren. Sie nehmen ihn ins Gebet, bis er
selbst kündigt. Bis 1943 muss er nun in der »Judenkolonne«

von Köln schwere Zwangsarbeit leisten. Dann erst holt der neue Nippeser Pfarrer Friedrich Fuckel den Kirchenmusiker Goslar zurück, mithilfe einer Vertrauten im Kölner Arbeitsamt, die ihm im Februar 1943 die freie Stelle als Büro-Hilfskraft im Nippeser Gemeindeamt zuweist. Man sollte meinen, die »Bekennenden Christen« der Gemeinde wären mit dieser klitzekleinen eleganten »Wiedergutmachung« an die Familie Goslar zufrieden gewesen. Doch weit gefehlt. Im Presbyterium stellen sie einen Antrag zur Abstimmung, Julio Goslar wieder dem Arbeitsamt »zu anderweitiger Verwendung zur Verfügung zu stellen«. Die Drohung genügt – eine »anderweitige Verwendung« kann der Organist nun nicht mehr riskieren. Er taucht unter, um den angelaufenen Deportationen von Juden in die Vernichtungslager zu entgehen.

Diakonie gegen »Erbkranke«

Wenn die Kirchenvertreter schon den Juden keine Zuflucht gaben, nicht einmal denen in den eigenen Reihen, so haben sie sich doch wenigstens für die Schwachen und Kranken eingesetzt, oder? In Bezug auf die Sterilisierung von angeblich Erbkranken nach den Nazigesetzen »zur Verhütung erbkranken Nachwuchses« ist das ganz sicher falsch. In den kirchlichen Pflegeheimen, katholisch und evangelisch, wurden diese Sterilisierungen massenhaft und ohne nennenswerten Widerstand durchgeführt. Im Falle der Protestanten war dies keine Überraschung, denn ein gewichtiger Teil der evangelischen Diakonie (damals »Innere Mission« genannt) identifizierte sich schon vor der Nazizeit mit den Zielen der Nazis zur »Reinhaltung des Volkskörpers«. Am 29. April 1931 lädt Hans Harmsen, der Leiter des Referats Gesundheitsfürsorge beim Central-Ausschuss für die evangelische Innere Mission, zu einer vertraulichen »Fachkonferenz für Eugenik«, mit den Worten: »Die übertriebenen Schutzmaßnahmen für Asoziale und Minderwertige, aus einer falsch gerichteten Humanität verstanden, führen zu einer immer stärkeren Vermehrung der asozialen Bevölkerungsgruppen.«[28] 1937 heißt Harmsens Gremium »Ausschuss für Rassenhygiene und Rassenpflege« und beschäftigt sich im Frühjahr unter Tagesordnungspunkt 5 mit dem Thema »Erbkranker Nachwuchs ist Volkstod«.[29] In der Zeitschrift *Die Diakonisse* (Herausgeber: der Kaiserswerther Verband deutscher Diakonissen-Mutterhäuser) fordert Medizinalrat Otto Buurmann, Pfarrer sollten »erblich-biologisch Minderwertige«, die zu ihnen kommen, ohne deren Wissen zur Sterilisierung anzeigen, »weil wir die Herrschaft der Minderwertigen abstreifen müssen zugunsten gefestigter erbgesunder Charaktere«.[30] Auch Buurmann war als Mitglied der Barmer Bekenntnissynode ein »bekennender Christ«,[31] also angeblich irgendwie ein Widerständler. Und so verbreitet heute noch die halb offizielle »Bibliothek der ostfriesischen Landschaft« die folgende Sicht über den Medizinfunktionär Otto Buurmann: »Seine kompromisslose Haltung als Mensch und Christ und vor allem sein hohes ärztliches Ethos brachten ihn immer wieder in Konflikte mit den nationalsozialistischen Machthabern.« Ob das hohe ärztliche Ethos des Eugenik-Apostels der Grund dafür war, dass er in den 1950er Jahren zum Leiter der Gesundheitsabteilung des Bundesinnenministeriums aufstieg?[32]

Ein Kardinal gegen »Schädlinge der Volksgemeinschaft«

Anders als die Protestanten spricht sich die Fuldaer Bischofskonferenz der deutschen Bischöfe gegen Sterilisierungen aus. Diesmal ist die katholische Dogmatik hilfreich, nach der Geschlechtsverkehr zur Zeugung da ist und andernfalls bitteschön zu unterbleiben hat. Gemäß katholischem Dogma darf niemand zeugungsunfähig gemacht werden – wohl aber darf der Geschlechtsverkehr vermieden werden. Es ist aber genau dieselbe Logik, die bei den Bischöfen Befürchtungen weckt. Drei Bischöfe beraten mit dem Reichsinnenministerium im November 1933 die Ausführungsbestimmungen des Sterilisierungsgesetzes und bringen ihrer Furcht Ausdruck, »daß mit der Durchführung des Gesetzes für die private und öffentliche Sittlichkeit große Gefahren sich ergeben; denn die sterilisierten Männer und Frauen können sich nun ihrem Geschlechtsleben hemmungslos überlassen, da ja aus ihrem Verkehr keine Nachkommen entstehen. Vonseiten der Regierung wurden hier Schutzmaßnahmen zugesagt.«[33] Kardinal Michael Faulhaber, der schon seit 1930 für eine Internierung von »Erbkranken« gewesen war, hielt das damals nicht für durchsetzbar gegen die Sozialdemokraten. Aber jetzt, Ende 1933, freut sich Faulhaber darüber, dass auf Sozialdemokraten keine Rücksicht mehr genommen wird, und findet gerade darin ein neues Argument: »Da der Staat für die Schutzhäftlinge eigene Lager eingerichtet hat, kann er es ebenso gut für diese Schädlinge der Volksgemeinschaft, die er durch Sterilisierung unschädlich machen will.«[34] Bei seinem Gespräch mit Hitler 1936 plädiert Faulhaber statt der Sterilisierung für eine Internierung Erbkranker, also für Lagerhaft zur Vermeidung von Geschlechtsverkehr: »Von kirchlicher Seite, Herr Reichskanzler, wird dem Staat nicht verwehrt, im Rahmen des Sittengesetzes in gerechter Notwehr diese Schädlinge der Volksgemeinschaft fernzuhalten«, sagt Faulhaber.[35] Behinderte und Kranke – nicht Kirchenschützlinge, sondern »Volksschädlinge« …

Kirchenmänner gegen »Euthanasie« –
aber nicht immer

Bei der Tötung von Kranken und Menschen, die als »Asoziale« aus der Gesellschaft ausgestoßen wurden, ist jedoch für viele Kirchenleute – nicht für alle! – eine Grenze erreicht. Die Kirchen sind bestens informiert darüber, dass ab 1940 aus den Heil- und Pflegeanstalten Kranke und weniger Kranke abtransportiert und schließlich in einigen Tötungsanstalten umgebracht werden.[36] Darunter zum Beispiel auch Menschen wie die Kölner Hausangestellte »Emma«. Ihre Arbeitgeberfamilie verstößt sie wegen unangepassten Verhaltens, als sie ein nicht eheliches Kind bekommt. Sie landet im Heil- und Pflegeheim – was schließlich ihr Todesurteil bedeutet.[37]

Manche kirchlichen Anstalten machen bei den Tötungen sogar mit, wie die Heime in Bernburg, Kaufbeuren, Niedernhar und Scheuern.[38] In anderen kirchlichen Pflegeeinrichtungen leistet man hinhaltend Widerstand – und kooperiert am Ende doch. In der St.-Josef-Anstalt von Herten in Baden findet der Priester und Anstaltsdirektor Vomstein dafür schließlich auch einen theologisch begründeten Weg. Erst erreicht er, dass anstelle anderer Patienten solche abtransportiert werden, die erst für den nächsten Transport auf der Liste der »Euthanasie«-Todesärzte stehen. »Sieben Leute werden aus der Liste für den 20. August 40 unter dem Gesichtspunkt herausgenommen, daß es für den Anstaltsbetrieb völlig wertlose Pfleglinge waren, deren Freigabe wir vom Ministerium unter gar keinen Umständen erhoffen konnten.« Wie solche Selektionskriterien bloß in das »christliche Menschenbild« eines theologisch geschulten katholischen Anstaltsleiters gelangen? Beim nächsten Abtransport kommt es in St. Josef zu gespenstischen Szenen. Die Anstalt verweigert ihre Mitarbeit beim Auswählen der Patienten für den Transport, das geistliche Personal zieht sich dazu in die Kapelle zurück und lässt die anderen alleine walten.

Dadurch zieht sich die Auswahl der Patienten viele Stunden hin – Menschen aus dem Ort werden darauf aufmerksam und sammeln sich um die Transportfahrzeuge; es kommt zu einem »heillosen Durcheinander« schreibt der Anstaltsdirektor. Wo ist hier eigentlich das »Heil«? Anstaltsdirektor Vomstein lässt sich herbeirufen und ordnet das Chaos. Seine Lösung des ethischen Dilemmas, so wie er es sieht, ist ein »Veronikadienst«: »Ich ordnete dann zwei Schwestern zur Hilfeleistung ab mit dem Hinweis, daß das keine Mitwirkung, wie sie ja für uns verboten war, sondern ein Veronika-Dienst sei.« Veronika war der Legende zufolge eine der Frauen, die Christus das Schweißtuch reichte, als er sich zur Hinrichtung am Kreuz schleppte. Was die Schwestern jetzt taten, war also nur ein Akt christlicher Barmherzigkeit. »Weisungsgemäß gingen sie dann durch die Transportwagen, stellten die Nämlichkeit der Verladenen mit der Transportliste fest, entfernten Nichtdazugehörige, die versehentlich in die Wagen gekommen waren und ersetzten sie durch die Richtigen. Als alles in Ordnung war, verließ die Kolonne die Anstalt.«[39] Pfleglinge aus St. Josef reisen fortan mit Unterstützung der »Veronika-Theologie« in den Tod, 75 Menschen allein an diesem Tag.

Todesauswahl im protestantischen Bethel

In den Betheler Anstalten beteiligen sich Protestanten letztendlich ebenfalls an der Selektion der Patienten. Dort schreibt Chefarzt Gerhard Schorsch – nach hinhaltendem Widerstand – im Januar 1941 selbst die Kriterien auf, nach denen Kranke für den Abtransport ausgesucht werden sollten: Krankheitsgrad, »Charakterbeschaffenheit«, »soziale Wertigkeit« und »Einordnungsfähigkeit«. Besonders ausführlich lässt sich Schorsch über die »Leistungsfähigkeit« seiner Patienten aus. Die Menschen der Kategorie I und II vegetieren nur oder sind komplett arbeitsunfähig – und damit dem Tode geweiht. Die in Kategorie III können mechanische Arbeitsleistungen bringen, in den Stufen IV bis VII sortiert Schorsch die Kranken ein, die »Hilfeleistungen im Haushalt« erbringen oder sogar »sehr gute Leistungen« zeigen – und deshalb möglichst lange behalten werden sollten.[40] Man merkt das Bemühen, vor allem die Patienten retten zu dürfen, welche in Bethel wenig kosten und viel Arbeitsertrag bringen. Statt des Bethel-Wahlspruchs »Arbeit statt Almosen« ging es nun um »Arbeit statt Tod«.

Die Diakonie protestiert nicht, ein Kardinal wohl

Bald ist die Vernichtungsaktion gegen Insassen von Heil- und Pflegeanstalten ein offenes Geheimnis, über das im ganzen Deutschen Reich gesprochen wird – und sie ist illegal selbst nach NS-Gesetzen. Beileibe nicht nur Christenmenschen legen dagegen intern Protest ein, sondern auch Staatsbeschäftigte in Polizei und Justiz, nationalsozialistische Bürgermeister und leitende »Parteigenossen« unterer Ränge. Die Spitze der Diakonie hat weniger Mumm. Der evangelische Pastor Martin Braune, Leiter der Lobetaler Anstalten der Diakonie, fasst Mitte 1941 detailliert Beweise für die Tötungen in einer geharnischten Protestschrift an die Reichsregierung zusammen.[41] Tatsächlich leitet der »Centralausschuss Diakonie« der Evangelischen Kirche den Protest an die Reichsregierung weiter – und distanziert sich trotz der erdrückenden Beweise gleichzeitig davon. »Wir unterbreiten Ihnen den Sachverhalt, da wir nicht in der Lage sind, die Angaben im Einzelnen nachzuprüfen.«[42] Einige Tage später protestiert der württembergische Landesbischof Wurm in einem Brief an den Reichsinnenminister gegen die Tötungsaktion, »… denn daß das Leben Schwacher und Wehrloser vernichtet wird, nicht weil sie eine

Gefahr für uns sind, sondern weil wir dessen überdrüssig sind sie zu ernähren und zu pflegen, das ist gegen Gottes Gebot«.[43] Dies sind nichtöffentliche Protestnoten. 70 000 Menschen werden umgebracht. Die Kirchenräte und Bischöfe wissen seit eineinhalb Jahren von den Massenmorden, als – endlich – der katholische Bischof von Münster, Clemens August Graf von Galen, in seiner berühmten Predigt vom 3. August 1941 öffentlich protestiert: »Hast du, habe ich nur so lange das Recht zu leben, solange wir produktiv sind, solange wir von den anderen als produktiv anerkannt werden?«, fragt er. »Wehe den Menschen, wehe unserem deutschen Volke, wenn das heilige Gottesgebot: ›Du sollst nicht töten‹ … nicht nur übertreten wird, sondern wenn diese Übertretung sogar geduldet und ungestraft ausgeübt wird.«[44] Die Predigt hat eine riesige Wirkung, denn das Schweigen um die »geheime Reichssache«, die Tötung »lebensunwerten Lebens«, ist gebrochen. Weil sich die Nazis der Zustimmung der Öffentlichkeit nicht sicher sein können, wird die Tötungsmaschinerie zunächst angehalten. Was wäre wohl gewesen, wenn sich die Kirche so entschieden für die Juden eingesetzt und wenn von Galen auch die jüdischen Nachbarn in seine Predigt mit eingeschlossen hätte? Dafür allerdings saß der Antisemitismus zu tief, in den Kirchen und bei den Deutschen überhaupt.

Aber kurz nach dem Stopp der ersten Vernichtungsaktion, bei der die Kranken unter anderem mit Gas getötet wurden (eine Art Test für die Gaskammern der Konzentrationslager), lief das Ganze wieder auf andere Weise an. Allein aus den evangelischen Einrichtungen innerhalb des Deutschen Reiches sind nach 1941 doppelt so viel Heimbewohner in unterschiedlicher Weise getötet worden wie in der ersten Welle 1940 und 1941.[45]

Wenn schon ermordet, dann nach Sterbesakramenten

Nach dem Krieg schildert der katholische Priester Josef Wille, wie er sich um die todgeweihten Patienten kümmerte, die in der Klinik Irsee in den Jahren 1943 bis 1945 totgespritzt und mit »Sterbekost« ausgehungert wurden. Er übernahm »caritativ« (also ohne Bezahlung, weil der Regierungspräsident die angefragte »Vergütung« abgelehnt hatte) die Anstaltsseelsorge. Höchste Priorität hatte für ihn dabei, dass die Patienten katholisch korrekt starben, mit Beichte und Sterbesakramenten. Dafür nahmen Wille und die dort auch arbeitenden »Barmherzigen Schwestern« einige Leisetreterei in Kauf: »Seit 26. 7. durften die Barmherzigen Schwestern auf dieser Sterbeabteilung keine Nachtwachen mehr halten, es wurde vielmehr eine eigene weltliche Pflegerin dort als Nachtwache bestimmt. Während ich bisher immer rechtzeitig über sicher kommende Sterbefälle unterrichtet war, wurde ich jetzt zu spät verständigt. Meine Forderung an ›Schwester‹ Pauline hatte wenigstens den Erfolg, daß sie mir namentlich jene Patienten mitteilte, welche (mit Sterbesakramenten) versehen werden mußten, was gewöhnlich in ihrer Abwesenheit geschah. Es sei hier nur bemerkt, daß Schwester Ingberta, welche Mesnerdienste versah, mich gewöhnlich bei meinen Versehgängen begleitete.«[46] Wenn der Priester kam, wussten die Kranken, dass ihr letztes Stündlein geschlagen hatte.

Nach dem Krieg: Lügen und Verdrängung

Nach dem Ende des Faschismus wird »entnazifiziert«, reingewaschen, aufgeräumt, verdrängt, auch in den Kirchen. Auch in der evangelischen Gemeinde Köln-Nippes wird der Dreck unter den Teppich gekehrt. In die Wohnung des Pfarrers Fuckel, der entnervt die Gemeinde verlassen hatte, nachdem er gegen das Presbyterium für den jüdischen Kirchenmusiker eingetreten war, ist sein »ausgebombter« Kollege Müller eingezogen. Als Rückkehrer, aber auch als kritischer Mitwisser der Gemeindegeschichte, war Fuckel nun unerwünscht. Und so wird in der Gemeindechronik später geschrieben, Pfarrer Friedrich Fuckel sei »in der Evakuierung gestorben«. Eine glatte Lüge, denn Fuckel hatte der Gemeinde 1946 seine Rückkehr aus der sowjetischen Besatzungszone angekündigt. Doch das Presbyterium wehrt ihn ab und rät ihm, »aus sachlichen Gründen … auf die Pfarrstelle Nippes zu verzichten«. Verbittert gibt Fuckel nach. Bis 1956 arbeitet er als Seelsorger in Mecklenburg. Auch der Nippeser Kirchenmusiker Julio Goslar taucht wieder auf. Die Judenverfolgung hat er im Untergrund überlebt. Er meldet sich bei seiner Kirchengemeinde zurück und reklamiert seine Arbeitsstelle als Organist und Chorleiter. Dreimal lässt ihn das Presbyterium abblitzen und richtet ihm aus, »daß wir nur Herrn Kahlhöfer als Organisten für Nippes betrachten«, also seinen Ersatz. Erst als Goslar damit droht, der alliierten Militärregierung zu erzählen, wie sich seine christlichen Brüder und Schwestern während der letzten zwölf Jahre verhalten haben, lenken sie ein und lassen ihn seine Arbeitsstelle wieder einnehmen.

Rehabilitierung der Mitschuldigen

Die Zerknirschung der evangelischen Kirchen in Deutschland hält sich nach dem Ende des Nationalsozialismus in Grenzen. In kürzester Zeit übernehmen die »Bekennenden« alle Kirchenämter, stempeln wieder Formulare, verschicken Amtsschreiben unter denselben Absendern wie bisher. Der eine oder andere Verbrecher wird ins Pfarramt gehoben und gedeckt. Max Adolf Wagenführ, ehemaliger Mitarbeiter des Eisenacher kirchlichen

»Entjudungsinsituts« – laut Hans Prolingheuer einer der rüdesten Rassisten der »Deutschen Christen« –, darf gleich nach dem Krieg in der zur Nippeser Gemeinde gehörenden Köln-Niehler Pfarrstelle wirken.[47] Die Protestanten entfernen oder verdecken die Hakenkreuze an ihren Kirchengebäuden, von denen sie vor 1945 gerne viel mehr angebracht hätten – wäre die herrschende NSDAP nicht wegen des »Missbrauchs« ihrer Symbole oft dagegen vorgegangen[48]. Erst ab 2007 sorgen öffentliche Proteste dafür, dass einige bayerische Straßen, so in Nürnberg und München, nun nicht mehr nach Bischof Hans Meiser benannt sind. Denn es kam heraus, dass Meiser schon 1927 in einem Aufsatz sein antisemitisches Denken offenbart hatte; noch im Mai 1939 hatte er zusammen mit dem württembergischen Bischof Wurm und dem Hannoveraner Bischof Marahrens alle »Glieder« der evangelischen Kirche »angewiesen«, »sich in das völkisch-politische Aufbauwerk des Führers mit voller Hingabe einzufügen«.[49] Die evangelische Kirche protestiert gegen die Umbenennung der Straßen. »Entnennung« sei »Entehrung« sagt der Bayreuther Regionalbischof Wilfried Beyhl – und er zitiert wieder einmal den »Kirchenkampf«, in dem sich Meiser erfolgreich der nationalsozialistischen Diktatur widersetzt habe – wie wir gesehen haben, ging es dabei aber nicht um einen Kampf gegen Unrecht. Nach dem Zweiten Weltkrieg habe Meiser Großes für den Wiederaufbau Bayerns, der Kirche und der Diakonie geleistet, sagt Beyhl.[50] Vielleicht die erste große Leistung war, dass Bischof Meiser 1946 beim obersten bayerischen Gericht die Anerkennung seiner »Bekennende Kirche« als »antifaschistische Widerstandsbewegung« erreichte.[51] Mit dem Urteil gehen die Protestanten anschließend gerne hausieren, denn bei der Besatzungsregierung wirkt so ein Persilschein Wunder und hilft der Kirche, immer mehr an Einfluss zu gewinnen.

Halbherzige Schuldbekenntnisse

Im Oktober 1945 schreibt der Rat der evangelischen Kirche ein »Stuttgarter Schuldbekenntnis«: »Durch uns ist äußerstes Leid über die Völker gekommen«, heißt es darin. So weit, so wahr. Aber dann geht es weiter: »Wohl haben wir lange Jahre hindurch im Namen Jesu Christi gegen den Geist gekämpft, der im nationalsozialistischen Gewaltregiment seinen furchtbaren Ausdruck gefunden hat; aber wir klagen uns an, daß wir nicht mutiger bekannt, nicht treuer gebetet, nicht fröhlicher geglaubt und nicht brennender geliebt haben.« Die Wortwahl erinnert an das, was in der Zeitschrift der »Bekennenden Kirche« zum Geburtstag Adolf Hitlers 1939 zu lesen war: »Die Gestalt des Führers hat auch für die Kirche eine neue Verpflichtung heraufgeführt. Der Christ (…) vernimmt den Aufruf, im Alltag und Sonntag treuer zu glauben, inniger zu lieben, stärker zu hoffen, fester zu bekennen.« In derselben Zeitschrift steht im Oktober– als das Deutsche Reich Polen überfallen hatte – zu lesen: »Segne den Führer. Stärke alle, die im Dienst unseres Volkes stehen, in der Wehrmacht zu Lande, zu Wasser, und in der Luft und in allen anderen Aufgaben, die das Vaterland stellt.«[52] Die »Bekennende Kirche« hat tatsächlich »treu gebetet« – und zwar für den »Führer«.

Das Stuttgarter Schuldbekenntnis, das später zur Lebensbeichte der evangelischen Kirchen stilisiert wurde, ist zuerst gar nicht zur Veröffentlichung gedacht, es geht an den Ökumenischen Rat der Kirchen und soll als Eintrittskarte der deutschen Protestanten zurück in die internationale Zusammenarbeit der Kirchen dienen. Von dem Bekenntnis irgendeiner Schuld kann keine Rede sein. Es wird nur »bekannt«, man sei gegen den Nationalsozialismus gewesen, aber eben nicht stark genug. Ein stärker formuliertes Schuldbekenntnis von 1947, das »Darmstädter Wort«, bleibt hingegen eine Minderheitsmeinung in der protestantischen Szene.

Die Katholiken treiben es allerdings noch schlimmer. Mit einer glatten Lüge beginnt der Hirtenbrief der deutschen Bischöfe vom 23. August 1945[53]: »Katholisches Volk, wir freuen uns, dass du dich in so weitem Ausmaße von dem Götzendienst der brutalen Macht ferngehalten hast.« Nach einer knappen Schuldzuweisung an »jene, die aufgrund ihrer Stellung wissen konnten, was bei uns vorging«, fahren die Bischöfe mit ihrem vordringlichen Anliegen fort: Sie wollen die Mitläufer von Schuld reinwaschen, »... damit nicht Unschuldige mit den Schuldigen leiden müssen. Dafür sind wir Bischöfe von Anfang an eingetreten und dafür werden wir uns auch in Zukunft einsetzen.«

Beide Kirchen bemühen sich in der Nachkriegszeit sehr darum, ein gutes Wort für Nazi-Funktionsträger einzulegen, damit sie wieder zu Ämtern und Würden kommen können – und der Vatikan hilft Kriegsverbrechern bei der Flucht. Beispielhaft für viele Interventionen der Kirche stehen hier zwei Zitate: Der Hannoveraner evangelische Landesbischof August Marahrens verteidigt Hitlers SA, die sich nach seiner Auffassung 1938 nicht an den Pogromen gegen die Juden beteiligt haben soll. Die SA-Mitglieder seien keine richtigen Nazis gewesen, sondern »sie erstrebten lediglich eine innere Erneuerung des deutschen Volkes auf vaterländischer Grundlage und wurden durch die spätere Entwicklung bitter enttäuscht«.[54] Der Kölner Erzbischof Josef Frings beklagt im Juli 1945, dass Mitglieder der NSDAP keine Ämter innehaben: »Gerade die unternehmenden, tüchtigen, erfahrenen Kräfte sind jetzt ausgeschaltet.«[55] Auch der Mainzer Bischof Albert Stohr bedauert, dass die Nazis aus den Ämtern vertrieben würden (wie sich zeigte, nur vorübergehend), und verunglimpft en passant die wirklichen Widerstandskämpfer: Fast »der einzige Befähigungsnachweis zur Besetzung eines Amtes scheint der Aufenthalt eines Kandidaten in (dem Konzentrationslager) Dachau oder sonstwo im Gefängnis zu sein«.[56] Die Insassen der Konzentrationslager sind den Kirchenhierarchen suspekt. Kein Wunder, da viele aus ihren Reihen ihrer eigenen Logik zufolge nicht darunter gewesen sein konnten, denn, so der Fuldaer Bischof Johannes Baptist Dietz, der Beitritt zur Partei sei oft die »einzige Möglichkeit« gewesen, einflussreiche Stellen nicht völlig in die Hände fanatischer Parteigenossen fallen zu lassen. Darum hätten selbst Geistliche den Beitritt zur Partei angeraten.[57]

Reinwasch-Legenden heute

Immerhin, am alten Gemeindehaus von Köln-Nippes steht jetzt, nachdem Hans Prolingheuer die Gemeindeskandale an die Öffentlichkeit gebracht hat, mit großen Lettern der Name des von seinen Mitbrüdern geschmähten jüdischstämmigen Kirchenmusikers. Es heißt jetzt »Julio Goslar Haus«. Aber auf höherer Ebene wird weiterhin die Legende von den Kirchen als Widerstandsbewegung hochgehalten und verbreitet. Ist ja auch einfacher so. Vor den Fernsehkameras beim Bremer Kirchentag 2009 erzählt Kirchentagspräsidentin Elisabeth von Welck stolz vom Kirchentagsgründer Reinhold von Thadden. Der »kam aus der Tradition der Bekennenden Kirche in der Zeit des Nationalsozialismus, die sich ja sehr explizit gegen den Nationalsozialismus gerichtet hat«, sagt Frau von Welck. Thadden habe gesagt, »die guten Seiten der Kirche müssen auch in der Nachkriegszeit erhalten bleiben.«[58]

Das Reinwaschen beherrschen auch die Katholiken gut, zum Beispiel mit der Wanderausstellung »Märtyrer des 20. Jahrhunderts aus dem Erzbistum Köln«, die seit 1999 durch die Erzdiözese Köln tourt und in dieser Zeit viele Tausend Besucher erreicht hat. Die Ausstellung ist – wie eine ähnliche Ausstellung im Bistum Augsburg – ein Projekt im Rahmen des von

Johannes Paul II. ausgerufenen »Märtyrerjahres 2000«, bei dem sich die deutschen Bischöfe nicht lumpen ließen. In einer dicken Dokumentation wurden die Lebensgeschichten von 700 Menschen zusammengetragen – und für Kirchenzwecke vereinnahmt. Alle, die verfolgt oder getötet wurden und irgendwie katholisch rochen, sind in dem Band versammelt. Besonders gerne wurden sie aufgenommen, wenn sie Funktionen in der katholischen Kirche oder einer ihrer Organisationen innehatten.

Im September 2009 gastiert die Märtyrer-Ausstellung im Foyer der Kölner Erzbischöflichen Berufsschule. Dort können sich angehende Erzieherinnen und Erzieher informieren über Edith Stein und einige Dutzend andere »Märtyrer« aus dem Katholizismus. Gut, wenn die Schüler lernen, sich an Vorbildern zu orientieren, an mutigen Menschen, die Widerstand geleistet haben – anders als die deutschen Bischöfe.

Märtyrer sei, wer »wegen seines Glaubens verfolgt« wurde, informiert eine Stelltafel der Kölner Ausstellung. Doch das ist bei wenigen der in der Ausstellung verehrten »Märtyrer« der Fall. Die später heiliggesprochene Nonne Edith Stein starb in Auschwitz, weil sie als Jüdin geboren war, also aus rassistischen Gründen – nicht wegen, sondern trotz ihrer Tätigkeit als Katholikin. Katholische Gewerkschafter wurden nicht wegen ihres Glaubens oder wegen der katholischen Soziallehre verfolgt, sondern wegen ihrer Gewerkschaftstätigkeit – da mögen sie als Mitglied der katholischen Arbeiterbewegung noch so fromme Briefe geschrieben haben. Willi Graf, das in der Diözese Köln geborene Mitglied des studentischen Münchner Widerstandskreises »Weiße Rose«, war zwar sicher von seinem Glauben geprägt, aber er wurde hingerichtet, weil er Flugblätter verteilte, in denen viel von den Tatsachen die Rede war, über die die autoritär denkenden Bischöfe lieber den Mantel des Schweigens ausbreiteten. Schlimmer noch, der Tod solcher echten Widerständler ist den Kirchenoberen nach Kriegsende der Beweis dafür, dass sie – angeblich – die richtigere Strategie gewählt haben: Den Mund halten, um zu überleben und dadurch – angeblich – Schlimmeres zu verhindern, das sei das Motiv der Bischöfe dafür gewesen, die Judenverfolgung nicht anzuprangern.

Von der Kooperation der katholischen Kirche mit Hitler ist in der »Märtyrer«-Ausstellung nicht die Rede, auch nichts von ihrer Judenfeindlichkeit, ihrer Autoritätshörigkeit und ihrer Bejahung des deutschen Angriffskrieges. Ein Schuldanerkenntnis der Katholiken suchen wir in der Ausstellung vergebens.

Pfarrer Wilhelm Busch, der Erweckungsprediger und Mentor meines Vaters, schrieb neben vielen anderen frommen Traktaten auch ein Erinnerungsbuch mit dem Titel »Freiheit aus dem Evangelium. Meine Erlebnisse mit der Geheimen Staatspolizei «. Darin ist viel die Rede von seinem Kampf um die Vorherrschaft über die Köpfe der Jugendlichen. Die sollen »ganz Jesus dienen« – und deswegen habe der Staat etwas gegen seine Arbeit als Essener Jugendpfarrer gehabt. Zu Beginn des Buches bekennt Busch: »Ich gehöre zu dieser Kirche. Wir waren damals vor allem damit beschäftigt, unsere kleinen Aufgaben zu retten.«[59] Aber er rechtfertigt sich, und zwar genau so, wie es Dietrich Bonhoeffer seiner Kirche vorhergesagt hat: »Wenn ich geschrien hätte, wie ich heute weiß, dass ich hätte schreien sollen, stünde ich jetzt nicht hier, sondern wäre in Plötzensee hingerichtet worden.«[60] Auch Wilhelm Busch wusste Bescheid über das, was geschah – und damit auch mein Vater, der bei ihm Vikar und danach »illegaler Hilfsprediger« war. Das zeigt Buschs Äußerung, »wir haben – und das hat der Papst auch getan – da und dort Juden versteckt und gerettet«.[61] Fragt sich, wie ein pietistischer Pfarrer, der »das Evangelium« derart ernst nimmt, das schafft: durch die Lande reisen und Menschen die »frohe Botschaft« erzählen, während rund um ihn herum die jüdischen Mitbrüder auf Nimmerwiedersehen abtransportiert werden – wenn sie sich nicht, »da und dort«, retten können.

2009 haben die evangelischen Kirchen mit Feierstunden, Gottesdiensten und der Errichtung eines Denkmals in Wuppertal den 75. Jahrestag der Barmer Erklärung der »Bekennenden Kirche« gefeiert. In den Papieren und auf den Webseiten, die die Kirchenleute zu diesem Anlass produzierten, habe ich nichts über die hingebungsvolle Rückendeckung der »Bekennenden« für »Führer«, Volk und Vaterland gefunden.

Dietrich Bonhoeffer wartet bis zu seiner Hinrichtung im April 1945 auf ein konsequentes Bekenntnis seiner Kirche, das er schon früh fertig formuliert hatte:

»Die Kirche bekennt, die willkürliche Anwendung brutaler Gewalt, das leibliche und seelische Leiden unzähliger Unschuldiger, Unterdrückung, Haß und Mord gesehen zu haben, ohne ihre Stimme für sie zu erheben, ohne Wege gefunden zu haben, ihnen zu Hilfe zu eilen. Sie ist schuldig geworden am Leben der schwächsten und wehrlosesten Brüder Jesu Christi. [...] Ist das zuviel gesagt? [...] Durfte denn die Kirche ihr Letztes, ihre Gottesdienste, ihr Gemeindeleben gefährden, indem sie den Kampf mit den antichristlichen Gewalten aufnahm? So spricht der Unglaube ... Das freie Schuldbekenntnis ist ja nicht etwas, daß man tun oder auch lassen könnte, sondern es ist der Durchbruch der Gestalt Jesu Christi in der Kirche, den die Kirche an sich geschehen lässt, oder sie hört auf, Kirche Christi zu sein.«[62] Die hohlen Rechtfertigungen, die Bonhoeffer anprangerte, dauern bis heute an. Mit einer Bigotterie und Überheblichkeit, unter denen Menschen leiden mussten, manchmal bis zum Tode.

Kirchen-PR: Die Medien-strategien der Kirchen

Unjournalistische Wahrheiten

Im September 2009 rutscht aus der von mir abonnierten über-regionalen Zeitung mal wieder das Monatsmagazin *chrismon*, die Reaktion der Evangelischen Kirche in Deutschland auf den Zeitgeist. Die Zeit für Parteizeitungen, Gewerkschafts-zeitungen und konventionell gemachte Kirchenzeitungen ist vorüber – ihre Zahl ist zwar immer noch groß, aber ihre Auf-lagen sinken ständig. Das Publikum liest nicht bloß deshalb ein Blatt, weil es von einer Vereinigung herausgegeben wird, deren Mitglied es ist. Auch die katholisch-christlich geprägte Wochenzeitung *Rheinischer Merkur* verdankt ihre wirtschaft-liche Lage sehr der Tatsache, dass sie in Tausenden Exemplaren auf Staatskosten bei der Bundeswehr ausliegt. Und so experi-mentieren die Kirchen mit neuen Strategien – und lassen sich diese etwas kosten. Damit in der Zeitschrift *chrismon* jeden Monat der Protestantismus auf Samtpfoten um die Leselampe schnurrt, gibt die Evangelische Kirche in Deutschland jährlich vier Millionen Euro aus.

Gleich hinter dem Artikel über eine Klinik mit deutschen und Schweizer Alzheimerkranken in Nordthailand werden die Leser animiert, online zu diskutieren: »Deutsche Demente in Thailand pflegen lassen. Darf man das?« Emotional besetzte Lebenshilfe-Storys sollen die Leser binden. Weiter geblättert.

Chefredakteur Arnd Brummer zieht seinen Mund breit zu etwas, das wohl ein Lächeln sein soll, und schaut uns durch eine runde Brille treuherzig an. In seiner Kolumne breitet er diesmal Gedanken zu den Themen Vorsorgeuntersuchungen, Schweinegrippe und »Fetisch Gesundheit« aus und fragt: »Wann wird der Aufwand zum Wahn?« Irgendwo flicht er immer wieder Bibelsprüche und Theologenzitate ein. »Mitten im Leben sind wir vom Tod umfangen. Die Überwindung der Sterblichkeit, sagen kluge Theologen und Philosophen, sei überhaupt der zentrale Antrieb für den menschlichen Erfinder- und Forschergeist.« Ah ja. Vielleicht. Vielleicht auch nicht.

Über die Magazinseiten spannt sich ein anmaßendes Abwägen, dessen Philosophie der *chrismon*-Chef in einem Sammelband über »Medientheologie« erläutert hat. Er wendet sich gegen den um ihn herum herrschenden »Thomas«-Journalismus, der alles und jedes bezweifelt und erst einmal belegt haben will.[1] Der Apostel Thomas hatte Belege für Wunder verlangt, er wollte die Wunde an der Brust des angeblich auferstandenen Jesus nicht nur sehen, sondern befühlen. Find ich gut. Das Berufsziel Journalist vor Augen, habe ich mit exakt dieser Begründung mit 19 Jahren meinen abrupten Ausstieg aus der evangelikalen Gemeinde erklärt und dem Glauben ade gesagt. Für mich verträgt sich Journalismus nicht mit Frage- und Zweifelverboten, und ein noch zu klärendes Mysterium ist mir erheblich lieber als letztgültige Wahrheiten.

Wahrheitskerne gegen den Zweifel

Die Religionsjournalisten hingegen verlangen von uns anzuerkennen, dass es »einen letzten Wahrheitskern gibt, der sich mit den Mitteln menschlicher Rationalität nicht aufklären, kaum erklären, allenfalls erfahren und aus Erfahrung erkennen lässt«[2], schreibt Brummer – ein geradezu päpstlicher Satz aus der Feder eines evangelischen Publizisten. Brummer sagt uns damit, dass er und seine Redaktion diesen letzten »Wahrheitskern« irgendwie erfahren. Das darf ein »Apostel Thomas-Journalist« bitteschön nicht infrage stellen. Denn, so Brummer, »die Aufgabe von Religion ist die Behauptung von Geheimnissen«.[3]

Von der Kirche bezahlte Journalisten beanspruchen also, den »Wahrheitskern« zu verbreiten, mit weitreichenden Auswirkungen darauf, welche Antworten auf ethische und politische Fragestellungen gegeben werden. Journalismus ist das allerdings nicht, sondern PR. Public Relations kennt letzten Endes nur die Interessen des Auftraggebers und dessen Wahrheiten. Das Magazin bringt uns zuvörderst die Selbstgewissheit der Kirchen nahe. In der *chrismon*-Rubrik »religion für einsteiger« zum Beispiel, schaukelt Eduard Kopp in seiner Funktion als »leitender Redakteur für Theologie«[4] Fragestellungen ein wenig hin und her. Diesmal ist es das Thema »Sind Christen körperfeindlich?«[5] Logisch, dass die Antwort in einer PR-Zeitschrift nicht »ja« lauten darf, nicht einmal »nein, aber« oder »kommt drauf an«. Kopp führt uns zu evangelischer Wellness-Theologie hin und schreibt: »Der Leib … ist, wie die Theologin Theresia Heimerl schreibt, ›das theologisch korrekte Gegenstück zum Hochglanz-Körper der Medienwelt: heil, ganz, Wohlfühlen und erfülltes Sexualleben versprechend‹.« Versprechend. Meine Gedanken gehen auf Wanderschaft. Warum bloß erinnert mich der Artikel an meine protestantische Faltenrock-Patentante? Sie brachte zu ihren Besuchen in unserer Familie – sehr körperbewusst – immer eine Flasche mit Sauerkrautsaft mit, den sie portionsweise zu sich nahm. Das Patenkind schüttelt sich innerlich immer noch. Das Wohlfühlen der Protestanten – es hat etwas Asketisches an sich. Gelegentliche Grenzüberschreitungen oder gar Ekstase und Völlerei gehören nicht zum Repertoire der »Freiheit eines Christenmenschen«.

Ein PR-Beispiel: Die körperfreundliche Kirche

Doch »die Kirchen sind besonders motiviert, zu einem positiven Körperverständnis beizutragen«, schreibt Cheftheologe Kopp, Paulus zitierend: »Wisset ihr denn nicht, dass euer Körper der Tempel des Heiligen Geistes ist?« Positiv? Im Tempel darf man nicht tun und lassen, wonach man sich gerade fühlt. Da sind verkopfte Verbote gefragt. Besonders motiviert waren die Kirchen stets, mit genau demselben Bibelzitat Körperfeindlichkeit zu predigen – und vor allen Dingen Sexualfeindlichkeit. Außerhalb ihrer Werbezeitschrift *chrismon* gibt das Kopps verkopfte Kirche auch zu: »Statt die Sexualität zureichend als Gabe Gottes zu verstehen, hat sich das Christentum mit ihrer Bejahung schwer getan und immer wieder zu einer Leib- und Sexualfeindlichkeit beigetragen, die viel menschliche Not hervorgerufen hat«, bekannten beide großen christlichen Kirchen 1989 in einer gemeinsamen Erklärung.[6] Ein ausgestiegener katholischer Priester hat mir erzählt, dass es unter anderem die Sexualmoral der Kirche war, die ihn dazu brachte, den Priesterberuf zu verlassen. Dass ihm die Gläubigen allzu häufig schuldbewusst beichteten, wenn sie masturbiert hatten, gab ihm zu denken. Vielleicht trieb da ein Gebot die Menschen in ungesunde Abhängigkeit von der Kirche, in einem Kreislauf von Schuld, Vergebung und Sühne. Einmal wollte er eine Frau besuchen, deren Ehemann im Sterben lag. Die Frau empfing ihn schon an der Tür mit empörtem Schimpfen: »Bleiben Sie draußen!«, schrie sie. »Sie haben mir meine Ehe kaputt gemacht!« Der Witwe war gerade klargeworden, wie dumm es von dem frommen katholischen Paar gewesen war, die Gebote der Kirche zu befolgen. Keine Verhütungsmittel! Ein Dogma mit Folgen für fromme Katholiken, die ihren Kindersegen in Schranken halten wollen. Riskante Enthaltsamkeit nach Knaus-Ogino im Monatsrhythmus, unterbrochener Koitus, Spannung ohne Entspannung, also ein Leben ohne sexuelle Leichtigkeit, und das innerhalb der Ehe.

Doch lesen wir weiter bei *chrismon*-Redakteur Kopp, dessen Brustbild in der *chrismon*-Druckausgabe nicht publiziert wird: Die Evangelischen »kennen keine Zölibatspflicht«, preist er die Vorteile seiner Konfession. »Freiwilligkeit wird bei ihnen groß geschrieben.«

Mein Vater prophezeite seinen Konfirmanden in den 1950er bis 1960er Jahren Knochenmarksschwund, sollten sie sich selbst befriedigen. Der Pfarrer der Gemeinde, in der ich die Jahre meiner Pubertät in den 1970ern verbracht – und demzufolge verpasst – habe, drückte Kopps »evangelische Freiwilligkeit« beim abendlichen Bibelkreis für die heranwachsenden Mitarbeiter seiner Gemeinde so aus: »Das Berühren der Figuren mit den Pfoten ist verboten.« Ich weiß nicht mehr, aus welchem Bibeltext er das hergeleitet hat, vielleicht aus dem Geistertempel-Zitat. Mit dem neckischen Reim meinte er insbesondere die »Figuren« des anderen Geschlechts, deren Berühren zu vermeiden sei. Es könnte ja sonst zu unverantwortlichem körperlichem Begehren kommen, das war offensichtlich seine Befürchtung. Welche unreinen Fantasien aber müssen Pfarrer Beisiegel selbst geplagt haben, dass er dies betonen musste. Er kam aus demselben Stall wie mein Vater; auch er war Vikar am evangelikal geprägten Essener »Weiglehaus« des Jugendpfarrers Busch gewesen. Die in der dortigen Jugendarbeit gepredigte Körperfeindlichkeit war ihnen gemeinsam. Die *chrismon*-Aussagen von 2009 dürfen an den Predigten dieser in den 1930er bis 1960er Jahren geprägten protestantischen Geistlichkeit gemessen werden, denn was Cheftheologe Kopp behauptet, ist eine zeitlose Körperfreundlichkeit. »Dass das Christentum eine körperliche Religion ist, zeigt sich nicht zuletzt daran, dass in ihm neben der Seel-Sorge auch die Körper-Sorge großgeschrieben wird: Arme erhalten Unterstützung, Kranke Pflege, Alte werden betreut, Tote begraben.«

Der kirchlich-mediale Komplex

Weiter geblättert in *chrismon*. In einer Art »Wort zum Montag« packt die wie Mutter Oberin aufgemachte Regional-bischöfin Susanne Breit-Keßler einen Jesaja-Vers nicht an den Anfang, sondern an den Schluss ihrer Betrachtung – wir sind hier ja nicht auf der Kanzel. Zum Ende ihres Beitrages schreibt Breit-Keßler: »Jetzt ist mal gut. Wir müssen darüber reden, aber irgendwann müssen wir auch wieder aufhören, darüber zu reden.«

Das ist eine prima Idee. Nur halten die Kirchlichen sich selbst nicht dran. Sie beherzigen stattdessen den Wahlspruch »Tue Gutes und rede darüber«. Die Evangelische Presseagentur epd und die Katholische Nachrichtenagentur KNA beliefern Redaktionen mit allem, das man vielleicht über die Kirchen wissen sollte, in einer Mischung von unabhängig erscheinender Berichterstattung und Kirchen-Pressemitteilungen. epd und KNA sind vielleicht die einzigen PR-Agenturen, für die Medien Abogebühren zahlen. Wer die Führungsriege der politisch relevanten ZDF-Redaktionen zum Jahresende 2009 betrachtet, begreift den publizistischen Nutzen konfessioneller Schulen, kirchlicher Ehrenämter und von den Kirchen getragener Journalistenausbildung. Chefredakteur Peter Frey ist Mitglied des Zentralrats der Katholiken und sitzt im Beirat katholischer Stiftungen. Sein Stellvertreter Elmar Theveßen und die Berliner Studioleiterin Bettina Schausten waren beide auf katholischen Gymnasien. Schausten hat außerdem Theologie studiert und auf der katholischen Münchener Journalisten-schule ifp gelernt. Schaustens evangelischer Stellvertreter, der Diplomtheologe Peter Hahne, saß bis 2009 im Rat der EKD, dem höchsten evangelischen Kirchengremium.

Katholik Theveßen wird beruflich als »Terrorismusexperte« des ZDF für die Beurteilung des islamistischen Terrors einge-

setzt. Als Privatmann tourt er durch katholische Bildungseinrichtungen und referiert über »Sprengstoff Gott«. Aus der Ankündigung seines Vortrags im Bistum Aachen vom Januar
2010: »Gottlose Gesellschaften sind fruchtbarer Boden für politischen und religiösen Extremismus, die Diktatur des Rela-
tivismus ist sein Dünger.«[7] Ausgerechnet gottloser »Relati-
vismus« wird da zur düngenden Diktatur und produziert ihr
Gegenteil: Menschen, die gar nichts relativ sehen wollen, im
Besitz der Wahrheit sind und aus religiösem Wahn heraus andere unterdrücken oder töten. Der religiöse Terrorist muss also
einfach zu dem werden, was er ist – die Gottlosen tragen die
Schuld dafür. Eine absurde Logik.

Damit so ein Schmarrn verbreitet wird, wenn auch nicht
immer auf solch plumpe Art, treiben die Kirchen großen Aufwand. Ein ganzes Verlagsimperium, der Weltbild-Verlag, gehört den deutschen Bischöfen. Doch vorzugsweise klotzen die
Kirchen auf elektronischen Kanälen. Das Erzbistum Köln holt
sich zwar die Berater von McKinsey ins Haus, um zu entscheiden, wie viele Kindergärten und welche katholische Akademie
dichtgemacht werden soll und auf welche Weise in Zukunft
Seelsorge rationeller gestaltet werden kann; aber vorher wird
entschieden, dass das Millionen Euro teure »Domradio« über
Satellit, Kabel, Internet und UKW die Sicht des Kardinals und
seiner Mitarbeiter senden soll.

Kirchlich beeinflusster Rundfunk

Die Konkordate, Kirchenverträge und Rundfunkgesetze der
Bundesländer räumen den Kirchen im deutschen Radio und
Fernsehen flächendeckend eigene Sendungen ein – ein Vor-
recht, von dem jede andere gesellschaftliche Gruppe nur träumen kann. Und so senden sie Gottesdienste, Morgenandach-
ten, das »Wort zum Sonntag« oder auch Magazine wie die

Lebenshilfe-Sendung »Lebensformen« auf SAT 1 in Bayern. Der Weltanschauungsrechtler Gerhard Czermark hält das für eine verfassungswidrige Bevorzugung gegenüber anderen Religionsgemeinschaften, zum Beispiel Muslimen.[8] Kein Problem für die Kirchen und ihre Helfer in den Sendern – beim ZDF gibt es bereits eine Sendung für Muslime, wenn auch bisher nur online und im ZDF-Digitalangebot. Und eine Art von »Wort zum Freitagsgebet« ist bereits in der Diskussion. Denn es ist wie beim christlich-islamischen Dialog: Wenn eine andere Religion stark genug geworden ist, dann fordern die Kirchen Gleichberechtigung für ihre Konkurrenz, um die eigenen Vorrechte nicht infrage zu stellen.

Für die »Verkündigungssendungen« der Kirchen sind eigens dafür angestellte »Rundfunkbeauftragte« der evangelischen und katholischen Kirche zuständig. Die Rundfunkbeauftragten der Kirchen genießen einen privilegierten Zugang zu den öffentlich-rechtlichen Sendern, nach dem sich jeder andere Lobbyist die Finger lecken würde. Wenn sie es geschickt anstellen, werden sie von Redakteuren nicht als Wachhunde der Kirchen empfunden, sondern als Helfer. Dann gelingt es ihnen, ihre Themen und ihr Personal auch außerhalb der Kirchenreservate im allgemeinen Programm zu platzieren. Als vorbildlich reichen die Protestanten das Wirken der Rundfunkbeauftragten Annette Bassler herum, die im SWR4-Radio einen Thementag »Sinn des Lebens« platzierte, mit 22 Beiträgen zum Thema »Sinn des Lebens«, in denen Kirchenleute und ihre Sicht gut vertreten waren, mit Anrufsendungen und einer »ökumenischen Live-Verkündigungssendung«. Bassler hat zusammen mit ihrem katholischen Kollegen und der SWR4-Redaktion den Thementag geplant und ihre Institution dabei geschickt ins Spiel gebracht, mit hilfreicher »Vermittlung von Experten aus dem kirchlichen Raum, Erarbeitung des Themas aus biblischer Sicht«. Sie selbst wurde den Hörern als Expertin für die »Frage nach dem Sinn« präsentiert. Theologen kümmerten sich um 700 Höreranrufe und 40 telefonische »Seelsorge-Gespräche«. Dass auch Buddhisten und kirchenferne Philosophen beim Thementag zum Wort kamen, gehörte zum Marketingkonzept. Annette Bassler: »Kirche bewegt sich mit ihren Antworten und Deutungen dann zwar auf einem pluralen Religionsmarkt, kann aber gerade darin ihr besonderes Profil und ihre Stärken deutlicher zeigen, als wenn sie konkurrenzlos auftritt.«[9]

Zusätzlich zu den von den Kirchen selbst verantworteten Sendeminuten produzieren in allen öffentlich-rechtlichen Sendern eigene Redaktionen für »Kirche und Theologie« oder »Religion und Gesellschaft« Dokumentationen, Magazine und Reportagen über Kirchenthemen oder zumindest kirchennahe Themen. So wird die Doku-Sendereihe »37 Grad« im ZDF teilweise von der evangelischen und der katholischen Redaktion des Senders verantwortet; beim ZDF herrscht nämlich – anders als überall sonst – sogar noch konfessionelle Trennung. Zwar senden manche der Kirchenredaktionen auch sehr kritische Berichte über die Kirchen. Typisch ist aber, dass Redakteure nur dann eine Chance haben, in der Kirchenredaktion zu arbeiten, wenn sie theologisch vorbelastet sind oder zumindest im kirchlichen Umfeld aktiv waren oder sind, wie zum Beispiel die Redakteurin Ursula Thilmany-Johannsen, die beim Saarländischen Rundfunk in der Kirchenredaktion ist und gleichzeitig in der Synode der EKD sitzt. Der Stallgeruch der Redakteure prägt auch die Inhalte. So taucht dann in der Kirchenfernseh-Dokumentation wie selbstverständlich als Experte für Ehe und Scheidung ein Pfarrer auf; und ein Misereor-Projekt gibt den Schauplatz für eine Reportage aus einem Entwicklungsland ab. Die Kirchen sehen diese Redaktionen und ihre Sendungen traditionell als ihre Domäne an. Als 1976 der Ex-Priester Jürgen Keimer eine Stelle in der WDR-Hörfunkredaktion »Religion Theologie Kirche« bekommen sollte, protestierten alle fünf in NRW residierenden Bischöfe dagegen. Für sie gebe es wohl nichts Schlimmeres als einen Priester, der den Kirchendienst quittiert hat, kommentiert der Betroffene. Der Sender gab nach, dem Bewerber Keimer blieb die Kirchenredaktion verschlossen; immerhin bekam er aber eine andere Redakteursstelle.

Interessenkonflikte statt journalistischer Unabhängigkeit

Bei den vielen guten Werken der Kirchen und dem gutem Willen der Kirchenredaktionen verlieren die Sender leicht das Ziel der journalistischen Unabhängigkeit aus den Augen. So fand es der Norddeutsche Rundfunk völlig in Ordnung, als sein Mitarbeiter Uwe Michelsen im Oktober 2009 in den Rat der EKD gewählt wurde, also in das höchste Gremium der evangelischen Kirche. Redakteur Michelsen leitet die NDR-Fernsehredaktion »Religion und Gesellschaft«, die auch für die Berichterstattung über evangelische Themen zuständig ist. Bei der NDR-Dokumentation über Kirchen, die aufgegeben und abgerissen werden, war er der verantwortliche Redakteur. Für die Protestanten ist es eine hochaktuelle und kontroverse Frage, was mit nicht mehr benötigten Kirchen passieren soll. Darf ein hoher Kirchenfunktionär einen Bericht über solche Fragen verantworten? Oder auch Berichte über andere, konkurrierende Konfessionen und Religionen? Auf Anfrage erklärte der Sender, Uwe Michelsen werde nach seiner Wahl selbstverständlich auf dem Sender keine Meinungsbeiträge und Kommentare »von Vorgängen um den Rat der EKD« mehr abgeben. Es sei »sichergestellt, dass journalistische Themen, die die EKD auch nur am Rande betreffen, nicht von Herrn Michelsen bearbeitet werden«.[10] Wenn das tatsächlich wahr ist, dann fragt sich andererseits, wie ein Sender mit einem inhaltlich derart kastrierten Fachredakteur arbeiten kann. Michelsen aber hat nach seiner Wahl gesagt hat, er wolle durch seine Mitarbeit im Rat der EKD »dazu beitragen, dass dessen Anliegen auch außerhalb der Kirche verstanden werden«.[11] Ein eindeutiges Bekenntnis des gelernten Theologen zur Kirchen-PR. Aber das habe Michelsen nur als Privatmann gesagt, mit seiner NDR-Tätigkeit habe es nichts zu tun, erklärt sein Arbeitgeber. Was würde der Sender wohl sagen, wenn der Leiter seiner Wirtschaftsredaktion gleichzeitig ehrenamtlich im Führungsgremium eines Arbeitgeberverbandes oder einer Gewerkschaft säße und über das mit entscheidet, worüber seine Redaktion anschließend berichtet?

Die Kirchenredaktionen in den öffentlich-rechtlichen Fernsehsendern besetzen Themen. Lebensfragen, Soziales, Entwicklungshilfe, persönliche und ethische Konflikte, Wohltätigkeit und Religionsfragen sehen sie als ihre ureigenen Themengebiete an. Eingestreut in ihre Magazine, Diskussionssendungen und Dokumentationen werden die rein kirchlichen Themen. Die dahinterstehenden Interessen sind für die Zuschauer nicht immer erkennbar. Die Fernsehproduktion alpha-Entertainment liefert seit Jahren wöchentlich dem SAT1-Frühstücksfernsehen eine Serie zu, von der mittlerweile mehrere Hundert Folgen über den Sender gegangen sind: »Sunday up – Was Stars am Sonntag machen«. Der Sonntag eröffnet ein für die Kirchen erfreuliches Themenspektrum, es ist der »Tag des Herrn«. Und so erfahren die Zuschauer, dass die Moderatorin Shary Reeves öfter betet, in einer Klosterschule »höflichen Umgang« gelernt hat und »vielleicht« auch ihr soziales Engagement von da her rührt.[12] Manche Prominente wie etwa der kirchenferne Udo Lindenberg merken erst während der Dreharbeiten zu »Sunday up«, wie stark die Fragestellung auf Religion getrimmt ist. Dass Lindenberg daraufhin die Dreharbeiten abbrach und das Filmteam fortschickte, half ihm nicht viel. Das bis dahin gedrehte Material wurde trotzdem konfessionsgerecht bearbeitet. Wie viele andere kirchengesponserte Beiträge auf 20 öffentlich-rechtlichen Sendern und fünf religiösen Satellitenkanälen ist auch »Sunday up« anschließend auf dem katholischen Videoportal »kirche. tv« abrufbar. Denn alpha-Entertainment ist ein Unternehmen der »Tellux«-Gruppe, die zu hundert Prozent den deutschen Bischöfen gehört. Tellux und ihre Tochterfirmen liefern den Sendern »ganz normale« Dokumentationen und Spielfilme. Außerdem aber bestimmen die konfessionell gesteuerten TV-Produzenten maßgeblich, wie die Kirchen und ihre Geschichte im Fernsehen gesehen werden. Es war die Tellux-Tochter provobis, die 2008 im Auftrag von ZDF/3sat und mit Förderung des Landes Bayern die sechsteilige Serie über katholische Mönchsorden produziert hat. Auf Jahre hinaus wird das Publikum deshalb keine andere Sichtweise dieses Themas in einer unabhängig produzierten Dokumentation zu sehen bekommen. Aus dem Pressetext der bischöflich-öffentlich-rechtlichen Folge über die Benediktiner: »Wie einst der heilige Benedikt haben wir es heute wieder mit einer säkularen Gesellschaft zu tun, deren geistige und kulturelle Werteordnung ins Wanken geraten ist. In einer solchen Zeit sprach der Ordensgründer Worte der Hoffnung, die auch heute neue Perspektiven aufzeigen können.«[13] Es ist, als ob eine TV-Produktion des Bundesverbandes Deutscher Banken mit dem Geld aus Rundfunkgebühren und staatlicher Filmförderung die Serie über die Geschichte der Banken produzieren dürfte. Wenn somit Deutsche-Bank-Chef Josef Ackermann mit seiner Weltsicht auf Sendung ginge, wäre die Aufregung der Medienkritiker groß (die einflussreichsten unter ihnen arbeiten beim evangelischen Pressedienst und schreiben für »epd Medien«). Wenn hingegen Fernsehfilme unter der Oberherrschaft evangelischer und katholischer Bischöfe entstehen, ist das anders.

Kritische Berichterstattung wird blockiert

International versuchen die katholischen Programmmacher, über ihr »Catholic Radio and Television Network« (CRTN) Gegenstrategien zu Kirchenkritik zu entwickeln. So rief drei Monate vor dem »Welt-Aids-Tag« am 1. Dezember 2009 der CRTN-Newsletter die Netzwerk-Mitglieder in aller Welt dazu auf, einander papsttreue Videos zum Thema HIV/Aids zur Sendung zur Verfügung zu stellen. Die Katholiken befürchteten, die Medien würden zum Gedenktag erneut die Papstworte vom März 2009 aufspießen. Da hatte Benedikt zur Empörung vieler gesagt, nur Enthaltsamkeit schütze vor Aids, nicht jedoch Kondome.[14] Als Gegenmittel empfiehlt die Datenbank des Netzwerks nun Fernsehbeiträge wie den über Nigeria, der beweisen soll, dass die katholische Kirche in Nigeria »nicht nur bei der Aids-Therapie Spitze ist, sondern auch bei der Vorbeugung«.[15]

Die evangelischen Seite treibt das gleiche Spiel wie die Katholiken mit ihren eigenen Fernsehproduktionen: Matthiasfilm produziert für das öffentlich-rechtliche Fernsehen die kritische Doku über Scientology,[16] und die protestantische EIKON TV versteht sich laut Firmenphilosophie unter anderem »als Vermittlerin der christlichen Botschaft«. Die Produktion ist gut im Geschäft. Sie wird von den Sendern nicht nur mit dem Dreh eines »Tatort« beauftragt, sondern unter anderem auch mit der Dokumentation über die evangelische Kirche in Ostdeutschland oder auch über den Reformator Calvin.[17] Der evangelische Pressetext zum Calvin-Film klingt ähnlich wie die katholische Ankündigung der Benediktinerdokumentation. »Was ist das Besondere an seiner Lehre und was sagt sie uns heute?«[18] Das ZDF, Arte, WDR, das Schweizer Fernsehen und Deutsche Welle TV haben den protestantischen »Calvin«-Film bestellt und bezahlt. Der Kreis schließt sich: Die »Calvin«-DVD ist auch im *chrismon*-Shop erhältlich.

Aus Lamberts Dossier:
Wenn Umfragen der Kirchen-PR dienen

»Was ist Ihnen heilig?«, fragt das evangelische Magazin chrismon *seine Leser im April 2006. Lambert nimmt an der Umfrage teil und schickt der Redaktion eine E-Mail:*
»Die Religionsfreiheit, die ich mir zunehmend erarbeitet habe, ist mir heilig. In eine Religion wurde ich hineingeboren und als Kind in Familie und Schule indoktriniert, mit Banalitäten abgefüllt. Zunehmend erfreue ich mich größerer Gedankenfreiheit und weiß heute, dass ich mich als Mensch nicht denen unterwerfen muss, die sich als Sprecher eines Gottes ausgeben. Die Menschenrechte sind mir heilig. Sie gehen über religiöses Denken hinaus ... Dazu brauchen wir keine außerirdische Kraft und dürfen keine kritikfreien Bereiche akzeptieren.«

In der Augustausgabe fasst chrismon-*Redakteur Eduard Kopp die Ergebnisse der Umfrage zusammen mit den Worten: »Die Reaktionen zeigen: Den Menschen ist heute viel mehr heilig, ... als angesichts gelegentlicher Religionshäme in Comedy-Sendungen zu erwarten ist.« Zum Beleg wird in fünf Worten auch der Agnostiker Lambert mit dem zitiert, was ihm heilig ist: »Die Religionsfreiheit und die Menschenrechte.« Lambert schickt ein Fax an die Redaktion. »Sehr geehrter Herr Kopp, ihr Zitat aus meinem Beitrag in der Leseraktion hat mich köstlich amüsiert. Ein wunderbarer Beleg der zweitausendjährigen Tradition, sinnverdrehend zu zitieren.«*

Arbeitgeber Kirche

Auch nicht besser als andere

Über 1,8 Millionen Menschen in Deutschland arbeiten in einem Ausnahmezustand. Wer bei Kirche, Caritas und Diakonie beschäftigt ist, für den gelten andere Regeln als bei Awo, DRK und Co. »Arbeitskraft gegen Geld«, das genügt nicht. Denn schließlich ist Gott der oberste Dienstgeber, und der verlangt volle Hingabe für ein gemeinsames Ziel. Für Betroffene ist aber schwer erträglich, dass die Rhetorik vom christlichen geschwisterlichen Dienst oft Missstände verdeckt, die denen in anderen Unternehmen sehr gleichen. Wer aber gegen die Verschlechterung der Arbeitsbedingungen kämpft, mit Mobbing und selbstherrlichen Chefs offensiv umgeht oder die absolutistische Stellung des Bischofs infrage stellt, der sieht sich leicht mit dem Vorwurf konfrontiert, nicht mehr loyal und demütig als Christenmensch zu dienen.

Die »Friedrich-von-Bodelschwinghschen Anstalten Bethel bei Bielefeld«, die seit 2010 »v. Bodelschwinghsche Stiftungen Bethel« heißen, gelten als das Flaggschiff der Diakonie. Der Nimbus des evangelischen Pflegekonzerns (knapp 15 000 Mitarbeiter, 844 Millionen Euro Umsatz[1]) ist immer noch nicht aufgebraucht. Im protestantischen Milieu wird gerne vom segensreichen Wirken des Pfarrers Friedrich von Bodelschwingh erzählt, der zwischen 1872 und 1910 aus einem Diakonissenhaus und einem Heim für Epileptiker schließlich den ganzen

Stadtteil »Beth-El« (Haus Gottes) mit 4000 Patienten machte. Auch in meinem Elternhaus erinnerte ein Karton auf der Fensterbank permanent an die diakonische Wohltätigkeit des Pfarrers Friedrich von Bodelschwingh, seines Sohnes und Nachfolgers Fritz und beider Erfindungsgeist beim Spendensammeln. In den Karton wanderten gebrauchte Briefmarken »für Bethel«. Bodelschwinghs Name fällt in Predigten und im Konfirmandenunterricht. Der Markenname Bethel sorgt für einen stetigen Spendenfluss von 22 Millionen Euro jährlich.[2]

Wer jedoch einmal als Arbeitnehmer erlebt hat, wie es hinter der karitativen protestantischen Fassade zugeht, der glaubt nicht mehr an die Makellosigkeit dieses christlich geführten Hauses. Die Studentin Saskia Zumthor (Name geändert) hat bei den Bodelschwinghschen Stiftungen in Bethel eine Zeit lang gearbeitet. Da leistet die schmächtige Frau an jedem zweiten Wochenende zwei Achtstundenschichten in der Station eines Pflegeheims. Angestellt ist sie über ein Zeitarbeits-Tochterunternehmen des Pflegekonzerns, zu erheblich schlechteren Bedingungen als Kollegen, die bei den Betheler Stiftungen direkt arbeiten. Ganz allein muss sie die Arbeit mit zehn Bewohnern bewältigen. Sechs von ihnen sind hochgradig geistig behindert, acht auf den Rollstuhl angewiesen. Viele der Männer sind das ganze Wochenende über mit Handgelenksbandagen an ihrem Bett festgebunden, einige haben sich längst wund gelegen. Wenn sie einen der Patienten waschen oder füttern will und sich seinem Bett nähert, dann tritt der voller Wut nach ihr – für Saskia Zumthor ein Symptom seiner langjährigen Hospitalisierung. Die Patienten seien »verzogen worden, die Diakonissen haben den Patienten viel zu wenig erlaubt«, sagt sie. Einen einzigen Patienten mit Essen zu versorgen und zu pflegen, das dauert mindestens eine Viertelstunde, oft auch eine halbe. Es ist also eigentlich völlig unmöglich, eine Frühschicht mit zwei Mahlzeiten alleine zu bewältigen und dabei gute Arbeit zu leisten. Saskia opfert deswegen manchmal am

Montagmorgen ihre Freizeit, wenn besonders viel zu tun ist. Dann kommt sie in das Heim und hilft anderen Pflegekräften unbezahlt bei der Morgentoilette der Heimbewohner. Wenn sie alleine auf der Station ist, hat Saskia Angst vor der Gewalttätigkeit der Patienten und vor einem medizinischen Notfall. Angst auch davor, ein Medikament zur falschen Zeit zu geben. Denn sie, die Ungelernte, soll selbst entscheiden, wann ein Patient eine Extraportion des verschreibungspflichtigen Psychopharmakons Valiquid benötigt. Außerdem muss die angelernte Hilfskraft den meist zuckerkranken Patienten auch Insulinspritzen setzen. Das dürfte, vielleicht, nur die einzige gelernte Hilfspflegerin, die am Wochenende für alle Stationen im gesamten Haus mit insgesamt 70 Patienten zuständig ist. Als eine Kollegin von ihr sich weigert, selbst Spritzen zu setzen, und stattdessen jedes Mal dafür die Hilfspflegerin herbeiruft, bestellt der Chef sie zu sich und hält ihr vor: »Sie machen ihre Arbeit nicht!« Antwort der Kollegin: »Ich bin vielleicht die Einzige, die die Arbeit korrekt macht« – und kündigt ihren Job. Bei dem Stundenlohn von rund 6,50 Euro fällt ihr das nicht schwer. Auch Saskia reicht es. Sie kündigt …

Immer neue Gründe, um Erbarmen zu bitten

Die Einrichtungen der Diakonie liegen nicht auf einer fernen Insel der Barmherzigkeit. Der karitative Schwung ihrer Gründer hat sich immer auch am Zeitgeist orientiert – und in den ersten 100 Jahren von Diakonie und Innerer Mission war das ein sehr autoritärer, heute unbarmherzig erscheinender Zeitgeist. Wenn von Bodelschwingh für seine Anstalt das Motto »Arbeit statt Armut« ausgab, dann muss immer auch ein *Arbeitszwang* mitgedacht werden. In der Gründungssatzung des heute zum Verbund der Bodelschwinghschen Stiftungen gehörenden Heims »Gottesschutz« in Erkner bei Berlin heißt es, der Verein wolle »gefallene Mädchen« von den Straßen Berlins holen und ihnen im Heim Arbeit geben. Es solle den Streunerinnen die »Ausrede« genommen werden, sie könnten keine Arbeit finden. Die Frauen wurden aus der Stadt gebracht und in dem Heim vor den Toren der Stadt einem strengen Regiment von Beten und Arbeiten unterworfen.[3] Als im April 2009 die evangelische Gemeinde in Erkner das 100-jährige Jubiläum des Hauses »Gottesschutz« begeht, kann sie stolz darauf verweisen, dass der damalige Leiter Pfarrer Martin Brauner zur Nazizeit in dem Heim Behinderte und zwei Dutzend »nicht-arische« christliche Kinder versteckt hat, um sie vor dem Abtransport in den Tod zu retten. Aber im Festgottesdienst erklingen Schuldbekenntnisse gefolgt von einem »Herr erbarme Dich«: 138 Frauen in Erkner zwangssterilisiert. »Herr erbarme Dich … Es gab nicht nur Liebe, sondern auch Zucht. Herr erbarme Dich.« Das nächste Bekenntnis betrifft die Jahrzehnte nach dem Krieg, als das Heim die Anordnungen des Staates ausführt: »Auch in der DDR-Zeit haben Ausgrenzung und Benachteiligung kein Ende gehabt. Wir haben Kinder nach der Geburt Eltern weggenommen, und sie durften nicht bei ihrer Mutter groß werden. Herr erbarme Dich.«[4]

Die evangelische Kirche und die katholische Kirche haben sich bei denen entschuldigt, die in den 1950er bis 1960er Jahren in ihren Kinderheimen malträtiert wurden, mit Einsperren, Schlägen, Zwangsarbeit. Den kirchlichen Heimen waren in Westdeutschland zwischen 1945 und 1975 insgesamt 600 000 bis 800 000 Kinder und Jugendliche ausgesetzt. Nach dem Aufsehen um das Buch von Peter Wensierski,[5] »Schläge im Namen des Herrn«,[6] lassen beide Kirchen jetzt die gewalttätige Geschichte ihrer Kinderheime erforschen – und gleichzeitig relativieren. Ein Ergebnis ihrer Untersuchung stand für die beiden Theologieprofessoren Jähnichen und Damberg von der Universität Bochum schon vor dem Beginn ihrer Arbeit fest: »Dabei wird man ein differenziertes Bild erheben, in dem neben einer Gehorsams- und ggf. Zwangstradition auch die Freiwilligkeit und Mitwirkung der Zöglinge betont wird sowie die in der Regel zurückhaltende Art und Weise, mit der religiöse Traditionen den Jugendlichen vermittelt werden sollen.«[7] Die Sozialethikerin Traugott Jähnichen weist darauf hin, dass Staat und Gesellschaft in den 1950er Jahren damit einverstanden waren, was in den Heimen geschah. Mehr als 80 Prozent der Menschen hätten nicht die Freiheit als Erziehungsziel gesehen, sondern Ordnung und Disziplin. In Gesetzen und Verordnungen war die Strafpädagogik der Heime ausdrücklich vorgesehen.[8] Die Botschaft: Das war alles Zeitgeist. Doch bleibt dann noch viel übrig von der angeblich so besonderen »christlichen Erziehung«? Mit den Jahren reiht sich ein Schuldbekenntnis an das andere. Bald schon ist es Zeit für einen neuen Gedenkgottesdienst. In dem wird dann vielleicht ausgerufen: »Wir bekennen: Wir haben behinderte Menschen tagelang an ihrem Bett fest gebunden, weil wir im Pflegegeschäft bleiben wollten. Herr erbarme Dich.«

Wie andere Unternehmen auch, sparen die evangelischen Sozialkonzerne Geld auf Kosten einer unterbezahlten, bis zum Letzten flexiblen Randbelegschaft. Wer sich als ungelernte Arbeitnehmerin bei dem Betheler Zeitarbeits-Tochterunternehmen bewirbt, bekommt eine Stelle wie diese angeboten: 20-Stunden-Woche als »Springerin« in der häuslichen Pflege für rund 8,20 Euro pro Stunde. Täglich können kurzfristig die Arbeitszeit und der Arbeitsort wechseln, eine Vollzeitstelle wird gar nicht angeboten, weil diese dem Arbeitgeber nicht so viel Flexibilität beim Einsatz der Mitarbeiter böte. Auf diese Weise kauft der Arbeitgeber praktisch eine Vollzeit-Arbeitsbereitschaft zum halben Preis. Typischerweise sind drei Viertel der Beschäftigten in den Sozialbetrieben von Diakonie und Caritas Frauen – aber in den Chefetagen tummeln sich die Herren. Zwei dieser Manager bei den Rummelsberger Anstalten der Diakonie in Franken waren zwar einander verfeindet, schoben sich aber trotzdem Extra-Boni zu. Christian Tölken bewilligte seinem Gegner Karl-Heinz Bierlein monatlich 2000 Euro Zulage – und erhielt bei seinem erzwungenen Ausscheiden selbst 450 000 Euro Abfindung. Offensichtlich gibt es genug Gelegenheit, für Bonuszahlungen an das Management eine schwarze Kasse mit Rücklagen zu bilden, von der auch der Trägerverein der Anstalten nichts weiß. Gleichzeitig aber war angeblich das Geld immer knapp. Auch die Rummelsberger Anstalten unterhielten eine Zeitarbeitstochter namens »Pakt«, die weniger als die Kirchentarife zahlte.[9]

Kirchliches Dumping

Die Pflegesätze der Kassen, der Sozial- und Gesundheitsämter sind zu niedrig, sagen Caritas und Diakonie – und protestieren zu Recht dagegen. Intern wird diskutiert, ob die kirchlichen Träger es noch mitmachen sollen, wenn aus Geldmangel Pflegepatienten menschenunwürdig behandelt werden und die Arbeitsbedingungen der Beschäftigten in den Keller gehen. Kann man noch guten Gewissens ein katholisches oder evangelisches Pflege- oder Altersheim betreiben?[10] Manche kirchlichen Pflegekonzerne stellen diese Frage erst gar nicht – sie handeln einfach. Das evangelische Johannesstift (Umsatz: 127 Millionen Euro im Geschäftsjahr 2008/2009) mit Zentrale in Berlin-Spandau ist auf Expansionskurs. »Kooperation und Wachstum … besonders in der Altenhilfe« plant der Vorstand laut Geschäftsbericht.[11] Im Juli 2009 übernahm das evangelische Johannesstift 90 Prozent der Anteile von der katholischen »Caritas Seniorendienste Hannover gGmbH«, die nach eigenen Angaben kurz vor der Pleite stand. Mit den neu akquirierten fünf Altersheimen und einer Pflegestation in Hannover macht das Johannesstift jetzt einen Umsatzsprung von 19 Millionen Euro. Als Erstes verlangten die Manager den Beschäftigten in Hannover eine Lohnkürzung um 13 Prozent ab. Man will den Westbeschäftigten nur noch die niedrigeren Ost-Tarife des Diakonischen Werks Berlin-Brandenburg zahlen, dem das Johannesstift angehört.[12] Der neue Arbeitgeber machte auch gleich öffentlich auf sich aufmerksam, indem er einer Mitarbeiterin kündigte, weil sie sich mit einer übrig gebliebenen Teewurst eine Schnitte schmierte – was nach Angaben ihres Rechtsanwaltes bis dahin übliche Praxis in dem Heim war. Erst nach öffentlichem Protest nahm das Johannesstift die Kündigung zurück.[13] Die Beschäftigten werden einzeln unter Druck gesetzt, schlechtere Arbeitsverträge zu unterzeichnen.[14] Dumpingkonkurrenz aus dem eigenen Stall – in der hannoverschen Landeskirche herrscht Entsetzen, die damalige Bischöfin Käßmann aus Hannover protestierte bei Bischof Huber in Berlin, doch ohne Erfolg.

Bei Protestanten schneller bergab

Im Stillen verschlechtern auch katholische Betriebe ihre Arbeitsbedingungen. So haben die Kolping-Bildungswerke in Paderborn die Gehälter einseitig gekürzt und sind aus der kirchlichen Gehaltsordnung ausgestiegen.[15] Bei der Talfahrt der Arbeitsbedingungen hat aber die Diakonie die Nase vorn vor der Caritas, die bundesweit die Beschäftigten noch analog zum alten Bundesangestelltentarifvertrag bezahlt. Die unterschiedlichen protestantischen Werke und Unternehmen unterbieten einander bei den Arbeitsbedingungen. Das Christliche Jugenddorfwerk Deutschland CJD (8500 Mitarbeiter in 150 Betrieben) hält sich nicht mehr an die für es geltenden Regeln. Neu Eingestellte arbeiten beispielsweise zu erheblich schlechteren Konditionen als die bisherige Stammbelegschaft.

Sie erhalten nur noch vier Wochen Urlaub – weniger geht in Deutschland nach dem Bundesurlaubsgesetz gar nicht. Das Tarifdumping des CJD ist zwar illegal, weil der Arbeitgeber damit gegen die Satzung des Diakonischen Werkes verstößt. Aber der protestantische Dachverband lässt das zu – wohl, um nicht den Austritt des CJD zu provozieren und damit dessen Mitgliedsbeitrag zu verlieren. Im November 2009 droht Geschäftsführer Pfarrer Hartmut Hühnerbein, den CJD-Standort aus Baden-Württemberg weg in ein anderes kirchliches Tarifgebiet zu verlegen. Unter den Württemberger Tarifen müssten 40 Prozent der Mitarbeiter entlassen werden, droht er – falls im Diakonischen Werk nicht verschlechterte Arbeitsrichtlinien für die CJD-Betriebe vereinbart werden. CJD-Justiziar Ulrich Bubeck verweist dabei darauf, ein Sozialpädagoge verdiene in Brandenburg rund 700 Euro weniger pro Monat als in Hessen, das müsse berücksichtigt werden.[16]

Hilfe für die Beschäftigten verspricht nicht der »Dritte Weg«, auf dem die Kirchen eine eigene Art von Arbeitnehmermitwirkung installiert haben, sondern ein Arbeitskräftemangel im Pflegebereich. Nur der Markt ist stark genug, die protestantischen Lohndrücker in die Schranken zu weisen. Die Arbeitsbedingungen für neu Eingestellte sind bei der Diakonie in Bayern nach Aussage von Mitarbeitervertretern bereits so schlecht, dass sich auf manche Stellenausschreibungen schon keine qualifizierten Bewerber mehr finden.

Vielen Diakonie-Beschäftigten kommt die »Dienstgemeinschaft« nur noch wie hohles Gerede vor. Die Hilfspflegerin Leonore Imgrund (Name geändert), die in der Diakonie Neuendettelsau arbeitet, einem Unternehmen mit 6300 Beschäftigten, ist für Monate psychosomatisch erkrankt. Denn in der Behindertenwerkstätte wurden funktionierende Arbeitsgruppen auseinandergerissen, sagt sie. Sie musste sich plötzlich um Schwerstbehinderte kümmern, für deren Betreuung sie nicht geschult wurde – und erlitt schließlich einen Nervenzusammenbruch. Doch statt ihr zu helfen und eine Lösung zu finden, übte ihr Vorgesetzter moralischen Druck auf sie aus, weil andere während ihrer Krankheit mehr arbeiten müssen. Am Ende eines Kuraufenthaltes hat sie immer noch Angst, an ihren Arbeitsplatz zurückzukehren. Als »tief gläubiger Mensch« habe sie an Gerechtigkeit geglaubt, besonders in der Kirche, sagt Leonore Imgrund. »Es geht mir aber nicht in den Kopf, dass die Diakonie ihre Leute so behandelt.«

Die Physiotherapeutin Berta Töldte (Name geändert), die beim evangelischen Krankenhaus Bielefeld arbeitet, das zum Verbund des Bethel-Konzerns gehört, sagt: »Überm Tisch wird gelächelt, aber unterm Tisch wird so zugetreten, dass du vor blauen Flecken kaum noch laufen kannst.« Das Krankenhaus macht Defizite, die diakonischen Träger haben zwei Krankenhäuser zu einem zusammengelegt, die zwei unterschiedliche Tarifsysteme hatten. Nun wollen sie an beiden Krankenhäusern nach den schlechteren Bedingungen zahlen. Als Geschäftsführer haben sie sich den als »knallharten Sanierer« und »schlechten Kommunikator« bekannten Heiner Meyer zu Lösebeck eingekauft, der wegen seiner Ruppigkeit seinen Posten bei einem Hamburger Krankenhaus verlassen musste.[17] Der neue Geschäftsführer lagerte insgesamt 400 Beschäftigte in eigene Tochterunternehmen aus. Seitdem fragen sich die in einer neuen GmbH arbeitenden Physiotherapeuten, wie lange das Krankenhaus noch bei ihrem Unternehmen Leistungen einkaufen wird, wo doch Gesundpflegen nun hauptsächlich ein Kostenfaktor ist. An dem Krankenhaus geht die Angst um, sagt einer der Ärzte. Als die Beschäftigten eine Protestversammlung veranstalteten, standen an den Ausgängen leitende Mitarbeiter und drohten allen, die das Haus verließen, mit Konsequenzen. Eine Beschäftigte: »Das sind knallharte Wirtschaftsmenschen. Dagegen wäre nichts einzuwenden – aber bitte nicht unter dem Deckmantel einer kirchlichen ›Dienstgemeinschaft‹.« Es ist wohl kein Zufall, dass die Gewerkschaft ver.di gerade bei den Bielefelder diakonischen Betrieben im September 2009 zu Arbeitsniederlegungen aufrief – und dass gerade dort die Arbeitgeber gegen den Streik klagen. Es wird erwartet, dass dieses Verfahren bis zum Bundesverfassungsgericht durchgezogen wird – oder bis zum Europäischen Gerichtshof. Auf dem Spiel steht das Recht, das die Kirchen für sich beanspruchen, auch ohne das Spiel von Macht und Gegenmacht – also ohne Streiks – faire Arbeitsbedingungen auszuhandeln.

Katholische Knebelung – und der Bischof schweigt

Beim St. Elisabeth Alten- und Pflegeheim in Nürnberg zeigt ein katholischer Arbeitgeber sein Doppelgesicht. Einerseits ist das katholische Profil des Heims ein ausgiebig genutztes Werbeargument, das auf jedem Prospekt prangt. Laienmitglieder (sogenannte Familiare) des katholischen Deutschen Ordens bilden den Trägerverein und führen das Haus. An ihrer Spitze steht der »Deutschherrenmeister« und »Balleimeister« des Deutschen Ordens, Dr. Karlheinz Götz. Götz ist gut katholisch vernetzt; er erhält Vorträge beim Bund Katholischer Unternehmer und pflegt Umgang mit Bischöfen und Politikern. Aber bei einer Zusammenkunft der Belegschaft von St. Elisabeth schrie er nach Darstellung von Anwesenden ganz unfromm die versammelten Schwestern und Pfleger zusammen und drohte einem Mitarbeitervertreter, der eine Ansprache vorbereitet hatte, mit einem Polizeieinsatz, wenn er nicht den Saal verlässt. Aber sonst passen bei Götz und St. Elisabeth Geschäft und fromme Caritas gut zusammen. Auch polnische Nonnen arbeiten auf den Stationen, was für den Arbeitgeber gleich mehrere Vorteile hat. Die Nonnen sind erheblich billiger als reguläre Pflegekräfte, sie sind – weil völlig ohne Alternative – noch stärker abhängig von dem Unternehmen, und sie schmücken hervorragend das katholische Bild. Götz unterstützt mit einer Stiftung die Universität Regensburg[19], just die Institution, bei der sein weitverzweigter Gebäudemanagementkonzern (14 000 Mitarbeiter) die Hörsäle und Büros putzen lässt. Seine Funktionen bringen ihn mit Bürgermeistern und Landräten zusammen, was seinem Unternehmen nicht hinderlich ist. Götz sitzt im Stiftungsrat der Regensburger Domspatzen und einer Stiftung für »kirchliche Kinder- und Jugendhilfe«. Letztere lud im Februar 2009 zu einem Vortrag ein, mit dem schönen Titel: »Spirituell führen. Führen und leiten – den Menschen im Blick«.[20]

Doch im St.-Elisabeth-Deutschordenshaus hat die »spirituelle Führung« seit 2006 »die Menschen« in ihrem Unternehmen vor allem mit einem Ziel »im Blick«: sie im Lohn zu drücken und ihnen ein Höchstmaß an Arbeitsleistung abzupressen. Ultimativ forderte Götz die Beschäftigten auf, schlechtere Arbeitsbedingungen zu akzeptieren. Er beschimpfte die Mitarbeitervertreter als »Parasiten«. An die kirchlichen Arbeitsbedingungen und die Mitarbeitervertretungsordnung halten sich Götz und sein Heimvorstand nicht.[21] Neu Eingestellte erhalten erheblich schlechtere Arbeitsverträge als die bisherigen Arbeitnehmer. Die Mitarbeitervertretung überzieht der Heimvorstand mit einem Kleinkrieg; sie hat keinen Computer und kein funktionierendes Büro mehr; weil einer der Schlüssel für den Aktenschrank des Gremiums »verlorengegangen« ist, macht der Vorsitzende die Arbeit von zu Hause aus. Der Vorstand des Heims beschäftigt vermehrt Leiharbeiter und versucht gleichzeitig, die Belegschaft in eine Service GmbH und eine Pflege GmbH aufzuteilen. Die Mitarbeitervertretung aber wehrt sich. Auf ihren Antrag wurde das Altenheim dazu verurteilt, den Mitarbeitervertretern seine wirtschaftliche Lage offenzulegen, mit der die Lohnkürzungen begründet werden sollten. Mitarbeitervertreter Werner Fries: »Zur Not würden wir ja kürzertreten und Kompromisse machen. Aber doch nur, wenn uns die angebliche schlechte Lage des Heims bewiesen wird.« Doch die Pflegeheimchefs weigern sich, das zu tun. Mitarbeitervertreter Fries hat einen Hilferuf nach Eichstätt an Bischof Gregor Maria Hanke geschickt und um sein Eingreifen gebeten – doch aus dem Bischofsamt kam noch nicht einmal eine Empfangsbestätigung für das Schreiben. Der Bischof ist dem Unternehmer Götz über den Cartellverband (CV) katholischer Studentenverbindungen bruderschaftlich verbunden – CV-Mitglied Hanke zelebriert schon mal bei derselben Veranstaltung eine Messe, wo der Putzunternehmer die Festrede hält.[22]

Der Heimvorstand von St. Elisabeth führt einen Zermürbungskrieg gegenüber den Mitarbeitern, immer wieder bestreitet er die Rechtmäßigkeit der Wahl der Mitarbeitervertreter. Wenn es opportun erscheint, bestreitet das Heim vor Gericht sogar, überhaupt eine kirchliche Einrichtung zu sein. Mehr als ein Dutzend Verfahren wurden vor dem kirchlichen Arbeitsgericht in Augsburg und der zweiten Instanz in Bonn geführt, und fast immer bekam die Mitarbeitervertretung Recht – wenn ihr nicht ein Formfehler unterlaufen war. Aber das nützte den Beschäftigten nichts, denn der Arbeitgeber hält sich nicht an die Urteile. Dahinter steht ein allgemeines Problem: Das Kirchengericht hat keinen Biss. Die ehrenamtlich arbeitenden Richter brauchen sehr lange, bis sie eine Urteilsbegründung schreiben, und ihre Urteile können nicht durchgesetzt werden. Die Höchststrafe für den Verstoß gegen die kirchliche Mitarbeiterbeteiligungsordnung wären 2500 Euro Buße und ein Strafeintrag im kirchlichen Amtsblatt. Ein weltliches Arbeitsgericht kann hingegen Verstöße gegen das Betriebsverfassungsgesetz mit bis zu 50 000 Euro Strafe ahnden – und einer zusätzlichen Strafe bei Missachtung des Urteils.

Im November 2009 entscheidet das oberste Kirchengericht schließlich und endlich, das Elisabethstift sei als »assoziiertes

Mitglied« der Caritas gar keine kirchliche Einrichtung. Zurück auf null – allen bisherigen juristischen Konflikten ist damit die Grundlage entzogen. Mittlerweile – als es arbeitsrechtlich nichts mehr nützt – ist dem Management das katholische Image des Hauses nicht mehr so wichtig. Der 20 Jahre alte Kooperationsvertrag mit der Caritas wird zu Mitte 2010 gekündigt, die Mitarbeitervertretung ist nicht mehr im Amt. Und erneut setzt die Heimleitung die Mitarbeiter unter Druck, verschlechterte Arbeitsverträge zu unterschreiben. Die nächsten Konflikte sind vorprogrammiert. Es könnte nun ohne die Besonderheiten des kirchlichen Arbeitsrechts ein Betriebsrat gewählt werden – falls die Beschäftigten nicht zu eingeschüchtert sind durch den jahrelangen Streit.[23]

Das »christliche Profil« wird versteckt

An den Christenmenschen, die ihre Vorgesetzten sind, verzweifeln so manche Beschäftigte der Diakonie und Caritas. Nachdem einem Mitarbeitervertreter des Matthias-Claudius-Hauses in Oschersleben aus einem kleinlichen Grunde fristlos gekündigt worden war, griff Michael Behrendt, Mitglied der Gesamtmitarbeitervertretung in der Kirche Mitteldeutschlands, zur Tastatur und schrieb einen Protestbrief gegen den Geschäftsführer, der auch in der Synode der mitteldeutschen Kirche saß. Ständig erreichten die Mitarbeiter Hilferufe und Klagen von Mitarbeitern; die Angst gehe bei ihnen um, schrieb Behrendt. »Derartige Vorgehensweisen solcher Geschäftsführer (die sich Christen nennen) – haben verheerende Auswirkungen für das Bild von Kirche und Diakonie in der Gesellschaft.« Er glaubt aber, Gott verfolge ein Ziel damit, wenn die Zahl der Kirchenmitglieder zurückgehe und die Diakonie unglaubwürdiger werde. »Nämlich dass eine Kirche, die sich an der Machtausübung über andere orientiert, ihre Bedeutung in der Gesellschaft verliert und an deren Stelle eine Kirche erwächst, in der sich leitend verantwortliche Christen ihren Nächsten – selbst nachgeordneten Mitarbeitenden – in Demut und Bescheidenheit zuwenden.«[24]

Nicht nur bei den Mitarbeitern, auch bei den Kunden der karitativen Unternehmen sinkt der Stern der Kirchen. Inzwischen kann ein Pflegeheim mit einem dezidiert »christlichen Profil« ein weltliches Publikum auch abschrecken – das wissen Diakonie und Caritas genau. So wird nach Zielgruppen differenziert geworben. Auf dem Kirchentag in Bremen spricht Pastor Ulrich Pohl, Vorstandsvorsitzender der Bethel-Stiftungen, gerne davon, bei den Bodelschwinghschen Stiftungen bekämen verstorbene Bewohner wenigstens noch eine würdige Bestattung – das unterscheide sie von weltlichen Einrichtungen.[25] Doch in seinem Spendensammelbrief 2009 an die Leser der liberalen *Süddeutschen Zeitung* steht kein einziges Wort mehr davon, dass Bethel ein christliches Unternehmen sei.[26]

Vom Zwang, Kirchenmitglied zu sein

Ein Sozialarbeiter oder eine Erzieherin, eine Krankenschwester oder Altenpflegerin können es sich kaum leisten, nicht in der Kirche zu sein. Denn damit sind ihnen die Kirchenarbeitsplätze verwehrt. Die Kirchen sind die zweitgrößten Arbeitgeber in Deutschland, nach Bund, Ländern und Gemeinden. Bisher wird immer die Zahl von 1,3 Millionen Kirchenbeschäftigten insgesamt bei beiden Kirchen genannt und weitergetragen. Doch Nachfragen bringt erheblich mehr kirchlich bestimmte Arbeitsplätze zutage – knapp 1,9 Millionen. Diese Zahl kommt so zustande: Bei der deutschen Bischofskonferenz kennt man eine »allgemeine, sehr ungenaue Zahl«: 1,2 Millionen sollen es allein bei den katholischen Arbeitgebern insgesamt sein, die 520 000 Caritas-Beschäftigten inbegriffen.[27] Der Rest verteile sich auf die Angestellten bei den 27 Bistümern, auf Einrichtungen der Orden, den Weltbild Verlag, Schulen, Krankenhäusern, Kindergärten, Hilfswerke etc., lautet die sehr allgemeine Auskunft der Pressestelle. Dazu kommen die Protestanten. 444 000 Menschen arbeiten in der Diakonie[28], 216 000 bei den evangelischen Landeskirchen[29]. Also sind allein nach offiziellen Angaben rund 1,9 Millionen Mitarbeiterinnen und Mitarbeiter auf kirchlichen Arbeitsstellen beschäftigt.

Doch selbst damit sind noch nicht alle Arbeitsplätze erfasst. Bei den Protestanten fehlen in der Rechnung Unternehmen, die weder den Landeskirchen direkt noch den Diakonischen Werken zuzurechnen sind, so wie (bisher) der Evangelische Entwicklungsdienst, die Bank für Kirche und Diakonie, die evangelische Kreditgenossenschaft, die evangelische Darlehensgenossenschaft, die Bruderhilfe Versicherung und mehr. »Suchet, so werdet ihr finden«, steht im Matthäusevangelium (Mt. 7,7) – also suchte und fand der Politologe Carsten Frerk bei der Recherche zu seinem Buch »Finanzen und Vermögen der Kirchen in Deutschland«[30] Unternehmen, die in den zusammenfassenden Auflistungen der kirchlich gesteuerten Körperschaften nicht auftauchten. »Wer anklopfet, dem wird aufgetan«, fährt Matthäus fort – aber auch Frerk erhielt keine genaue Auskunft über die Zahl der Beschäftigten bei den katholischen Bistümern, als er bei der Deutschen Bischofskonferenz anklopfte. Mehr noch: In der Statistik sind die Arbeitsplätze als Vollzeitarbeitsplätze gezählt. So wird aus zwei Betroffenen, die Halbtagsstellen innehaben, statistisch gesehen nur einer. Vermutlich sind demzufolge mehr als zwei Millionen Menschen in irgendeiner Weise von der Kirche als Arbeitgeber abhängig.

Die protestantische Art, Sicherungen zu wechseln

Kirche, Diakonie und Caritas verlangen von ihren Beschäftigten, dass sie Mitglied in einer christlichen Kirche sind – und größere Loyalität als gegenüber einem weltlichen Arbeitgeber. Wer aus der Kirche austritt, dem können die kirchlichen Arbeitgeber fristlos kündigen – und die Arbeitsagentur bestraft den Schritt aus der Kirche zusätzlich mit einer zwölfwöchigen Sperre beim Arbeitslosengeld. Selbst Schuld, der Arbeitnehmer wusste doch schon bei seiner Einstellung, dass er nicht austreten darf, rechtfertigte das Landesarbeitsgericht Rheinland-Pfalz die Geldsperre.[31] Das Recht, eine Kirche zu verlassen, wird demzufolge vom Staat nicht sichergestellt, sondern mit einer unsozialen Strafe belegt. Die Lobetaler Anstalten in Brandenburg erwarten von einem neu einzustellenden Elektriker: »Sie sollten Mitglied einer christlichen Kirche sein, die der Arbeitsgemeinschaft christlicher Kirchen angehört, und es wird erwartet, dass Sie die diakonische Ausrichtung unserer Arbeit aktiv unterstützen.« Es muss wohl eine besondere, eine christliche Art geben, eine Sicherung auszuwechseln. In Brandenburg ist zwar nur jeder Fünfte Kirchenmitglied (21 Prozent), aber in manchen Orten, wie zum Beispiel Erkner, ist ein kirchliches Sozialunternehmen der größte Arbeitgeber. Die Kirchen dominieren als Arbeitgeber bundesweit den Markt für Sozialberufe. Das gefährdet die Religionsfreiheit, denn zu dieser gehört auch das Recht, keiner Kirche anzugehören oder aber eine nichtchristliche Religion zu haben – und trotzdem mit den gleichen Berufschancen als Krankenschwester, Sozialarbeiter oder Erzieher zu arbeiten.

Christianisierung mithilfe des Arbeitsrechts

In den eigentlich kirchenfernen neuen Bundesländern sind die kirchlichen Träger in den Jahren nach der Wende groß geworden mithilfe von konfessionslosen Beschäftigten. Auf dem Arbeitsmarkt waren gar nicht genug Kirchenmitglieder zu finden, um die Expansion der evangelischen und katholischen Arbeitgeber zu tragen Einige Träger, wie das CJD – Christliches Jugenddorfwerk – haben bei ihrer Ostexpansion kommunale Jugendeinrichtungen aus der sozialistischen Zeit mitsamt ihren Beschäftigten übernommen, ohne nach deren christlichen Orientierung zu fragen. Aber weil sich nicht herumsprechen soll, dass auch Nichtchristen die Arbeit der Diakonie gut erledigen können, ließen die evangelischen Kirchen im Osten Übergangsregeln auslaufen und zogen die Zügel an – am straffsten das CJD: Bis zum 1. Januar 1999 sollten die Beschäftigten einer Kirche beitreten, sonst drohte ihnen Entlassung. Zwar setzte das CJD dies schließlich nicht konsequent durch, aber viele Beschäftigte gaben dem Druck nach – aus Angst um ihren Arbeitsplatz oder, um eine leitende Position bekommen zu können. Ein früherer überzeugter Atheist und Mitglied der SED, der aus opportunistischen Gründen in die Kirche eintritt, macht also leichter Karriere als ein Nichtgläubiger, der sich seine Überzeugung nicht abkaufen lässt. Ob das wohl gut ist für die Unternehmenskultur der Diakonie? Das CJD veranstaltete für die Heiden unter den Beschäftigten Kurse über Kirche und Glauben, an deren Ende dann gefragt wurde: »Und was bedeutet das für uns?« – ein dezenter Hinweis, einen Kircheneintritt ins Auge zu fassen. Mitarbeitervertreter Michael Behrendt sagt: »Das kam bei den Leuten überhaupt nicht gut an. Die waren zu DDR-Zeiten ja schon rot bestrahlt worden, jetzt wurden sie schwarz bestrahlt.«

Was bedeutet das Ganze in der Praxis? Eine Stichprobe bei Marina Willeke in Berlstedt bei Weimar, die mit drei weiteren

CJD-Beschäftigten im Auftrag von 40 Gemeinden die »Gebietsjugendpflege« sichert, ergibt drei Befunde. Erstens: Das CJD erledigt in diesem Gebiet als einzige Organisation statt des Staates die Jugendpflege, es müsste also eigentlich ganz besonders weltanschauungsneutral arbeiten. Zweitens: Obwohl Marina Willeke Kirchenmitglied geworden ist, sagt sie: »Als Leiterin der Jungen Pioniere habe ich damals genau das Gleiche gemacht, was wir heute machen.« Und drittens: »Wir sind wie damals auch heute dem untergeordnet, was da oben passiert.«

Allen Christianisierungsbemühungen zum Trotz ist immer noch ein großer Teil der Kirchenmitarbeiter in Ostdeutschland nicht Kirchenmitglied. Noch 2006 war sogar unter den Mitarbeitervertretern in der Landeskirche Mecklenburgs weniger als die Hälfte Mitglied einer christlichen Kirche. Doch seit Januar 2009 werden die Nichtmitglieder aus den Gremien gekegelt, wenn sie nicht in die Kirche eintreten – eine anderslautende Ausnahmeregelung für den Osten wurde in Mecklenburg abgeschafft.[32] Mehr als der Hälfte der bisher Aktiven ist damit das passive Wahlrecht entzogen worden. Demokratischen Vorstellungen entspricht das ganz sicher nicht.

Hoffnung durch EU-Richtlinie

Seitdem das Allgemeine Gleichbehandlungsgesetz (AGG) in Kraft ist, steht das Recht der Kirchen auf dem Prüfstand, für jede erdenkliche Tätigkeit ausschließlich Menschen einzustellen, die Mitglieder einer christlichen Kirche sind, und leitende Positionen nur Mitgliedern ihrer eigenen Kirche vorzubehalten. Ein sehr aussagekräftiger Fall liegt dem Bundesarbeitsgericht zur Entscheidung vor. In Hamburg hat sich die türkischstämmige Sozialpädagogin Yesim Faida beim Diakonischen Werk auf eine Stellenanzeige gemeldet, in der eine Fachkraft für ein Vernetzungsprojekt von Migranten gesucht wurde. Sie sollte für das von der Europäischen Union bezahlte Projekt eine Website erstellen und an Koordinationstreffen mit unterschiedlichen Organisationen teilnehmen. Das passte gut, denn mit Ähnlichem war Yesim Faida schon bei den Hamburger Grünen beschäftigt gewesen. Auch die Diakonie zeigte sich sehr interessiert. Eine Mitarbeiterin rief an und erkundigte sich, ob Yesim Faida bereit wäre, in die Kirche einzutreten. Nein, das wollte sie nicht, sagte Frau Faida – und bekam prompt wenige Tage später ihre Bewerbungsunterlagen zurück. Ihr Arbeitsgerichtsverfahren geht nun in die dritte Instanz. Dabei soll entschieden werden, ob folgende Ausnahmeregel, die es selbstverständlich auch im AGG für die Kirchen gibt, hier greift: Kirchen und Religionsgemeinschaften sollen ihre Beschäftigten weiterhin nach deren Religion oder Weltanschauung auswählen dürfen, »wenn eine bestimmte Religion oder Weltanschauung unter Beachtung des Selbstverständnisses der jeweiligen Religionsgemeinschaft oder Vereinigung im Hinblick auf ihr Selbstbestimmungsrecht oder nach der Art der Tätigkeit eine gerechtfertigte berufliche Anforderung darstellt.«[33] Jetzt muss geprüft werden, ob es wirklich »eine gerechtfertigte berufliche Anforderung« ist, dass eine Migrantin, die an der Vernetzung von Migranten jedweder Religion arbeiten soll, wirklich wegen dieses Jobs gezwungen ist, Kirchenmitglied zu sein – nur weil die Hamburger Diakonie sich wieder einmal ein mit öffentlichem Geld bezahltes Projekt gezogen hat.[34] Vielleicht geht der Fall Faida bis zum Europäischen Gerichtshof. Denn falls das Bundesarbeitsgericht das Kirchensonderrecht des AGG für diesen Fall bestätigt, so verstößt womöglich das Gesetz selbst gegen die im November 2000 erlassene Antidiskriminierungsrichtlinie der EU.[35]

Die Einmischung ins Privatleben –
Loyalitätsregeln der Kirchen

Nur formelles Kirchenmitglied zu sein, das reicht nicht. Um ihre Beschäftigten auf der christlichen Spur zu halten, haben sowohl die Katholiken als auch die Protestanten Loyalitätsregeln aufgestellt. Die evangelische Kirche hat zwar »weichere« Dogmen als die katholische Kirche, aber auch die »Loyalitätsrichtlinie« der EKD verlangt von allen Mitarbeitern, »dass sie Schrift und Bekenntnis anerkennen«. Verschärfte Loyalität gilt für Menschen, die »in der Verkündigung, Seelsorge, Unterweisung oder Leitung tätig sind«. Von ihnen erwarten die Protestanten »eine inner- und außerdienstliche Lebensführung…, die der übernommenen Verantwortung entspricht.«[36] Wer den Katechismus für Blödsinn erklärt, riskiert seinen Job.

Die katholischen Bischöfe erwarten von ihren Mitarbeiterinnen und Mitarbeitern, »dass sie die Grundsätze der katholischen Glaubens- und Sittenlehre anerkennen und beachten«, mit anderen Worten, im Prinzip alles bejahen, was da an Sittenregeln aus Rom kommt. Verschärfte Regeln gelten auch bei den Katholiken für diejenigen Mitarbeiter, die leitend oder erzieherisch tätig sind – also etwa für jede Kindergärtnerin und jede Lehrerin. Bei ihnen soll auch »das persönliche Lebenszeugnis« also das Privatleben, dogmenkonform sein.[37] Die Richtlinien enthalten Gummiparagrafen, die der Willkür Tür und Tor öffnen und Angst verbreiten – verstärkt durch das konservative Rollback in der katholischen Kirche. Wenn der Schulrat von der Diözesanverwaltung die bischöfliche Berufsschule visitiert und das fehlende Schulgebet vor der ersten Stunde anmahnt, dann geht ein Raunen durch das Kollegium: »Ob der neue Schulrat wohl auch dem konservativen Opus Dei angehört? Ob er wohl nun einen strengen Katholizismus in seinem Einflussbereich durchdrücken will?«

Besonders knifflig ist das Leben für Caritas- und Kirchenmitarbeiter, die geschieden und neu verheiratet sind oder unverheiratet zusammenleben. Es zwingt sie zu unwürdiger Heimlichtuerei. Während gegenüber Kollegen die jeweils aktuellen Paarbeziehungen ein offenes Geheimnis sind, darf der Arbeitgeber offiziell nichts davon erfahren. Also gibt es Deckadressen für die Post, der Name des Partners steht nicht auf der Türklingel, und er darf seine Partnerin nicht mit dem Auto vor der Arbeitsstelle absetzen.

Nur stromlinienförmige Treue sichert den Job

Auch ehrenamtliches Engagement kann dem Kirchenjob im Wege stehen. Die Kölner Oberstudienrätin Carola Blum war an einer Ordensschule tätig – bis sie 1999 die katholische Schwangerschaftskonfliktberatung Donum Vitae mit gründete. Wer bei dem Verein mitmacht, darf nicht bei der Kirche angestellt sein, haben die deutschen Bischöfe entschieden. Es ist ihnen ein Dorn im Auge, dass katholische Laien Beratungsbescheinigungen für legale Abtreibungen ausstellen – der Papst hat's verboten. Daraufhin setzte das Erzbistum die Schule unter Druck: Entweder die Oberstudienrätin verlässt die Schule oder sie verlässt den Vereinsvorstand von Donum Vitae. Carola Blum, Ehefrau des damaligen Oberbürgermeisters, fand einen Arbeitsplatz an einer öffentlichen Schule[38] – eine kirchliche Beamtin ohne Prominentenbonus hätte gegenüber der Kirchenleitung aber vielleicht klein beigeben müssen.

Um zu klären, ob sich ein Beschäftigter noch im Rahmen der Kirchendogmen bewegt, gehen die Katholiken zur Not auch bis an den Rand des Gebärmutterhalses.[39] Dr. Hubert Kordecki, aktiver Katholik, behandelte als Chef-Gynäkologe des Elisabeth-Krankenhauses in Thuine (Niedersachsen) in den 1980er Jahren fünf Frauen, deren Kinderwunsch bis dahin unerfüllt geblieben war. Dabei entnahm er aus ihrer Scheide Samen des eigenen Ehemannes und führte die Spermien anschließend in höherer Konzentration wieder in die Gebärmutter ein. War das eine künstliche Befruchtung, die in einem kirchlichen Krankenhaus verboten ist? Den Franziskanerinnen, die das Krankenhaus führten, war schon die Anfrage ihres Chefarztes, ob seine Behandlungsmethode erlaubt sei, zu heikel. Sie ließen das Thema eine Zeit schmoren und mochten mit ihm gar nicht darüber sprechen. Doch als sie erfuhren, dass er »es« schon getan hatte, feuerten sie den Arzt. Erst nachdem Kordecki sich durch alle Instanzen vor den Arbeitsgerichten gegen die Kündigung wehrte, forderten die Schwestern beim Vatikan eine Stellungnahme an.

Schließlich entschied das Bundesarbeitsgericht 1993[40], dass die Kündigung unwirksam war – aber nur deshalb, weil die Ordensschwestern als Arbeitgeberinnen versagt hatten. Sie hätten als Erstes die dogmatische Frage klären und zunächst ihrem Chefarzt eine Abmahnung erteilen müssen. Erst danach, und nach der nächsten »künstlichen« Befruchtung, hätten sie ihm kündigen dürfen. Denn erlaubt war der Samentransfer tatsächlich nach Auskunft von Kardinal Joseph Ratzinger nicht. Er beschäftigte sich als Leiter der Glaubenskongregation in Rom damals auch mit solchen spermatösen Fragestellungen.[41] Genüsslich zitierte das Bundesarbeitsgericht aus den von Ratzinger verantworteten Verlautbarungen des Heiligen Stuhls vom 10.3.1987 zur ›Würde der Fortpflanzung‹: Ein technischer Eingriff zur Befruchtung darf nicht den Geschlechtsakt ersetzen, sonst ist er nach Lesart des Vatikan verboten wegen der »freiwillig bewirkten Trennung zwischen den Bedeutungen des ehelichen Aktes«. Ein Zeichen sei dafür schon die Masturbation, die den meisten künstlichen Befruchtungen vorausgeht, »denn auch wenn sie im Hinblick auf die Fortpflanzung geschieht, bleibt diese Handlung ihrer Bedeutung auf die Vereinigung hin beraubt«. Der Vatikan erlaubt hingegen einen Eingriff, »wenn er darauf abzielt, den ehelichen Akt zu unterstützen, indem er seinen Vollzug erleichtert oder ihm sein Ziel zu erreichen hilft, sobald er in normaler Weise vollzogen worden ist«.[42] Um derartige Spitzfindigkeiten über die »normale Weise« des ehelichen Aktes kümmert sich zwar jenseits der Vatikanmauern kaum noch jemand; und Dr. Kordecki dürfte vermutlich an vielen kirchlichen Krankenhäusern unbehelligt seine Befruchtungsmethoden anwenden – sofern es niemand an die große Glocke hängt. Doch der Gedanke, dass der Arbeitsplatz eines Arztes davon abhängt, ob bekannt wird, was genau er mit dem Sperma in der Scheide einer Patientin macht, gibt den detaillierten Erwägungen des Vatikan unerwartetes arbeitsrechtliches Gewicht.

Die Willkürherrschaft der Bischöfe

Der örtliche Bischof ist in der katholischen Kirche König: Gesetzgeber, Gerichtsherr und Arbeitgeber zugleich. Wer in seinem Bereich arbeitet, ist ihm ausgeliefert. Besonders schutzlos sind Theologen. Weil sie keine ernst zu nehmende berufliche Alternative haben, sehen sie sich gezwungen, klein beizugeben und alle Normen einzuhalten. Degradierung, Ächtung, Versetzung auf eine unattraktive Stelle können die Sanktionen sein für unbotmäßiges Verhalten. Möglichkeiten anzuecken gibt es viele. Mal ist es eine andere Art, die Messe zu feiern, mit einem geselligen Beisammensein und Häppchen in der Kirche, mal der Gottesdienst zur Feier eines homosexuellen Paares, mal einfach eine öffentlich geäußerte Kritik an Veränderungen, die ein Bischof plant.

Es hängt vom einzelnen Diözesanfürsten ab, wie weit Abweichungen toleriert werden. Damit trägt die katholische Kirche Züge einer Willkürherrschaft, ein Fremdkörper in einem Rechtsstaat. Der Fürst kann sich aussuchen, ob er gnädig sein will oder unbarmherzig. Während beispielsweise der Kölner Kardinal ehemalige (»laisierte«) Priester unbarmherzig als Verräter brandmarkt, die Jesus den Judaskuss gegeben haben,[43] verkehrt der Fuldaer Bischof Kamphaus Heinz Josef Algermissen weiterhin brüderlich mit seinen Ex-Priestern und lädt sie zu einem Tag des Austausches ein.[44] Streng degradiert der Limburger Bischof Franz-Peter Tebartz-van Elst umgehend seinen Bezirksdekan Peter Kollas, nachdem der im Wetzlarer Dom einem langjährigen schwulen Paar den Segen erteilt hat.[45] Der Bischof von Regensburg deckt den gnädigen Mantel des Schweigens darüber, dass einer seiner Pfarrer wegen Kindesmissbrauchs vorbestraft ist; Gerhard Ludwig Müller lehnt jede Entschuldigung und Verantwortung dafür ab, dass der Pfarrer weiter mit Jugendlichen in der Gemeinde Riekofen arbeiten durfte – und wieder Kinder missbraucht hat.[46] Sein Rottenburg-Stuttgarter Kollege Gerhard Fürst richtet hingegen eine Hotline für von Kirchenpersonal Mißbrauchte ein.

Neidische Vorgesetzte und Strafen für Abweichungen

Pater Hartmut Zielinski war in den 1980er Jahren Pionier der Hospizbewegung in Deutschland, auch gegen Widerstand in der Kirche. 1983 schrieb ihm die Caritas: »Wir werden Sterbekliniken nicht unterstützen.« An der Universitätsklinik Köln gründete er zusammen mit der Gattin des Bundespräsidenten, Mildred Scheel, eine Station für Palliativmedizin; er war viel gefragter Gast bei Diskussionen über humanes Sterben.[47] Doch das Ende seiner Tätigkeit als Krankenhauspfarrer kam abrupt, als 1989 Kardinal Meisner die Klinik visitierte. Zielinski arrangierte den Besuch so, dass der Kardinal ausschließlich an Betten von homosexuellen Aids-Patienten herantreten musste – aber damit kam der überhaupt nicht zurecht. Meisner brach seinen Besuch konsterniert ab. Gleich am nächsten Tag wurde Pater Zielinski zum Generalvikariat zitiert – und nach Südamerika versetzt. Heute, von Lima aus, sieht Zielinski das Ganze milde. In Südamerika zu arbeiten, sei – auch – ein Wunsch von ihm gewesen, und mit dem Kardinal komme er gut aus. Hinter der Abberufung hätten andere aus der Kirchenhierarchie gestanden. »Wenn jemand als einfacher Pater mit der Frau des Bundespräsidenten auftritt und in den Medien beachtet wird, das passt manchen einfach nicht.«

Pater Stefan Hippler hat zusammen mit Bartholomäus Grill das Buch »Gott Aids Afrika – das tödliche Schweigen der katholischen Kirche« verfasst, in dem er sich bitter über das päpstliche Kondomverbot beklagt. Hippler kennt dessen tödliche Folgen aus erster Hand; er arbeitet im südafrikanischen Kapstadt in einem Aids-Projekt. Ein Exemplar ihres Buches schicken die Autoren an Papst Benedikt XVI. Keine Antwort. Sie laden Kirchenobere zu Diskussionsveranstaltungen ein. Keine einzige Zusage zu einem Gespräch. Dann aber bestellt Hipplers Arbeitgeber, die Deutsche Bischofskonferenz, den Pater zum Rapport. Zwei geistliche Herren pressen ihm die Zusage ab, keine Interviews mehr zu geben, keine öffentlichen Lesungen mehr zu machen, keine Äußerungen mehr über die kirchliche Soziallehre abzugeben. Womit seine Vorgesetzten ihm gedroht haben, darf Hippler ebenfalls nicht erzählen.[48] Die Nonne Majella Lenzen musste den Orden »Vom Kostbaren Blut« verlassen, weil sie in Tansania für ein Anti-Aids-Projekt Kondome an Prostituierte verteilte. Ein Prälat gab ihr später zu verstehen, sie hätte wenigstens ihre Kutte auf diesen Wegen ablegen können, aber so »mussten wir Sie köpfen«.[49]

Die kirchliche »Dienstgemeinschaft«, ein Begriff aus dem Faschismus

Nach Auffassung der Kirchen gibt es bei Ihnen kein Recht auf Streik. Gewerkschaften sollen draußen bleiben. Die grundgesetzlich garantierte Koalitionsfreiheit – die Freiheit, sich für eine Verbesserung von Arbeitsbedingungen zusammenzutun – ordnen sie damit ihren eigenen Rechten unter. Mitsprache von Beschäftigten funktioniert in kirchlichen Unternehmen nach selbst gesetzten Regeln und Gesetzen. Um das zu begründen, haben protestantische westdeutsche Kirchenjuristen einen Begriff aus dem deutschen Faschismus übernommen, die »Dienstgemeinschaft«. Die Nationalsozialisten zerschlugen die Gewerkschaften und postulierten, in der Arbeitswelt gebe es keine wirklichen Interessengegensätze. Denn alle arbeiteten ja angeblich für das gleiche Ziel, die Volksgemeinschaft – und in jedem Betrieb gab es dafür einen kleinen Führer. »Der Führer (einer öffentlichen Verwaltungsstelle) sorgt für das Wohl der Beschäftigten«, hieß es im »Gesetz zur Ordnung der Arbeit in öffentlichen Verwaltungen und Betrieben« von 1934. Und weiter: »Diese haben ihm die in der Dienstgemeinschaft begründete Treue zu halten und eingedenk ihrer Stellung im öffentlichen Dienst in ihrer Diensterfüllung allen Volksgenossen Vorbild zu sein.«[50] 1938 fand der Begriff Eingang in die »Tarifordnungen«, die für den Staatsdienst galten und anschließend auch von den Kirchen übernommen wurden: »Im öffentlichen Dienst wirken zum gemeinen Nutzen von Volk und Staat alle Schaffenden zusammen. Die ihnen gestellte hohe Aufgabe erfordert eine Dienstgemeinschaft im Sinne der nationalsozialistischen Weltanschauung …«[51]

Das Betriebsrätegesetz von 1920 hatte zuvor auch in den Kirchen und der Diakonie gegolten – es gab also in der Weimarer Republik keine Extrawurst für die Kirchen bei der Mitbestimmung am Arbeitsplatz.[52] Aber zu diesem Zustand wollten die Kirchen nach dem Krieg nicht zurückkehren. Nach dem Untergang des NS-Staates erreichten sie bei der Adenauer-Regierung, dass ihre Betriebe aus dem Geltungsbereich der Mitbestimmungsgesetze ausgenommen wurden. Die Tarifordnung von 1938 ließen protestantische Kirchen im Westen für die ersten zwölf Jahre der Bundesrepublik weiter gelten. Der evangelische Kirchenjurist Werner Kalisch begründete 1952 die Sonderrolle der Arbeit bei den Kirchen mit ähnlichen Formulierungen wie die Nazijuristen: »Aller Dienst in der verfassten Kirche und in ihren Werken (ist) eine Einheit, weil es sich dabei überall um Arbeit im Weinberge des Herrn, um Dienst in der Gefolgschaft Christi als des Herrn und Hauptes der Kirche handelt. … In der Kirche kann es keinen Streik geben, weil Christus der Herr der Kirche ist und alle Diener der Kirche im Dienste Christi stehen. Deshalb kann es auch keinen legitimen Gegensatz zwischen Kirchenleitung und Gesamtheit der kirchlichen Dienstnehmer und schon gar nicht einen Machtkampf zwischen beiden oder gar zwischen Kirchenleitung und einer außerhalb der Kirche stehenden Arbeitnehmervereinigung geben.«[53] Aus dem Führer war nun Christus geworden, »Volk und Staat« wurden zum »Weinberg des Herrn«, Arbeitgeber und Arbeitnehmer waren nun »alle Diener«. Im »brüderlichen Einvernehmen« müssten deshalb die Leitung und die Mitarbeitervereinigungen Arbeitsverträge und Tarife erarbeiten, schrieb Kalisch.

Der »Dritte Weg« in der Sackgasse

Damit war der »Dritte Weg« der Kirchen in den Arbeitsbeziehungen beschrieben. Jahrzehntelang war dieser Weg eine asphaltierte Straße, auf der die kirchlichen Arbeitnehmer mitgingen. Sie sandten ihre Vertreter in paritätisch besetzte

Kommissionen, die einvernehmlich und geräuschlos arbeiten sollten. Allerdings hatten sie keine großen Kontroversen auszutragen. Die Gewerkschaft ÖTV focht Arbeitskämpfe im öffentlichen Dienst aus und verhandelte konfrontativ Tarifverträge, Lohnerhöhungen und Arbeitszeitverkürzungen. Anschließend übernahm die kirchliche »Dienstgemeinschaft« routinemäßig den ausgehandelten Kompromiss und behauptete von sich, sie könne alles friedlicher regeln als die streitsüchtigen Gewerkschaften da draußen in der bösen Welt. Damit war aber der »Dritte Weg« von Anfang an ein Weg der Trittbrettfahrer – die Lebenslüge des kirchlichen Dienstes.

Zumindest bei den Protestanten ist die Lebenslüge geplatzt. Die Diakonischen Werke übernehmen seit der Jahrtausendwende nicht mehr unverändert die Tarifvereinbarungen aus dem öffentlichen Dienst. Jetzt zeigt sich, wie schwach die Arbeitnehmervertretung in vielen der paritätisch besetzten arbeitsrechtlichen Kommissionen (ARK) wirklich ist. Die Mitarbeitervertreter der ARK Bayern[54] im Jahr 2009 beispielsweise bekleiden zum Teil Leitungsfunktionen, bei denen sie mehr den Etat als die Interessen der Beschäftigten im Auge behalten müssen – im »normalen« Arbeitsleben würden sie wohl gar nicht erst als Arbeitnehmervertreter akzeptiert.[55] Die Kommissionsmitglieder sind niemandem zur Rechenschaft verpflichtet, im Alleingang entscheiden sie bei den Sitzungen. Während es in manchen anderen Diakonischen Werken wenigstens die gewählten Mitarbeitervertreter sind, die Delegierte in die Kommission entsenden, besorgt dies in Bayern bisher ausschließlich der »Verband Kirchlicher Mitarbeiter«, der eher ein Berufsverband ist als eine Interessenvertretung. Die ARK Bayern beschloss 2008 eine neue Gehaltsstufe für die diakonischen »Fachkräfte für Arbeits- und Berufsförderung« – aber dann, als die Arbeitgeber über zu hohe Kosten klagten, wurden die Betroffenen mit Zustimmung der ARK nachträglich eine Gehaltsgruppe zurückgestuft – ein Einkommensverlust von rund 230 Euro.[56] Wie bei arbeitsrechtlichen Kommissionen üblich, findet eine Diskussion darüber außerhalb des Gremiums nicht statt. Die Sitzungen sind vertraulich, das Gremium arbeitet wie eine Geheimkommission. Die Gewerkschaft ÖTV und ihre Nachfolgerin ver.di haben sich aus solchen Gremien jahrzehntelang ferngehalten, weil sie ohne Streikrecht keine Durchsetzungsmacht für Forderungen sahen. Der Verband Kirchlicher Mitarbeiter hielt ihnen daraufhin entgegen, sie würden sich nicht einsetzen. Doch inzwischen ändert ver.di ihre Taktik und arbeitet mancherorts mit, um den »Fuß in die Türe« zu bekommen.

Der Bischof hat das letzte Wort

Katholiken wie Protestanten treiben großen Aufwand, um ihre Arbeitsbeziehungen vom Staat unabhängig zu regeln. Für die direkt bei der Kirche Beschäftigten gelten in jedem katholischen Bistum eigene Arbeitsgesetze und Vertragsvorlagen, die nur teilweise bundesweit standardisiert sind. Alles ist auf Konsens getrimmt. Im Bistum Limburg muss die paritätisch besetzte »Kommission zur Ordnung des Diözesanen Arbeitsvertragsrechts« (KODA) mit Dreiviertelmehrheit entscheiden. Aber falls das misslingt, darf – nach einem gescheiterten Vermittlungsverfahren – der Bischof alleine entscheiden, wenn er »ein unabweisbares Regelungsbedürfnis feststellt«.[57] Und das tut er im Zweifelsfall auch. 2003 weigerte sich die Arbeitsrechtliche Kommission des Bistums Limburg, das Weihnachtsgeld so zu kürzen wie im öffentlichen Dienst. Bischof Franz Kamphaus entschied die Gehaltskürzung daraufhin alleine. Was der Hintergrund für die Uneinigkeit war, erfährt die Öffentlichkeit nicht – auch die KODA in Limburg tagt vertraulich.

Selbst gestricktes Recht

Bei manchen kirchlichen Arbeitgebern gibt es überhaupt keine Mitbestimmungsordnung. Dann wird es besonders mühsam für Menschen, die sich engagieren wollen, wie der Krankengymnast Hans Knebel (Name geändert), der an einem bayerischen Ordenskrankenhaus arbeitet. Er wollte – so sieht er es – sich für die Verbesserung der Arbeitskultur an der Klinik einsetzen und scheiterte damit.

Er hatte erlebt, dass Kollegen gemobbt wurden, weil sie unbequem waren. Völlig undurchsichtige Verfahrensweisen bei der Aufstellung von Dienstplänen demotivierten ihn und die anderen. Als ein Pfleger zum stellvertretenden Pflegedienstleiter eingesetzt wurde, den alle für ungeeignet hielten, schlugen sich Kniebel und seine Kollegen vor den Kopf. In gut geführten Unternehmen wäre mindestens die nächste Hierarchieebene in die Entscheidung mit einbezogen gewesen. Denn schließlich mussten ja auch in Zukunft alle miteinander auskommen. Dieser Chef traf aber einsam seine Entscheidungen und demotivierte damit viele. Wenn Willkür herrschte, dann konnte er mit eigener Leistung und hoher Arbeitsmotivation nichts erreichen, folgerte Knebel. Es gab noch nicht einmal die Möglichkeit, sich über irgendetwas zu beschweren, zum Beispiel bei dem Träger der Einrichtung. Denn der Krankenhausleiter selbst war Mitglied des Ordens – und damit repräsentierte er den Träger und den Betrieb in einer Person.

Das ist nicht nur für die Angestellten schlecht, sondern auch für den Betrieb und die Qualität unserer Arbeit, dachte Hans Knebel und beschloss, mit anderen zusammen eine Mitarbeitervertretung zu gründen. Die Schulleitung stimmte nach einigem Zögern zu – vielleicht war es ja gut für das Betriebsklima. Aber dazu musste erst ein neues Kirchengesetz her, denn die Mitarbeitervertretungsordnung des Bistums galt hier nicht, und der Orden hatte bisher nichts dergleichen. Man einigte sich schließlich, eine andere Vertretungsordnung zum Vorbild zu nehmen und sie leicht anzupassen. Die nächsten Schritte: einen Wahlausschuss gründen, Kandidaten finden. Die Chefetage musste dabei erst einmal demokratische Spielregeln lernen. Der Klinikleiter hatte zunächst kurzerhand selbst die gesamte Belegschaft zu Kandidaten für die Mitarbeitervertretung ernannt. Dann war es geschafft, Knebel und vier weitere Beschäftigte nahmen die Arbeit als Mitarbeitervertreter auf. Aber es folgte ein ständiger Kleinkrieg über Kompetenzen und Abläufe. Damit, dass sich wirklich irgendetwas ändern könnte, hatte die Chefetage anscheinend gar nicht gerechnet. Immer noch wurde alles an der Mitarbeitervertretung vorbei entschieden. Auch die nächste Stellenbesetzung eines Kollegen sorgte für böses Blut – immer noch keine Transparenz, keine Kriterien, keine Mitbestimmung bei der Auswahl. Die Mitarbeitervertretung ging zur Schlichtungsstelle des Bistums und bekam dort Recht, denn die Dienststelle hatte sich nicht an die neue Mitwirkungsordnung gehalten. Die Beförderung des Kollegen war nicht gültig, die Stelle musste neu ausgeschrieben werden, urteilten die Schlichter. Doch nichts geschah. Nach ein paar Monaten wurde klar, dass die Klinikleitung den Schlichtungsspruch ignorieren wollte. Nachfrage bei der Schlichtungsstelle: Was tun? Antwort: Wir können nichts mehr für euch tun. Aber das war nicht mehr von Bedeutung. Es stellte sich nämlich heraus, dass die mit Mühe erkämpfte Mitarbeiterbeteiligungsordnung als kirchliches Gesetz überhaupt nicht gültig war. Der Orden hatte das mühsam vereinbarte Paragrafenwerk nicht beim Bistum ratifizieren lassen – ob aus Schlamperei oder mit Bedacht, das war drei Jahre danach nicht mehr festzustellen. Entnervt warfen Hans Knebel und seine Mitstreiter das Handtuch und legten ihre Ämter nieder. Enttäuscht nimmt er sich vor, seine überschüssige Energie nun nicht mehr am Arbeitsplatz einzusetzen, sondern in einem

Ehrenamt außerhalb des Jobs. Der Chef nimmt's mit Schulter-
zucken zur Kenntnis.

Nur ein bisschen gerecht –
kirchliche Rechtssprechung

Beschäftigte können sich zwar an das weltliche Arbeitsgericht
wenden, falls sie einen Rechtsstreit mit ihrem kirchlichen Arbeitgeber haben. Aber für Streitfälle einer kirchlichen Mitarbeitervertretung oder das Recht kirchlicher Beamter sind bei
Protestanten wie Katholiken ausschließlich eigene Kirchengerichte zuständig.

Mit der Unabhängigkeit der Kirchengerichte und ihrer ehrenamtlichen Richter ist es nicht immer weit her. Im Sommer
und Herbst 2009 landete in der evangelischen rheinischen
Landeskirche eine Welle von 17 ähnlichen Verfahren vor dem
kirchlichen Gericht. Die Klagen der in den Wartestand versetz-
ten Pfarrer richteten sich gegen ein dubioses Auswahlverfahren
nach Art des Aschenputtel-Märchens: »Die Guten ins Töpf-
chen, die Schlechten ins Kröpfchen«. Ein eintägiges »Assess-
ment-Center« sollte bei über 120 Pfarrerinnen und Pfarrern
darüber entscheiden, ob sie zum vorzeitigen Ruhestand bei
geringerer Pension ausgemustert werden oder aber die Chance
auf eine normale Gemeindestelle bekommen. Die Betroffenen
arbeiteten zum Teil schon seit Jahrzehnten in ihrem Beruf. Sie
waren enttäuscht darüber, dass nun die Abschlussnote ihres
vor langer Zeit absolvierten Studiums und der Verlauf von einigen Gesprächsrunden über ihre Zukunft entscheiden sollten.
Ihr Dienstgeber wollte einen großen Teil von ihnen offensichtlich loswerden – sie klagten gegen ihre negativen Beschei-
de und das Verfahren selbst. Für alle Beteiligten war es keine
Überraschung, dass ihre Klage abgewiesen wurde, denn der
Kammer saß die Richterin Petra Riege vor, die als ehrenamt-

liches Mitglied des zuständigen Ausschusses der rheinischen Landessynode an maßgeblicher Stelle eben jenes Auswahlverfahren mit beschlossen hatte, das nun von den Klägern infrage gestellt wurde.[58] Doch auf einen Befangenheitsantrag verzichtete der Anwalt der Pfarrer, weil er nicht sicher war, ob das deren Position womöglich noch verschlechterte.

Bischöfe richten sich selbst

Das Ende des Instanzenweges ist bei den Katholiken für jeden Kläger spätestens dann erreicht, wenn er den Bischof selbst vor Gericht bringen möchte, wie der pensionierte Arzt Hermann Künne aus Erwitte. Ihn ärgerte, was bei seinem früheren Arbeitgeber, dem Erwitter Marienhospital, geschah. Der Paderborner Generalvikar entließ den Geschäftsführer des Hospitals, weil er als Geschiedener wieder geheiratet hatte, beließ aber gleichzeitig den Verwaltungsleiter des Krankenhauses auf seinem Posten, obwohl er bekanntermaßen ebenfalls ein wieder verheirateter Geschiedener war. Für Künne war dies ein neuer Beweis, wie willkürlich und ungerecht die Kirche ihre Gesetze anwendet. Er kreidet der Kirche auch an, dass zwar eine Kindergartenleiterin fristlos ihren Arbeitsplatz verlassen musste, weil sie einen geschiedenen Mann heiratete, dass aber das ebenfalls wieder verheiratete adlige Kuratoriumsmitglied des katholischen Hospitals weiter wirken darf.[59] Künne warf Erzbischof Hans-Josef Becker Rechtsbeugung vor und zeigte ihn bei der Staatsanwaltschaft und dem Paderborner Kirchengericht an. Die Staatsanwaltschaft aber erklärte sich für nicht zuständig für das kirchliche Arbeitsrecht, und vom Erzbistum Paderborn kam der Bescheid: »Der Erzbischof von Paderborn kann nicht vor seinem eigenen Gericht belangt werden. Er ist der eigentliche Gerichtsherr.«[60]

Das geistliche Personal

Wie Protestanten mit Pfarrern umspringen

Ein katholischer Bischof kann unbotmäßige Priester wie Schachfiguren umherschieben. Doch in der evangelischen Kirche gibt es keine heilige Inquisition, keine Kongregation für die Glaubenslehre, keinen Papst, der verbindlich erklärt, was zu glauben ist. Statt durch den diktatorischen Bischof fallen Entscheidungen in einem komplizierten Wechselspiel zwischen Presbyterien, Kirchenkreisen und Landeskirchen. Die Landeskirche ist Dienstgeber für den Pfarrer. Das Presbyterium beruft ihn, kann ihn aber eigentlich nicht entlassen oder versetzen. Der Kirchenkreis ist irgendwie zuständig für die Aufsicht. Also was tun bei Konflikten? Ein Lehrbeanstandungsverfahren ist bei Protestanten keine einfache Sache, weil der Kern der Lehrsätze nicht, wie bei den Katholiken, durch eine einzige Autorität festgelegt ist. Der Hamburger Bischof benötigte durch alle Instanzen vier Jahre, um dem damals populären Pastor Paul Schulz 1979 zu »beweisen«, dass er nicht mehr die Lehre der lutherischen Kirche vertritt, und ihn abzusetzen.[1] Und für ein Disziplinarverfahren muss der Pfarrer schon intensiv gegen Regeln verstoßen haben. In dem Gewirr von Zuständigkeiten erscheint Mobbing als die meistversprechende Strategie, das Fehlen der heiligen Inquisition wenigstens teilweise wettzumachen. Der Hebel der Mobber heißt »Ungedeihlichkeit«. Und manchmal spielen dabei auch dabei die »Sektenbeauftragten eine Rolle«. Sie sichten für ihre Kirche das Aquarium der »Spiritualität«.

Sektenbeauftragte als Aufpasser

In dem großen Becken schwimmen viele bunte Korallenfische, aber auch mancher Hai und Wesen mit Stacheln, deren schleichendes Gift in Abhängigkeit führt. Manche Menschen glauben, dass es ihnen Kraft gibt, wenn sie den Kaffee durch eine metallene Röhre, einen sogenannten Orgonakkumulator, in die Tasse gießen. Andere wiederum glauben, dass sie durch künstlich erzeugte Glückszustände ihre Körperzellen so energiereich machen können, dass sie ein längeres Leben haben – und vielleicht sogar unsterblich werden. Solche Menschen nennt man Esoteriker, sie habe ich in den 1990er Jahren für einen Film porträtiert, und mir ging es nicht gut dabei. Denn ich dachte, es müsste eigentlich näherliegende Möglichkeiten für sie geben, ihr Leben zu meistern. Manche glauben, dass es ihnen nützt, wenn sie es schaffen, mit Meditation ihr Denken zu stoppen. Buddhisten glauben das wohl, hab ich gehört. Andere bereiten den Geistern ihrer Ahnen Essen zu, um ihnen etwas Gutes zu tun, oder sie glauben an die Wiedergeburt in einem anderen Körper oder daran, dass sie eine Seele haben, die sie »Thetan« nennen und mit besonders teuren Seminaren aufbauen müssen. Schamanisten und Hindus, Scientologen und diverse andere kleine und große Fische durchmessen das Aquarium. Außerdem gibt es in Deutschland viele, die unter anderem meinen, sie würden nach dem Tode in irgendeiner Form weiterexistieren, und zwar bei einem einzigen Gott, der für das Ganze hier irgendwie verantwortlich ist – einem Gott, der gleichzeitig auch sein Sohn und Heiliger Geist ist. Letztgenannte sind Christen unterschiedlicher Ausrichtungen.

Sie alle sollen glauben können, wozu sie lustig sind – solange sie nicht daraus Sonderrechte herleiten oder Menschen darunter zu leiden haben. Und ob die eine Gruppe »Kirche« oder die andere »Sekte« ist – was ist der Unterschied?

Für die christlichen Kirchen stellt sich die Frage anders: Was von all dieser »Spiritualität« ist christlich, was katholisch, was evangelisch? Was gehört zu einer anderen großen »Weltreligion« und ist schon aus diesem Grunde tabu? Was ist als die Praxis einer Sekte zu verurteilen? Die Sektenbeauftragten, die sich mit diesen Fragen beschäftigen, sind in den Medien präsent. Will ein Journalist aus angeblich berufenem Munde bestätigt bekommen, wie gefährlich Scientology oder was von einer bestimmten esoterischen Gruppe zu halten ist, dann interviewt er einen kirchlichen »Beauftragten für Weltanschauungsfragen« oder holt ihn für ein Live-Interview ins Rundfunkstudio. In der Rheinischen Landeskirche ist Andrew Schäfer der Sektenbeauftragte. Die Lage an der Weltanschauungsfront scheint allerdings ruhig zu sein. Es gibt wenig Neues zu vermelden von »Universelles Leben«, den Zeugen Jehovas oder der Scientology, und auch die Esoterik-Bewegung ist längst durchgearbeitet. Pfarrer Schäfer wollte eigentlich zweimal im Jahr einen Newsletter über seine Tätigkeit versenden – aber es blieb bei der ersten Ausgabe vom Juni 2007.[2]

Vom Ermittlungsverfahren zum Mobbing

Doch bei der Abberufung der Siegburger Pfarrerin Ulrike Cyganek spielte der Weltanschauungsbeauftragte eine gewichtige Rolle. Die Pfarrerin ließ sich in der nahe gelegenen »Akademie für Feng-Shui und visionäre Führung« zur Beraterin für Feng-Shui ausbilden. Feng-Shui ist eine aus dem Taoismus stammende chinesische Lehre, mit der Menschen versuchen, ihre Umgebung harmonischer zu gestalten. Ein Außenstehender, der offensichtlich eine Privatfehde mit der Akademie führte, entdeckt Frau Cyganeks Beratungsangebot auf der Website der Akademie und schwärzt sie umgehend bei der Kirche an. Der Weltanschauungsbeauftragte Schäfer schreibt daraufhin eine umfangreiche Beurteilung der »Gruppe um Steed Dölger«, einen maßgeblichen Lehrer der Akademie, den Schäfer zu einer Art Guru aufbaut. Schäfers Schlussfolgerung: Die Lehre des »Esoterik-Avatars« sei mit dem Verkündigungsauftrag einer Pfarrerin nicht in Einklang zu bringen. Der Beginn des Disziplinarverfahrens erscheint alles andere als fair. Ohne dass sie sich darauf vorbereiten kann, wird die Pfarrerin kurzfristig zu einem Gespräch in die Personalabteilung nach Düsseldorf zitiert. Worum es geht, das erfährt sie nach eigener Aussage erst dort. Akteneinsicht erhalten sie und ihr Beistand Manfred Josuttis erst später. Als das Disziplinarverfahren im Sande verläuft, muss sich Ulrike Cyganek noch selbst darum bemühen, dass ein Bescheid ausgestellt wird, der sie entlastet. Als ihre einzige Verfehlung blieb übrig, dass Pfarrerin Cyganek sich den Feng-Shui-Kurs nicht genehmigen ließ. Zu einem Lehrbeanstandungsverfahren kommt es erst gar nicht, denn sie versichert ihrer Kirche schriftlich, sie habe keine Inhalte übernommen, die im Widerspruch zu ihrem christlichen Glauben stünden. Doch damit ist Ulrike Cyganek längst nicht aus dem Schneider. Im Presbyterium ihrer Gemeinde hatte das Verfahren bereits für Unruhe gesorgt. Statt die Beurteilung aus Düsseldorf abzuwarten, startete das Presbyterium eigene Befragungen der Pfarrerin. Erst stellte sich das Gremium hinter sie, dann aber gegen sie. Ulrike Cyganek kann sich das nur so erklären, dass Gerüchte über sie gestreut wurden. Dass sie selbst sich wegen des laufenden Disziplinarverfahrens nicht im Presbyterium äußern will, wird ihr nun als Störrigkeit ausgelegt. Ein vom Presbyterium angerufener Schlichter schlichtet nicht, sondern benimmt sich wie ein Ankläger, weil »Frau Cyganek … sich überhaupt nicht von dem Institut distanziert« habe. Eineinhalb Jahre nachdem das Presbyterium sich hinter sie stellte, ist das Klima vergiftet, mit 15 zu einer Stimme beantragt das Gremium, die Pfarrerin abzuberufen. Ergebnis für Ulrike Cyganek, die auch schon im »Wort zum Sonntag« der ARD zu hören war: Verfahren gewonnen, Stelle verloren. Vier Jahre nach Beginn des Streits muss sie im Herbst 2009 ihre Sachen in Siegburg packen und in den »Wartestand« gehen. Wenn sie binnen drei Jahren keine reguläre Stelle bei der Kirche bekommt, droht ihr die Zwangspensionierung. Cyganeks Rechtsbeistand, der Theologieprofessor Manfred Josuttis, sieht als Hauptverantwortlichen den Weltanschauungsbeauftragten Schäfer. Sein Votum »hat sich als ein Faktum erwiesen, als Schicksalsmacht, die eine pastorale Existenz zu beenden droht«, schreibt Josuttis. Normalerweise müsse ein Beschuldiger seine Vorwürfe beweisen, bei der Landeskirche hingegen habe ein Beschuldigter seine Unschuld zu beweisen. Laut Josuttis hat Schäfer nie mit der Pfarrerin gesprochen. Ob das stimmt, dazu schweigt der sonst sehr beredte Sektenbeauftragte[3]. Die 51-Jährige, die ihren Beruf nach eigener Aussage sehr gern gehabt hat, möchte ihre Vergangenheit nun radikal hinter sich lassen. So radikal, dass Ulrike Cyganek wieder ihren Mädchennamen angenommen hat.

Ungedeihliche Willkür

Verantwortlich dafür, dass Pfarrer auf solche Weise aus ihrer Gemeinde verjagt werden, ist der »Ungedeihlichkeitsparagraf« des Pfarrergesetzes vieler Landeskirchen: Wenn das Presbyterium oder die Kirchenleitung meinen, mit dem Pfarrer erscheine ein »ein gedeihliches Wirken in der Pfarrstelle nicht mehr gewährleistet«[4], dann können sie die Abberufung verlangen bzw. einleiten. Ob der Pfarrer an einem Konflikt in seiner Gemeinde eine Schuld trägt, ist dabei gleichgültig. Der Paragraf geht zurück auf eine Regelung des Reichsbeamtengesetzes von 1937[5] und gibt Gegenspielern von Pfarrern in den Gemeinden ein leichtes Spiel – denn ein »ungedeihliches« Verhältnis ist leicht herzustellen. Gleich mehrere Pfarrerinitiativen und -vereine protestieren gegen die Regelung; ein Buch der Initiative DAVID trägt den treffenden Titel »Berufung, Rufmord, Abberufung«.[6] Es ist mit Beispielen aus dem ganzen Bundesgebiet gespickt und zeigt: Die Organe der Kirche können genau so unfair sein wie der Rest der Welt, und ein gemeinsames Gebet vor einer Gremiensitzung schützt nicht vor Intrigen.

Wenn es nicht anders geht, dann waschen die geschwisterlichen Kollegen auch einmal schmutzige Wäsche. Irgendeine Art von Fleck wird schon drin bleiben, scheint die Devise zu sein. Ein Abberufungsbescheid, in dem es unter anderem um die Beziehungen eines Pfarrers zu Frauen geht, ist gespickt mit zweifelhaften Mutmaßungen und Werturteilen. Erst erwähnt das Schreiben, der Pfarrer D. habe selbst vier Liebesbeziehungen (nacheinander, nicht gleichzeitig) im dienstlichen Umfeld eingeräumt. Dann zählen die Herren vom Landeskirchenamt sechs Frauen auf, deren Namen in dem Zusammenhang »gefallen sind.« Drei von ihnen hätten »Intimbeziehungen bestätigt«, eine Frau habe sie »in Abrede gestellt«, und zwei seien nicht zu einer Auskunft bereit gewesen. Man merkt: Zu gerne hätten sie wohl dem Pfarrer eine größere Zahl von Liebschaften »nachgewiesen«. Auf 16 Seiten wird dem Pfarrer so ziemlich jedes Verhalten angekreidet. Selbst wenn er den Wünschen der Vorgesetzten nachgegeben hat, war es ein Fehler. Ein Superintendent habe D. eine Erklärung »abgenötigt«, dass D. in seinem dienstlichen Umfeld keine Beziehungen mehr eingeht. Das hat D. akzeptiert. In den Augen seiner Vorgesetzten war das falsch – denn es lässt bei den Kirchenräten »den Verdacht aufkeimen, dass Pfarrer D. in seinen Beziehungen nicht ausschließlich Liebesbeziehungen gesehen hat«.

In den Wartestand, der der Abberufung folgt, können Geistliche auch ohne eigene Verfehlungen geraten, manchmal sogar ohne jeden Konflikt. Die Kölner Pfarrerin Gabriele Spieker geriet nach einer Babypause für ihre Zwillinge in den Wartestand und arbeitete in einem Hospizprojekt und im Krankenhaus, zu gekürzten Bezügen, ohne realistische Aussicht auf eine neue Pfarrstelle – schließlich eine mögliche Zwangspensionierung vor Augen. Eine derartige Diskriminierung einer Mutter würden die Kirchenvertreter erbittert anprangern, geschähe sie anderswo. Erst nach Jahren des Streits bekam die Pfarrerin Recht und erhielt wieder das volle Gehalt.

Versagen im Dienst

Ein Theologiestudium und ein Priesterseminar bereiten junge Vikare nicht auf die Arbeit in der Gemeinde vor. Den Umgang mit Menschen und dem Gemeindemanagement lernen sie – vielleicht – während ihres Vikariats, wenn die Berufsentscheidung nicht mehr umkehrbar ist. Dann üben sie am lebenden Objekt. Ob sie Trauernde vor den Kopf stoßen oder die Taufe und Hochzeit lustlos wie einen Dienst nach Vorschrift gestalten, ob sie bei »Seelsorge-Gesprächen« wirklich zuhören und nicht nur formelhaft reagieren, das stellt sich erst in ihrem praktischen Berufsleben heraus. Die Erwartungen der Gemeinde an den Geistlichen – bei den Protestanten oft auch den Partner/die Partnerin – sind hoch und so vielfältig, dass sie eigentlich gar nicht zu erfüllen sind. Der eine ist eine fromme Kirchenmaus, legt Wert auf eine salbungsvolle Predigt und wohl gesetzte Rituale und will zum Pfarrer aufschauen, die andere möchte einen Kumpel, der immer für sie ansprechbar ist, der Dritte sieht den Geistlichen als Manager, der die Gemeinde am Laufen halten soll. Priester und Pfarrer haben besonders viel Gelegenheit, zu Sonderlingen zu mutieren, weil die gesamte Gemeinde sie intensiv wahrnimmt – mal mit Verehrung, mal mit Verachtung.

Vergraulte Ehrenamtliche

Wenn Kirchenpersonal sich unsensibel verhält, dann vergrault es ehrenamtliche Mitarbeiter aus seiner Gemeinde und enttäuscht Gemeindemitglieder, die Besseres von ihm erwartet haben. Die aktive Katholikin Verena Zeitlofs (Name geändert) war so enttäuscht von ihrem Pfarrer und ihrem katholischen Chef, dass sie die Energie dafür aufbrachte, ihren Frust 15 Jahre lang zu verstecken. Dann fiel sie ins Alte Testament zurück und rächte sich. Zu warten, bis sie als Lehrerin an einer katholischen Schule pensioniert war, das kam aber auch nicht infrage. Dann wäre ihr Abschied aus dem Schoß der katholischen Kirche zu unspektakulär gewesen, nur eine Randnotiz im Leben der Schule.

Zwei Menschen in zwei kirchlichen Institutionen, die in ihrem Leben wichtig waren, hatten Verena im Stich lassen: der Ortspriester und ihr katholischer Arbeitgeber. In der Kirchengemeinde ihres Ortes war sie so aktiv, wie es sich ein Priester von seinen Laien nur wünschen kann. So betreute sie fünf Sommer lang in den Ferien ehrenamtlich und unbezahlt für die Gemeinde Gruppen von Jugendlichen und Kindern.

Dann kam das Horrorjahr ihres Lebens. Ihr Ehemann ließ Verena Zeitlofs von einem Tag auf den anderen sitzen; er wollte »sich selbst verwirklichen«, meint sie sarkastisch. Von einem Tag auf den anderen musste sie nun morgens alleine ihre vier Kinder für Schule und Kindergarten vorbereiten, selbst rechtzeitig in der Schule sein, ab nachmittags wieder für die Kinder da sein, um danach bis weit in die Nacht den nächsten Schultag vorzubereiten, Arbeiten zu benoten, Hausaufgaben zu korrigieren.

Vom Priester im Stich gelassen

Jetzt hätte sie die Unterstützung ihrer Kirche gut gebrauchen können, sie hoffte auf einen kurzen Besuch des Priesters, eine interessierte Nachfrage nach dem Wohlergehen, womöglich ein Hilfsangebot oder die Vermittlung an die Caritas-Sozialstation. Nichts davon passierte. Der ganze Ort wusste von ihrer Lage, kannte die neue Freundin ihres Mannes, aber der Pfarrer blieb stumm. Dann kam die Erstkommunion ihres ältesten Sohnes. Verena wollte dabei auf keinen Fall zusammen mit dem Sohn nach der kirchlichen Feier ihrem Mann begegnen, mit einer solchen Situation wollte sie nicht umgehen müssen. Also fuhr sie mit den Kindern von Bayern nach Hessen, in die Gemeinde eines Freundes, wo der Älteste die Erstkommunion empfing. Dann reisten die fünf wieder in ihren Heimatort zurück, um zur Dankmesse am Montagmorgen in der Heimatkirche zu sein. Es gelingt aber Verena Zeitlofs nicht, die Kinder rechtzeitig für die Messe fertig zu machen; gehetzt und abgekämpft finden sie und ihre vier Kinder verspätet nur noch in der ersten Bankreihe Platz. Vielleicht ist der Pfarrer sowieso beleidigt, weil sie mit ihren Kindern zur Kommunion in eine andere Gemeinde gefahren war. Jedenfalls unterbricht Hochwürden, gerade auf der Kanzel, seinen Redefluss, um sie dezent zu rügen und herunterzuputzen: Die Neuankömmlinge in der ersten Reihe mögen doch bitte noch einmal nach hinten gehen und sich Gesangbücher holen, sagt der Pfarrer. Das ist der letzte Tropfen ins Fass ihres Ärgers – in dieser Gemeinde will Verena Zeitlofs nicht mehr aktiv sein. Ende der ehrenamtlichen Tätigkeit.

Beim Sportverband mehr Solidarität

Dass später auch ihr Arbeitgeber sie vom Dienst suspendiert, weil sie als Geschiedene wieder heiratet, verstärkt ihren Ärger über die Kirchenbeschäftigten. Ihre Stelle behielt sie zwar schließlich – wäre aber ihr katholischer Arbeitgeber beispielsweise das in solchen Fällen unnachgiebige Erzbistum Köln gewesen, hätte sie ihre Stelle verloren. Doch in den letzten 15 Jahren ihres Berufslebens ziehen an der wieder verheirateten Geschiedenen auf der Karriereleiter alle jüngeren Kolleginnen und Kollegen an ihr vorbei, die sie selbst ausgebildet hat. Warum überhaupt neu heiraten – heimlich unverheiratet zusammen leben hätte doch auch gereicht, halten Kollegen ihr vor. Oder, warum nicht den ersten Ehemann für eheunfähig erklären lassen und die Ehe annullieren, fragt eine andere, die es selbst genau so gemacht hat.

Doch »das ist mein Leben, meine Vergangenheit. Zu der stehe ich, die mache ich nicht ungeschehen,« sagt Verena Zeitlofs. »Und was soll ich meinen vier Kindern sagen? Dass meine erste Ehe nicht geschehen ist – in den Augen der Kirche? Unmöglich! Wenn ich etwas mache, dann mache ich es vernünftig – und stehe dazu.«

Konsequent, wie sie nun mal ist, zieht aber auch Verena Zeitlofs ihre praktischen Schlüsse aus dem Aufruhr: Bei ihrer Arbeit schiebt sie nun Dienst nach Vorschrift. Die Jugend des Landessportbundes profitiert nun von ihrem ehrenamtlichen Engagement, nicht mehr die Kirche. »In dem weltlichen Verband erlebe ich mehr Solidarität als in der Kirchengemeinde oder in dem Bistum«, sagt sie.

Ein Jahr vor ihrer Pensionierung sieht Verena den richtigen Zeitpunkt gekommen. Sie lässt die Bombe platzen und tritt aus der katholischen Kirche aus, noch während ihrer aktiven Arbeitsphase. Nach den Regeln der Kirche ist das ein eindeutiger Kündigungsgrund, aber eine Kündigung ist so kurz vor der Pensionierung ohne Effekt. Der Klerus kann die Fäuste nur noch in der Tasche ballen, aber nichts mehr anrichten.

Die Vereinnahmung der Gottlosen

Wie die meisten Menschen habe ich Beerdigungen erlebt, bei denen sich der Geistliche überhaupt keine Mühe gab, persönliche Worte zu finden, und mit seinen Aussagen über den Gestorbenen völlig danebenlag. Die angemessenste Beerdigungsfeier hingegen war selbst organisiert und von den Freunden und der Familie gestaltet – ohne jeglichen Bezug auf einen Gott. Eine kleine Gruppe bereitete die Trauerfeier vor, alle Freunde und Bekannten erzählten einander, was sie mit dem Gestorbenen erlebt hatten; es wurde sein Lieblingslied vorgetragen und anschließend gegessen und getanzt, so wie es sich der Sterbende gewünscht hatte. Allerdings konnte eine Pastorin, die mit dem verstorbenen Atheisten befreundet gewesen war, diese Kirchenferne wohl schlecht ertragen. In ihrem Redebeitrag wandte sie sich gezielt an die zwischen den Freunden sitzenden Verwandten und sagte: »Ich weiß, dass es W. (dem Gestorbenen) nicht gefallen würde, was ich jetzt sage, aber ich bin mir sicher: Er ist jetzt bei Gott.« Kommt der fromme Spruch vielleicht auch zum falschen Zeitpunkt, so kann er doch nicht schaden – und tröstet die anwesenden Christen, denkt die Theologin.

Notfallseelsorge als Kirchenwerbung

Eine derart unsensible Vereinnahmung von bekennenden Gottlosen, die sich nicht mehr dagegen wehren können, steckt bei den Geistlichen im System, zum Beispiel bei der »Notfallseelsorge«. Die Kirchen haben die Chance erkannt, sich – medienwirksam und öffentlich anerkannt – als psychologische Helfer in Krisensituationen zu profilieren und dabei auch kirchenfernen Klienten auf positive Weise persönlich zu begegnen. Nahezu flächendeckend haben sie Schulungen gemacht, regionale Einsatzleiter bestimmt und Notfallpläne erstellt, um schnell am Ort eines Unglücks oder Verbrechens zu sein. Notfallseelsorge genießt bei den Kirchen offensichtlich Priorität; Polizei und Feuerwehr nehmen die Entlastung dankbar an. Muss doch der Polizist nicht mehr so lange bei einem Angehörigen bleiben, wenn er eine Todesnachricht überbracht hat – der Seelsorger übernimmt die unangenehme Aufgabe. Aber in den neonfarbenen Notfallseelsorge-Westen ist auch Kirchenegoismus unterwegs. »Ausgezeichnete PR für unsere Kirche!« – »Sehr hohe Akzeptanz bei den Besuchern.« So freuen sich Geistliche nach ihrem Einsatz beim »Bizarre«-Musikfestival 2002[7], wo insgesamt 30 Theologen im Schichtdienst stündlich Streife gingen, Gespräche führten, praktische Hilfe leisteten, Fahrdienste machten. Für schwere Katastrophen haben die Notfallseelsorger Einsatz-Checklisten, die ihnen helfen sollen, sich richtig zu verhalten – zum Beispiel an der »Verletztensammelstelle«. Dort signalisiert eine blaue oder schwarze Kennzeichnung dem Geistlichen, dass der Verletzte wahrscheinlich bald schon stirbt und deshalb zunächst nicht behandelt wird, weil andere Vorrang erhalten. Dort werden nach der Handlungsanweisung Nichtchristen in ihren letzten Minuten noch von der Kirche vereinnahmt: »Verwenden Sie bei Sterbenden eine geprägte Sprache. Bei Christen: Vaterunser, Segen, Salbung, Körperkontakt. Bei Nichtchristen: Stilles Gebet, aaronitischer Segen, Körperkontakt.«[8] Der aaronitische Segen: »… Der Herr lasse sein Angesicht leuchten über dir und sei dir gnädig … und gebe dir seinen Frieden.« Wenn der sterbende Atheist den Segen noch hören kann, dann nützt es ihm vielleicht und weckt neue Lebenskräfte – damit er später dem Geistlichen seine Meinung geigen kann.

Die Deformierung der Geistlichen

Die herausgehobene Position der Geistlichen steigt so manchem von ihnen zu Kopfe und sorgt für eine Deformierung des Charakters. Mein Vater hatte nach meiner Auffassung einfach den für ihn falschen Beruf gewählt – die öffentliche Aufmerksamkeit, den Vertrauensvorschuss, seine Rolle als Redner, dem andere zuhören – das alles genoss er sichtlich. Aber den damit verbundenen Anforderungen an seine persönliche Integrität war er nicht gewachsen. Ein aufgeplusterter Hallodri, der wohl gerne mal auf Abenteuertour außerhalb seiner heil scheinenden, offiziell achtköpfigen Pfarrersfamilie gegangen wäre. Das bekamen wir als Kinder erst spät mit – aber die skurrilen Situationen des täglichen Lebens piesackten uns. Als Persönlichkeit des öffentlichen Ortsteillebens hatte der Pfarrer bei Autofahrten durch die Gemeinde ständig damit zu tun, anderen Menschen zuzuwinken, besonders dann, wenn auch die Adressaten selbst »Persönlichkeiten« waren, also Ärzte, Politiker, Lehrer, Presbyter und andere Kirchen-Ehrenamtliche … Dabei beugte er sich gefährlich weit zum Lenkrad vor und wedelte den Handrücken möglichst nah hinter der Windschutzscheibe, damit das Winken auch gesehen werden konnte. Mitreisende Familienangehörige hatten wegen seiner Verrenkungen während der Fahrt Angst um ihre Sicherheit, meine Mutter stieß durchdringende Mahnungen aus, die anderen stöhnten leise auf. Sie waren froh, wenn der Wagen die Grenzen der Gemeinde überquert hatte und das Gewinke selten wurde.

Pfarrern hört man zu, die haben viel Gelegenheit am Timing der Gags und an den Pointen ihrer immer gleichen Geschichten zu basteln. (Ich kannte die Geschichten nach einiger Zeit alle, bildete ich mir ein, erinnere mich heute aber an keine – Verdrängung?) Und so drang aus dem Gemeindehaus bei den Gastauftritten meines Vaters immer wieder das vergnügte Kreischen der »Frauenhilfe«-Frauen, wenn er zur »Bibelarbeit« einen Gastauftritt hatte. Ein Geräusch, das ich immer wieder nachäffte. Eigentlich leitete meine Mutter diese Frauengruppe – was sie da machten, wusste ich nicht, nur dass ein paar Mütter von Schulkameradinnen unter ihnen waren.

Im Rahmen seiner Tätigkeit nahm mein Vater sich viel Zeit mit seiner öffentlich zu beobachtenden Morgentoilette. Im Feinripptrikot-Unterhemd stand er dann bei offenem Fenster im Badezimmer – den Rasierschaum im Gesicht. Pfarrer-Vater fand wohl, dass er ein anziehender Mann sei und der Anblick seines morgendlichen Körpers deswegen allen zugemutet werden konnte. Das offene Badezimmerfenster im ersten Stock des stattlichen Pfarrhauses konnte über die Hecke der Kirchenwiese hinweg von zwei Straßen aus eingesehen werden. Wenn ein Bekannter diese Straßen entlangging, dann vollzog der unvollständig gekleidete fünfzigjährige Pfarrer auch am Badezimmerfenster sein Wedelwinken und begann einen kurzen Wortwechsel. Ich glaube, mein Vater, dem seine herausgehobene Position eine nüchterne Sicht auf die Welt versperrte, hat es nie verstanden, beispielsweise aus einer Taufe ein schönes Ritual für ganze Familien zu machen.

Der Kampf um die Rituale

Später habe ich aber solche Geistliche kennengelernt, die aus Sakramentshandlungen ein schönes Familienfest zaubern konnten. Doch die Kirche gerät allmählich ins Hintertreffen und verliert ihre konkurrenzlose Stellung bei Ritualen. Zwar wird bei großen Festen und großen Katastrophen weiterhin die Geistlichkeit gerufen. Und in den satt von Kirchlichem durchtränkten Medien scheint alles beim Alten zu sein. Bei einem Amoklauf im Winnenden im März 2009 starben 16 Menschen, und der örtliche Klerus steht bereit, bei dem bundesweit im ZDF übertragenen Trauergottesdienst mithilfe seiner standardisierten Ritualbausteine der Betroffenheit Gestalt und Worte zu geben. Aber die Gesellschaft emanzipiert sich. Wenige Monate später spielten bei einer großen öffentlichen Gefühlsverarbeitung die Kirchen nur eine Nebenrolle. Zehntausende verleihen im November 2009 spontan ihrer Trauer über die Selbsttötung des Nationaltorhüters Robert Enke Ausdruck, als sie stumm durch die Hannoveraner Innenstadt ziehen und vor dem Fußballstadion Tausende Kerzen anzünden – und nein: Diese uralten Leuchtmittel sind nicht ursprünglich ein christliches Symbol, sie werden nur – wie so vieles – von den Christen für sich vereinnahmt. Bei der Enke-Trauerfeier mit rund 40 000 Menschen im Stadion spricht zwar auch diesmal ein Pfarrer, als ein Redner unter vielen. Aber man ist sich einig, dass es Fußballpräsident Theo Zwanziger ist, der die richtigen Worte findet (»Fußball ist nicht alles«) und die richtigen Konsequenzen einleitet, um unter Depression leidende Fußballprofis nicht alleinzulassen. Natürlich hat die Kirche auch auf diese Ereignisse ihre eigene Sicht, die mit ihrer selbst gewünschten Rolle übereinstimmt. Bischöfin Margot Käßmann zum Beispiel, in deren Sprengel das Enke-Trauerspiel stattfand. Sie habe nach einigem Zögern an diesem Abend ihre Kirche für eine Enke-Trauerfeier geöffnet, erzählt sie. Da hätten sogar vor der Kirche »alle das Vaterunser mit gebetet«. Ihre Schlussfolgerung: »Wir brauchen als Gesellschaft gemeinsame verlässliche Texte in so einer Situation, Texte, die größer sind als wir selbst«, die »Tradition, Verwurzelung, Beheimatung« bedeuteten.[9] Schön, doch beim Glaubensbekenntnis darf es zu diesem Zweck auf keinen Fall bleiben. Und die Nichtglaubenden sind dabei, Alternativen zu entwickeln.

Aus Lamberts Dossier:
Händchenhalten als Vergehen

Wenn ich meinen Bruder Lambert und seine Ehefrau Gabriele frage, warum sie sich so viele Jahre an den Kirchen abgearbeitet haben, dann antwortet Lambert: »Ich kann die Scheinheiligkeit nicht ertragen.« Dann erzählen sie aus ihrer Jugendzeit in den 1960er Jahren. Wie sie als Paar im Alter von 18 Jahren Hand in Hand an einem Feldweg standen. Dann sahen sie unseren Vater, den Pfarrer, mit dem Auto in den Feldweg einbiegen, auf dem Weg zum nahe gelegenen evangelischen Kinderheim, mit dessen Leiterin er gut befreundet war. Beim Händchenhalten und Knutschen hatte er seinen Sohn und dessen Freundin »erwischt«, so sah er das wohl. Er kurbelte die Scheibe herunter und ermahnte sie: »Damit« – er meinte wohl damit, sich körperlich nahe zu kommen – hätten sie doch wohl noch zehn Jahre Zeit. Ein paar Tage später bittet er Gabrieles Mutter zu einem Gespräch zu sich ins Büro, um die Kinder auf den rechten Weg zu bringen. Aber seine Besucherin holt erst einmal den für sie bestimmten Stuhl hinter dem mächtigen Schreibtisch hervor, um mit Pfarrer Schauen von gleich zu gleich zu sprechen. Das Gespräch läuft anders, als es sich unser Vater gedacht hat. Der Pfarrer äußert seine Beunruhigung über das Verhalten ihrer Kinder, aber damit kommt er gar nicht gut an. »Die schlechten Gedanken, die Sie haben, die beunruhigen mich viel mehr«, sagt Gabrieles Mutter resolut. Damit ist das Thema erledigt.

Personalgewinnung mit zweifelhaften Mitteln

In der katholischen Hierarchie ist genau bekannt, was bei den Priestern im Argen liegt. »Priester, die alleine leben, flüchten sich in alle möglichen Ersatzbefriedigungen«, sagt der Dogmatikprofessor Gisbert Greshake, und zitiert Weihbischof Thomas Maria Renz von der Diözese Rottenburg-Stuttgart, der meint: »Vereinsamt, eigenbrötlerisch, egozentrisch« seien allzu viele Geistliche.[10] Ein Priester muss eine starke Persönlichkeit haben, wenn er seine Arbeit gut machen und dabei nicht zu einer Lachnummer werden will.

Mindestens 20 Prozent der Priester sollen nach Schätzungen schwul sein. Der stabile, geregelte Rahmen des Zölibates bietet einem Mann die Möglichkeit, vor einem Coming-out zu fliehen und sich nicht mit seiner Homosexualität auseinanderzusetzen. »Die Kirche hat ganz ausgezeichnete homosexuelle Priester«, sagt der Theologe und Therapeut Wunnibald Müller, Leiter des »Recollectio Hauses« im Kloster Münsterschwarzach, wo ausgebrannte Geistliche sich regenerieren können und unter dem Siegel der Vertraulichkeit miteinander Tacheles sprechen können.[11] Doch die Gefahr ist groß, dass die nicht ausgelebte unreife Sexualität sich ein Ventil im Missbrauch von gerade erst geschlechtsreifen Jungen sucht.[12] Missbrauchsfälle an Jungen und Mädchen wurden zumindest in der Vergangenheit jahrzehntelang vertuscht. Im Januar 2010 erfuhr die Öffentlichkeit von langjährigem Kindesmissbrauch in mehreren deutschen Jesuitenschulen. Ordensintern waren die Straftaten bereits spätestens seit Anfang der 1990er Jahre bekannt, aber ein geradezu mafioses Schweigekartell hatte dazu geführt, dass die Täter nach Bekanntwerden der Vorwürfe jeweils weitere Kinder an anderen Schulen schänden konnten. Verschwiegen, vertuscht, versetzt – auf keinen Fall sollten die hässlichen Flecken auf der Weste der als Eliteschulen geltenden Internate offenbar werden.

Etliche Priester haben eine Geliebte. Die Gemeinde erfährt erst nach Jahren, wenn ihr Geistlicher sein Ornat ablegt, warum er jeden Dienstag frei gemacht hat und nicht verfügbar war. Geheimnisumwittert sind die Vorkehrungen der Kirche für die Versorgung von Priesterkindern. Selbst nach der Laisierung, also, wenn sie vom Dienst Abschied genommen haben, können Priester mit Kindern nicht offen über ihre Erfahrungen sprechen – denn oft sind sie abhängig davon, in einem anderen kirchlichen Beruf weiterarbeiten zu können, zum Beispiel als Religionslehrer.

Scheuklappen gegen die Ursachen des Priestermangels

Der Autor Ulrich Harbecke hat viele reale Begebenheiten aus deutschen Bistümern in seinem Roman »Der gläubige Kardinal« verarbeitet; auch die folgende ist so ähnlich passiert: Der vom Bischof hochgeschätzte Domvikar eines Bistums verliebt sich in eine Mitarbeiterin der Pressestelle. Sie wird schwanger von ihm. Nach einigem Zögern bekennt der Vikar das seinem Bischof. Reaktion des Bischofs: Er bietet dem Vikar eine Stelle an, weit weg in einem ausländischen Bistum. Um die Mutter und das Kind werde man sich dann schon kümmern, versichert der Bischof. Perplex ist der Vikar, dass der Bischof ihm nahelegt, sich zu trennen. Er hingegen will zu seiner Partnerin und seinem Kind stehen. Er lehnt ab – wird zuerst innerhalb des Bistums versetzt. Heute lebt er mit seiner Familie zusammen und arbeitet als Religionslehrer.

Ausgerechnet im vom Papst ausgerufenen Priesterjahr 2009/2010 erreicht die Zahl der Priesteranwärter in Deutschland einen historischen Tiefpunkt. während bei protestantischen Landeskirchen fertig ausgebildete Theologen um die raren Pfarrerstellen Schlange stehen. Weniger als 100 Männer ließen sich 2008 zum Priester weihen.[13] Die Katholiken können gar nicht schnell genug ihre Gemeinden zusammenlegen, um zu kompensieren, wie viele Priester sterben oder pensioniert werden. 2000 kamen noch 12 571 Priester auf 13 214[14] Pfarreien und andere Seelsorgestellen. 2008 mussten sich

10 442 Priester um 12 080 Seelsorgestellen kümmern[15]. Ein Priester ist nun für 15 000 Gläubige zuständig – dreimal so viele wie früher.[16] Für eine Institution, in der sich bisher alles um den männlichen Klerus dreht, weil nur geweihte Priester die Sakramente spenden dürfen, ist das eine Katastrophe. Der zuständige Ortsgeistliche rast nun als Grüßaugust durch die Gemeinden, Weihrauch schwenkend, Stola wickelnd, Kranke salbend, Säuglinge besprenkelnd, die Beichte oder Ja-Worte-fürs-Leben abnehmend – während Pastoralteams die tägliche Arbeit machen, unter ihnen viele Frauen.

Bei der Suche nach Ursachen für den Priestermangel legt der Klerus die geistlichen Scheuklappen an und hat unter anderem den »Katholikenmangel« gefunden sowie den gesunkenen »religiösen Grundwasserspiegel« in der Gesellschaft.[17] Das Zölibatsversprechen kommt in der Ursachenliste nicht vor – auch nicht das Verbot, Frauen zur Priesterin zu weihen. An der Wurzel packt der Vatikan das Übel nicht an. Der Zölibat bleibt. Anderslautende Forderungen lösen beim hohen Klerus großen Ärger aus. Alois Glück, als Vorsitzender des Zentralkomitees der Katholiken der oberste katholische Laie, sagt, er könne sich vorstellen, dass auch verheiratete, »bewährte« Theologen zum Priester geweiht würden.[18] Antwort des Augsburger Bischofs Mixa: »Man könnte erwarten, dass der Vorsitzende des Zentralkomitees angesichts eines zunehmend aggressiven Atheismus und der Verdunstung menschlicher Werte in unserer Gesellschaft andere Sorgen hat als eine neuerliche Debatte über den Zölibat vom Zaun zu brechen.«[19] Ob »religiöser Grundwasserspiegel« oder »Verdunstung« von Werten – die Herren kümmern sich lieber um die spirituellen Aggregatzustände des Wassers als um eine offene Diskussion in ihrer Kirche.

Die Kirche sucht stattdessen, mit neuem Personal aus der großen Weltkirche den Mangel zu beheben – ein Priester-import über die Organisation »Neokatechumenaler Weg« wird angekurbelt. Den schwärmerischen Praktiken des »Weges« öffnet sich die Kirche bereitwillig – einfach weil es Erfolg verspricht. Auf eine ähnliche Weise wie evangelikale oder pfingstlerische Protestanten rekrutiert »Der Weg« Jungen und Mädchen, die sich »dem Herrn« widmen wollen.

Erweckung auf Katholisch

Der »Neokatechumenale Weg« ist vom Vatikan als eine offizielle Kirchenbewegung akzeptiert, obwohl er manche katholischen Regeln so weit auslegt, wie es anderen nicht erlaubt wird. Die Messe zelebriert »Der Weg« in vielen Gemeinden getrennt von den anderen; dabei gibt es kein Vorne und Hinten mehr, wie eigentlich verlangt, sondern die Teilnehmer versammeln sich in einem großen Kreis um den Altar. Die Treffen der Bewegung ähneln dem, was protestantische Erweckungsprediger, brasilianische Pfingstler oder US-amerikanische Evangelikale veranstalten. Das konnte man bei einem Open Air am Montag, dem 22. August 2005, in den Bonner Rheinauen beobachten. Eigentlich war das Großereignis »katholischer Weltjugendtag« in Köln seit dem Vortag vorüber. Der Papst war nach der Sonntagsmesse mit rund einer Million Besuchern auf dem »Marienfeld« bei Kerpen in seine Sondermaschine gestiegen und wieder abgereist. Aber nun reiben sich die Bonner verwundert die Augen. An ihnen ziehen, wie in den Tagen zuvor, Hunderte singende Pilgergruppen vorüber.[20] Schließlich sollen es 95 000 sein, die sich in den Rheinauen vor einer Tribüne mit einem riesigen dreiflügeligen Altarbild versammeln, das Christus als Weltenherrscher zeigt, mit seinem Versprechen »Ich komme bald«.

Dieses Mal wird die Messe nicht vom Fernsehen übertragen oder aufgezeichnet – die Gläubigen bleiben unter sich bei diesem »Berufungstreffen« ihrer Bewegung, zu dem Pilgergruppen aus aller Welt angereist sind – viele aus Italien und aus den Staaten Osteuropas, ja sogar aus China. Auf ihrer Anreise in

Bussen haben irakische Christen unterwegs in befreundeten neokatechumenal orientierten Gemeinden übernachtet. Wie wichtig die katholische Weltkirche dieses Treffen nimmt, zeigt die Präsenz von zwölf Kardinälen und 60 Bischöfen aus allen Teilen der Welt. Aus Rom ist der Präfekt der Kongregation für den Klerus, Kardinal Dario Castillon Hoyos, anwesend. Denn es geht um sein Fachgebiet: Rekrutierung von Kirchenpersonal. Eine Prozession von 1700 Priestern, die die Reisegruppen begleitet haben, zieht ein. Zu jeweils siebt begleiten sie eine liliengeschmückte Madonnenstatue. Der Kölner Kardinal Joachim Meisner verkündet jovial und leicht kokett: »Ich bin seit 43 Jahren Priester und bezeuge vor Gott und allen Menschen, dass ich auf keine andere Art so glücklich hätte werden können, wie eben als Priester. Wenn ich noch einmal geboren werden wollte, würde ich ohne Zögern diesem Ruf wieder folgen, allerdings lieber ohne Mitra!« Dann übernimmt der Spanier Kiko Arguella, einer der beiden Gründer des »Weges«, das Mikrofon und eröffnet den Höhepunkt des Treffens: Er zeigt auf das Kreuz und fragt: »Wenn es hier einen Jungen gibt, der spürt, dass Gott ihn ruft, Priester zu werden, dann soll er aufstehen und nach vorne kommen!« Erst erheben sich einzelne Jugendliche, dann immer mehr und gehen unter aufbrausendem Applaus in Richtung Tribüne. Rund 2000 junge Männer treten in langen Reihen vor, knien vor den Bischöfen und lassen sich von ihnen segnen. Später dann sind die weiblichen Anhänger an der Reihe. Etwa 1700 junge Frauen knien auf der Bühne nieder und versprechen – den Blick ernst zu Boden gerichtet – ihr Leben der Kirche.[21] Was wird aus den Gelübden? Kehren die Frommen erst einmal in ihre Gruppen, ihre Gemeinden und ihre Familien und nach Hause zurück, setzt ihr öffentliches Versprechen sie unter hohen Erwartungsdruck – die Umgebung wird beobachten, ob sie ihre Zusage an Gott einhalten, die sie im Überschwang religiöser Gefühle vor aller Augen abgegeben haben.

Erweckung evangelikal

Derartigen Gruppendruck gibt in es in den sektenartigen Gruppen sowohl bei den Katholiken als auch bei Protestanten – und derartige Entscheidungssituationen kenne ich persönlich. Isoliert von der restlichen Welt entscheiden. In mich selbst horchen, unter dem Druck einer Gruppe, von der jeder Einzelne annimmt, dass sie so denkt wie der da vorne, versuchen nachzudenken und zu spüren, ob »der Herr« ruft. Die Prediger warten geduldig, dass der Einzelne das Richtige spürt, und siehe da, der Einzelne und die Gruppe verschmelzen und alle spüren und denken dasselbe. So ging es mir, als mich mein Vater als 14-Jährigen, kurz nach dem Tode meiner Mutter, gefragt hat, ob ich nicht zu einer »Segelfreizeit« nach Holland fahren wollte, mit den Jugendlichen der Gemeinde in Köln-Flittard, die evangelikal orientiert war. Aber das Wort kannte ich da noch nicht, und ich wusste überhaupt nicht, was mich erwartete. Segeln lernen, das ist ein attraktives Angebot, ich mache es heute noch gerne. Aber vormittags vor dem Segeln und abends nach dem Segeln galt es, Gebete zu sprechen und »Bibelarbeiten« zu hören. Auf jedem Gemeinschaftszimmer gab es mindestens einen zuverlässigen ehrenamtlichen Gruppenleiter, der jeden Neuen irgendwann fragte, in einem seelsorgerlichen Gespräch, so wie dieser Kiko Arguella auf der Rheinwiese in Bonn, ob ich denn nicht mal im Gebet Jesus fragen wollte und mich bekehren. Und tatsächlich, ich nahm das ernst, fragte und betete, wollte mal wissen, ob das real ist. So ganz sicher war ich nicht, was ich dabei denken und spüren sollte, aber dann, nach ein paar Tagen, entschied ich mich, ich hätte da ziemlich sicher einen Ruf gespürt, und: »Ja, ich will mich bekehren« – und habe mich, weil ich mich und meine Versprechen ernst nehme, für fast fünf Jahre verabschiedet aus dem normalen Leben eines pubertierenden Jugendlichen. Das ist nun über 30 Jahre her, aber in den ganzen 30 Jahren habe ich nie einen einzigen katholischen oder evangelischen Weltanschauungsbeauftragten Strukturen und Praktiken in der eigenen Kirche beklagen hören, die Jugendliche abhängig und hörig machen. Der oben erwähnte Sektenbeauftragte Andrew Schäfer von der Rheinischen Landeskirche hat mir versprochen, er werde jedem solcher Verdachtsfälle auch innerhalb der eigenen Kirche nachgehen. Wer aktuell von abhängig machenden evangelisch-landeskirchlichen Praktiken betroffen ist, kann die Ernsthaftigkeit des Angebots testen.

Die Öffnung der Landeskirchen gegenüber den Evangelikalen

Gemeinden wie jene, in der ich die Mitte der 1970er Jahre verbracht habe, rechneten sich der pietistischen Bewegung zu. Den als lasch angesehenen Glauben der evangelischen Landeskirchen schätzten die darin Aktiven gering, im Gegenzug schnitten die Landeskirchen ihre Evangelikalen. Das hatte nicht nur theologische, sondern auch politische Gründe. Die evangelische Frauenarbeit der rheinischen Landeskirche organisierte unter dem Motto »Kauft keine Früchte der Apartheid« einen Südafrika-Boykott. Aber im Mitarbeiterkreis der Köln-Flittarder Gemeinde wurde aus dem evangelikalen Informationsdienst der Evangelischen Allianz (IDEA) vorgelesen: Bei einem Besuch von südafrikanischen Partnergemeinden habe man keine Diskriminierung der Schwarzen feststellen können, hieß es darin. Da platzte mir der Kragen. Das Ende meines Engagements in der Gemeinde näherte sich. Inzwischen sind die Evangelikalen, die angeblich zwei bis drei Millionen Mitglieder repräsentieren, akzeptierter Teil der EKD, die sie mit finanzieller Förderung bedenkt und zusieht, wie sie immer mehr Einfluss gewinnen.

Damals schon redete der Jugendpfarrer Ulrich Parzany als Nachfolger des Essener Jugendpfarrers Wilhelm Busch auf

»Evangelisationen«, zu denen auch die Flittarder Gemeinde pilgerte. Heute spricht der Prediger immer wieder auf dem über Satellit übertragenen »christival«, um Jugendliche zur »Bekehrung« zu bringen. Beim »christival« 2009 sollte es ein Spezialangebot geben: ein Seminar, mit dem Homosexuellen »geholfen« werden sollte, ihre Homosexualität zu überwinden – das Ganze aus Steuermitteln subventioniert. Erst nach öffentlichen Protesten wurde das Seminar aus dem Programm genommen. Aber Parzany sieht den Rat der EKD auf seiner Seite – auch der habe 2002 den »biblischen Widerspruch gegen homosexuelle Praxis« formuliert.[22] Neue Bündnisse werden geschmiedet – die evangelische Kirche driftet nach rechts. Die Sendung »frontal 21« (ZDF) berichtet 2009 über evangelikale Missionsschulen, deren junge fromme Schüler bereit sind, als Missionare den »Märtyrer«-Tod in islamischen Ländern zu sterben, und die ZDF-Moderatorin beschließt das Thema mit den beiden Sätzen: »Bereit sein, für Gott zu sterben: Das klingt vertraut – bei islamischen Fundamentalisten. Doch auch für radikale Christen scheint das zu gelten.«[23] Nicht allein die Evangelikalen, sondern die gesamte EKD reagiert mit Empörung über das ZDF und fälscht in der Presseerklärung die Aussage mit eigenen Assoziationen um zu etwas, das nicht gesagt wurde: »Die verantwortlichen Journalisten können sich unter einem ›Märtyrer‹ offenbar nur den islamistischen Selbstmordattentäter vorstellen«[24] – was ja wohl keiner der in der Sendung befragten jungen Leute vorhabe. Die Angelegenheit zeigt, wie gut die konservativen bibeltreuen Christen mittlerweile bei den Protestanten verdrahtet sind – in Zeiten sinkender Mitgliedszahlen wollen die evangelischen Kirchen diese Klientel auf keinen Fall mehr verprellen.

Auf der Suche nach Hirten und Schäfchen öffnen sich Protestanten wie Katholiken noch weiter nach rechts. Die weiterhin gegenüber dem Papst ungehorsame konservative antisemitische Piusbruderschaft wird wieder in den Schoß der Kirche aufgenommen – weil sie erfolgreich ist. Der Berliner Kardinal Sterzinsky und der Kölner Kardinal Meisner fahren gerne die Ernte des »Weges« ein und bunkern sie bei sich. In ihren Bistümern haben sie der Neokatechumenalen Bewegung neben ihrem bischöflichen Priesterseminar jeweils ein weiteres eigenes Priesterseminar spendiert, damit sie dort Geistliche ausbildet. Als im Juni 2009 Kardinal Meisner im Kölner Dom neun Priester weiht, kommt gut die Hälfte der Kandidaten aus seinem 2001 eröffneten neokatechumenalen Seminar »Redemptoris Mater« zu Bonn. Männer wie Miklas Nuszer aus Rumänien oder Dinesh Petrus Regamy Thillainathan aus Sri Lanka sind nun verpflichtet, in Meisners Bistum zu wirken und dort den Priestermangel zu lindern. Beobachter sehen das Scheitern der importierten Priesterkandidaten voraus: Manche von ihnen, wenn auch nicht die genannten seien arrogante Schnösel, die von der Realität in deutschen Gemeinden keine Ahnung hätten. Die Geschichte wiederholt sich, aber manchmal umgedreht. Früher einmal sind arrogante Schnösel aus Europa nach Asien, Afrika und Lateinamerika gereist, um dort die armen Heiden zu missionieren.

Über das Elend der Theologie und den weichen Fall von Abweichlern

Der Staat zahlt, die Kirchen bestimmen. Bei den Theologieprofessoren, die das Personal für die Kirchen und für den Religionsunterricht ausbilden, ist das der Standard. Teuer wird es, wenn ein solcher Professor der Kirche nicht mehr passt. Er wird abserviert – und der Staat zahlt fortan doppelt, für den Geschassten, der eine neue Aufgabe bekommen muss, und für seinen Nachfolger.

Bekannt ist der Fall des Tübinger Professors Hans Küng, dem 1979 die Missio Canonica, die kirchliche Lehrbefugnis, entzogen wurde, weil er die Unfehlbarkeit des Papstes bezweifelte. Wie alle Staatsbeamten ging er dabei kein wirtschaftliches Risiko ein – seine Weiterbeschäftigung als Professor war garantiert. Die enge Beziehung zwischen Kirche und Staat kostet nur die eine Seite etwas, den Staat, also uns alle. Im Herbst 2009 entschied sich der katholische Priester Michael Schulz, seine Liebesbeziehung ans Licht zu bringen und seine Freundin zu heiraten – so wie vor ihm Hunderte andere Priester. So weit, so gut für das glückliche Paar. Nur wirkte Pater Schulz bis dahin als Theologieprofessor und Dekan der Theologischen Fakultät an der Universität Bonn. Das Lehrpersonal an den theologischen Fakultäten wird zwar vom Staat bezahlt, es wird aber nur dort verbeamtet, wenn der regionale Bischof keine Einwände gegen seinen Lebenswandel oder seine Lehre hat. Und wenn ein Lehrer an einer theologischen Fakultät »der katholischen Lehre zu nahe treten oder einen schweren oder ärgerlichen Verstoß gegen die Erfordernisse des priesterlichen Lebenswandels« begeht, darf der zuständige Bischof das dem zuständigen Minister anzeigen, und der hat für Abhilfe und »einen dem Lehrbedürfnis entsprechenden Ersatz« zu sorgen. So steht es im Preußenkonkordat von 1929 geschrieben, dem sich auch Nordrhein-Westfalen noch verpflichtet hat. Professor Schulz ist Staatsbeamter und hat sich gegenüber dem Staat nichts zuschulden kommen lassen. Er hat also Anspruch auf angemessene Weiterbeschäftigung. Als Dogmatiker ist er nach Angaben von Menschen aus seiner Fakultät beliebt, aber nun muss er, der sich vorzugsweise mit »Trinitätstheologie und -philosophie, Wahrheitsanspruch des Christentums und Religionspluralismus in der Postmoderne, Ur- und Erbsünde« beschäftigt[25], irgendwo bei der Uni Bonn unterkommen. Man kann sich denken, dass die philosophische Fakultät höchst ungern einen Professor mit diesem Profil mit allgemeiner philosophischer Lehre und Forschung betraut.

Der Skandal der Konkordatslehrstühle

Manche Kirchenverträge sichern den Katholiken sogar Einfluss über ihren eigenen theologischen Vorgarten hinaus. Sie schreiben dem Staat »Konkordatslehrstühle« vor, nichttheologische Professuren. Das greift besonders weit in die Freiheit der Forschung und Lehre ein. In Bayern hat die Kirche gemäß dem Konkordat mit dem Freistaat ein Mitspracherecht bei der Besetzung von 22 Lehrstühlen, ein Privileg, das der Vatikan dem Freistaat erst 1968 abgehandelt hat, im Tausch gegen die Abschaffung staatlicher katholischer Volksschulen. Die Konkordatslehrstühle sind in Fachbereichen angesiedelt, die für das erziehungswissenschaftliche Studium zuständig sind: Philosophie, Gesellschaftswissenschaften, Pädagogik. Auf die Professorenstellen dürfen nur Gelehrte berufen werden, gegen die – so der Konkordatstext – »hinsichtlich ihres katholisch-kirchlichen Standpunktes keine Erinnerung zu erheben ist«. Der jeweils zuständige Bischof hat also ein Vetorecht bei einem großen Anteil der Lehrenden – damit übt die Kirche einen enormen Einfluss auf die betroffenen Fächer aus. Ein Viertel der bayerischen Professoren für Politikwissenschaft hängen vom Wohlwollen der Kirche ab, ein Drittel der Soziologieprofessoren und sogar 58 Prozent der Philosophieprofessoren.[26] Folglich achten schon die Berufungskommissionen der Universitäten auf den richtigen katholischen Standpunkt – der Bischof braucht gar nicht erst einzugreifen. Nur ein einziger Protestant hatte 2007 in Bayern einen Konkordatslehrstuhl inne, aber der war katholisch verheiratet und hatte sich verpflichtet, seine Kinder katholisch zu erziehen.[27] Natürlich wirkt ein solch großer Einfluss der Kirche diskriminierend gegen nichtkatholische Wissenschaftler, die sich auf eine freie »Konkordatslehrstuhl«-Stelle bewerben wollen. Deshalb klagte der Wissenschaftler Alexander von Pechmann mit breiter Unterstützung durch andere Wissenschaftler gegen diese Praxis.

Doch ob die Konkordatslehrstühle rechtlich Bestand haben, wurde nicht geklärt. Denn von Pechmann machte den Fehler, sich entmutigen zu lassen und erst gar keine Bewerbung abzuschicken; deshalb wurde seine Klage abgewiesen.

In den Augen der katholischen Kirche können die 22 Konkordatslehrstühle in Bayern sogar noch als großes Entgegenkommen gegenüber der Gesellschaft angesehen werden. Denn früher hatte die Kirche 100 Prozent Einfluss auf die Professoren. Das erste Bayernkonkordat von 1817 billigte dem Vatikan das Recht zu, über sämtliche Lehrstühle zu bestimmen, die sich mit Bildungsfragen beschäftigen. Erst nach und nach war die Kirche gezwungen, davon zurückzuweichen.[28]

Auch im Gebiet der früheren Länder Preußen und Baden gibt es einige katholisch mitbestimmte Lehrstühle, so an den Universitäten Freiburg und Bonn, wo es auch um den Schutz der katholischen Minderheit gegenüber dem protestantischen Beamtenapparat ging, der sonst – so befürchtete man – alle »Gesinnungsfächer« mit evangelisch denkendem Lehrpersonal besetzt hätte.[29] Dass Stellen beim Staat nach Proporz zwischen Katholiken und Protestanten verteilt wurden, kann man sich heute kaum noch vorstellen, war aber bis weit in die 1960er Jahre und bis in die Bundesregierung hinein Realität.

Die Macht kirchenfrommer Wissenschaftler

Die schiere Menge der theologischen Wissenschaftler, die nach kirchlichen Grundsätzen ausgebildet wurden, hat großen Einfluss darauf, wie wir Religion und die Rolle der Kirchen in Gegenwart und Vergangenheit sehen. Denn wer forscht über die Geschichte der Mission in Entwicklungsländern? Ein Theologe mit kirchlich-approbierter Ausbildung und entsprechendem Blickwinkel. Auch die Lehrstühle für vergleichende Religionswissenschaften sind in der Regel mit kirchennahen Professoren besetzt – obwohl eigentlich gerade in diesem Fach Kirchenunabhängigkeit angebracht wäre. Und wer wohl schreibt die geschichtliche Untersuchung darüber, wie über die bundesdeutsche Militärseelsorge in den 1950er Jahren entschieden wurde? Eine Theologieprofessorin, die das sozialwissenschaftliche Institut der Bundeswehr leitet. Ihr Fazit zum Thema: Die Bundeswehrplaner hätten mit der Militärseelsorge »Strukturen« geschaffen, die »Menschen in ihrer Verantwortung für Mitmenschen stärken«.[30]

Dass sie sich auf kritisches Gelände vergaloppieren, ist bei im Kirchenstall gezähmten Pferden selten zu erwarten. Und wenn sie dennoch ausschlagen, dann hat das Konsequenzen. Die Theologin Uta Ranke-Heinemann bezweifelte die Jungfrauengeburt Jesu – und verlor 1987 ihre kirchliche Anerkennung. Professor Gotthold Hasenhüttl feierte beim ökumenischen Kirchentag 2003 in Berlin zusammen mit Protestanten das Abendmahl – er verlor sein Priesteramt und seine kirchliche Lehrbefugnis.

Der Regensburger Bischof Gerhard Ludwig Müller drohte im Februar 2009 drei von ihm abhängigen Regensburger Professoren, die den Papst durch Unterzeichnung einer Petition kritisiert hatten. Der Tonfall des Bischofs spricht für sich: »Sie wissen zweifellos, dass ich als Bischof das Recht der Theologiestudierenden auf eine wissenschaftlich kompetente Theologie und die kirchliche Gesinnung jedes akademischen Lehrers zu wahren habe.« Er fährt fort mit einer Drohung: Sollten sich die drei Hochschullehrer nicht binnen zwei Wochen von der Petition distanzieren, beim Heiligen Vater entschuldigen und »das Glaubensbekenntnis und den Treueeid gemäß der beigefügten Formel vor mir persönlich« ablegen, dann zwinge das den Bischof zu »weiteren Schritten«.[31] Seitdem hängt das Damoklesschwert des Entzugs der kirchlichen Lehrerlaubnis über den Professoren.

Das Verbot, konsequent zu Ende zu denken

Dass Theologieprofessoren gezwungen werden, beim von der Kirche definierten Glaubensweg zu bleiben, ist aber nichts exklusiv Katholisches. Der Göttinger evangelische Theologe Gerd Lüdemann hat eindrucksvoll geschildert[32], wie er zuerst durch die Theologie seinen Glauben verloren hat und dann von Kirche und Staat gebrandmarkt und ins Abseits gestellt wurde. Schon während des eigenen Studiums fiel Lüdemann ein krasser Gegensatz zwischen wissenschaftlicher Lehre und Predigt auf. Dieselben Theologie-Professoren, die im Uni-Seminar lehrten, dass Jesus nicht von den Toten auferstanden sei, predigten den Gläubigen beim Universitätsgottesdienst das Gegenteil. Im Gottesdienst brachten die Theologen ihrer Gemeinde Abraham und Moses als reale Charaktere nahe, in der Vorlesung hingegen referierten sie, dass Abraham gar nicht existiert habe und von Moses wenig mehr als sein ägyptischer Name bekannt sei. Für alle, die Theologie studieren, sind solche Aussagen ein alter Hut: Denn alle Texte im Alten und Neuen Testament wurden über Jahrhunderte hinweg von Menschen geschrieben – oft erst Jahrzehnte oder Jahrhunderte nach den geschilderten Geschichten beziehungsweise Legenden. Alles, was Menschen schreiben, ist von ihrem persönlichen Horizont und ihren Lebensumständen geprägt. Die Autoren der Bibeltexte schreiben mit einer bestimmten Absicht, um bei ihren Lesern etwas zu erreichen. Sie formulieren Literatur ihrer Zeit, mal Fiktion, mal subjektiv gefärbten Tatsachenbericht, mal Brief, mal Gedicht, mal Vision, mal frommes Traktat, mal aktuelle Streitschrift. Mithilfe der historisch-kritischen Methode können Theologen einigermaßen sicher feststellen, was eine historische Beschreibung von Geschehnissen ist und was Legende oder Dichtung. Beispielsweise ist das Matthäusevangelium aus anderen literarischen Vorlagen 40 bis 70 Jahre nach Jesu Tod geschrieben worden. Darin nimmt

Jesus nämlich Stellung zu internen Konflikten der jüdisch-christlichen Gemeinde, die zu seiner Zeit noch gar nicht existierten – sie wurden ihm ganz offensichtlich in den Mund gelegt, um Gegner in den eigenen Reihen und Ungläubige zu bekämpfen oder zu überzeugen.[33] Selbst wer die Gegenthese aufstellt, alles in der Bibel sei zwar durch Menschen aufgeschrieben worden, aber Gott habe ihnen die Feder geführt, muss versuchen, die Widersprüche dieser Textsammlung zu klären und das Historische von dem Interpretierenden zu trennen. An der historisch-kritischen Methode führt kein Weg vorbei, wenn sich die Theologen nicht in die Beliebigkeit des nicht hinterfragbaren persönlichen Glaubenserlebnisses flüchten.

So gut wie alles, was die Gemeinde, ob katholisch oder evangelisch, jeden Sonntag in Messe und Gottesdienst als Glaubensbekenntnis spricht – Jungfrauengeburt, Auferstehung, Gottessohnschaft, Dreifaltigkeit – ist mit den Erkenntnissen der historisch-kritischen Forschung nicht vereinbar. Bestand hat allenfalls das Bekenntnis, an die »heilige christliche Kirche« zu glauben – denn deren Macht und Existenz ist unbestreitbar.

Ungezählte Pfarrer und Theologielehrer leben mit dem Dilemma und geloben bei ihrer Ordination oder Weihe trotzdem, die Lehren und Bekenntnisse der Kirche zu predigen – und handeln auch danach. Theologe Lüdemann hingegen wagte es, zu Ende zu denken. Er hielt den Widerspruch nicht mehr aus und bekannte im März 1998 öffentlich: »Ich bin kein Christ.« Umgehend intervenierten die protestantischen Kirchenjuristen bei der niedersächsischen Landesregierung und verlangten ein Disziplinarverfahren gegen Lüdemann. Aber dem grundsätzlichen Konflikt, den das bedeutet hätte, wich der Staat aus. Lüdemann wurde trotzdem kaltgestellt. Er darf weiter lehren, aber man entzog ihm seine Prüfungserlaubnis für Theologie. Dagegen klagte er durch alle Instanzen bis zum Bundesverfassungsgericht – erfolglos. Denn das Gericht setzte 2008 seine traditionell kirchenfreundliche Rechtsprechung fort: Was Lüdemann passiert ist, sei zwar ein Eingriff in die Wissenschaftsfreiheit, bestätigten die Verfassungsrichter; aber diese Freiheit »findet ihre Grenzen am Selbstbestimmungsrecht der Religionsgemeinschaften«, und die seien nun einmal bekenntnisgebunden.[34] Theologie ist also nach höchstrichterlicher Rechtsprechung keine Wissenschaft, sondern letztlich eine Glaubens-Bekenntnis-Angelegenheit. Wenn das Regel an den Universitäten würde, dann dürfte es auch unterschiedliche Bekenntnisse unter Physikern geben: Wer nicht an die Entstehung des Universums durch einen Urknall glaubt, verliert seine physikalische Lehrerlaubnis – ob er nun seine anderslautende Theorie begründen kann oder nicht.

Der ungläubige Professor Lüdemann hat längst einen Vorschlag gemacht, wie das Dilemma gelöst werden könnte: von den Kirchen unabhängige religionswissenschaftliche Fakultäten zu bilden, aus deren Absolventen die Kirchen mithilfe einer eigenen Prüfung ihr Personal rekrutieren. Aber eine derart logische und konsequente Trennung von Staat und Kirche fand nirgendwo Anhänger, nicht beim Staat, und bei den Kirchen schon gar nicht.

Der »christlich-islamische Dialog«: Ein Vehikel für Verkirchlichung und Islamisierung

Nach staatskirchlichem Muster: Islamischer Religionsunterricht

Es ist sehr gut, wenn Muslime und Christen miteinander sprechen. Aber wie führt man einen Dialog, der den Namen verdient? Wichtig ist, dass die Dialogführenden bereit sind, sich selbst infrage stellen zu lassen, sich zu verändern. Doch das ist bei Kirchen ausgeschlossen, ja bei einem interreligiösen Dialog überhaupt. Denn, bei allem gutem Willen: Wie sollen Gesprächspartner wirklich aufeinander zugehen können, wenn sie sich beide auf nicht hinterfragbare »Letztbegründungen« stützen?

Den »christlich-islamischen Dialog« führen die Kirchen mit Hintergedanken. Er stärkt ihre gesellschaftliche Position. Mehr noch: Der Dialog soll die Organisation der Schwesterreligion Islam verändern. Weil die Katholiken und die Protestanten weitermachen wollen wie bisher, muss sich der Islam der christlichen Kirchenverfassung angleichen. Die lieb gewordenen Kirchenprivilegien wären nämlich endgültig unglaubwürdig, würden sie nicht irgendwann auch den Muslimen gewährt.

Wenn zum Beispiel in vielen Schulklassen mehr Muslime als Katholiken oder Protestanten sitzen, dann ist es lächerlich, allein auf staatlichem christlich-konfessionellem Religionsunterricht zu beharren, ohne gleichzeitig islamischen Religionsunterricht zu fordern – und im nächsten Schritt die staatlich organisierte und finanzierte Ausbildung der muslimischen Religionslehrer. Und um das alles politisch kontrollieren zu können, müssen Verträge nach dem Muster der Kirchenverträge her. Der Hamburger Oberbürgermeister Ole von Beust (CDU) arbeitet bereits an einer Vereinbarung mit den Muslimen über Religionsunterricht.[1] Auch die Grünen-Politikerin Katrin Göring-Eckardt, die auch Vorsitzende der EKD-Synode ist, spricht sich für derartige Vereinbarungen aus.[2] Für Staatsverträge mit den Muslimen bemühen Politiker wie der niedersächsische Ministerpräsident Christian Wulff (CDU) hehre Argumente: Der »Fundamentalismus« könne zurückgedrängt werden, indem sein Bundesland sich mit den Muslimen »über Themen wie die Rolle der Frau, Menschenrechte und Demokratie« verständige.[3] Verhaltensänderungen per Vertrag – das Publikum ist gespannt, ob das funktioniert.

Mit dem staatlichen islamischen Religionsunterricht wird den Muslimen etwas spezifisch Deutsches aufgedrängt, denn eigentlich ist selbst den meisten islamischen Staaten staatlicher Religionsunterricht fremd.

Werdet wie wir!

Der Islam, obwohl eine politischere Religion als das Christentum, ist erheblich anarchistischer und staatsferner organisiert als die christlichen Kirchen in Deutschland. So hat die deutsche Politik ein Problem: Auf der Gegenseite fehlt ein glaubwürdiger und legitimer Vertragspartner. Am liebsten wäre den Politikern – wie bei den Kirchen – eine Körperschaft öffentlichen Rechts, und zwar eine einzige. Doch die unterschiedlichen islamischen Verbände sind einander nicht grün. Sie sind nach den Herkunftsstaaten der Muslime sowie nach politischer und religiöser Ausrichtung zersplittert. Außerdem ist es nicht üblich, dass jeder, der sich als Muslim betrachtet, Mitglied eines Moscheenvereines wird. Die Mitglieder der Moscheenvereine sind nur der harte Kern, und an der lokalen Basis sind die Muslime viel beweglicher, als es den obersten Islam-Funktionären lieb ist. Ob ein Türke die örtliche Moschee des türkeihörigen Dachverbandes DITIB besucht oder kurz darauf vielleicht die Moschee des unter Islamismus-Verdacht stehenden Verbandes Milli Görüş, das kann auch davon abhängen, welcher Verein die bessere Fußballmannschaft sponsert, den besseren Nähkurs bietet, den schöneren Billardtisch hat oder welche Moschee näher liegt. Dass Millionen Muslime massenhaft zum Gebet in die Moscheen strömen würden, ist bisher niemandem aufgefallen; es dürfte sich um eine Minderheit handeln. Wie viele Muslime es überhaupt gibt, ist unsicher, weil es einen offiziellen dokumentierten Eintritt oder Austritt in den Islam nicht gibt. Jeder, der den Glaubenssatz ausruft, dass Allah der einzige Gott sei und Mohammed sein Prophet, kann sich anschließend als Muslim bezeichnen. Viele von den 3,3 bis 4,3 Millionen Menschen[4] in Deutschland, die dem Islam zugerechnet werden, besuchen gar nicht die Moschee, sie sind säkularisierte Muslime oder Aleviten, oder sie praktizieren ausschließlich privat einen ganz individuellen Islam. Es ist also völlig unklar, wen die Islam-Funktionäre eigentlich genau vertreten haben, die im Herbst 2006 zur »Islam-Konferenz« beim Bundesinnenminister angereist sind.[5]

All das passt den Kirchen und den Politikern nicht. Sie raten den Muslimen: »Werdet wie wir!« Das geht bis in Details. Warum beten Männer und Frauen bei euch getrennt, fragen sie die Muslime und bitten um Abhilfe. Dabei ist es vielen muslimischen Frauen nur recht, wenn niemand das regelmäßige Beten in der Moschee von ihnen erwartet.

Der Forderung, für einen politischen Ansprechpartner zu sorgen, kommen die Imame und Funktionäre von vier islamischen Organisationen nur allzu gerne nach. Sie gründeten 2007 einen Dachverband, den Koordinierungsrat der Muslime. Doch weil er »viel konservativer und gleichzeitig hochgradig politisiert« ist, wie der Islamwissenschaftler Johannes Zimmermann sagt, repräsentiert der Koordinierungsrat nach Einschätzung von Experten weder zahlenmäßig noch ideologisch die Muslime in Deutschland.[6]

Frauen unterdrücken – das ist so christlich wie islamisch

Islam = Problem. Christentum = kein Problem. Das sind die einfachen Gleichungen der Mehrheitsgesellschaft zum christlich-islamischen Dialog. Rechts und links von den Religionen wird nach Ursachen für Frauenunterdrückung, Gewalt und Extremismus nicht so genau gesucht. Wo ein Dialog zwischen Morgenland und Abendland angebracht wäre, finden stattdessen intensive Diskussionen über christliche und muslimische Texte und Überlieferungen statt. Doch es ist auch hierzulande nicht lange her, gerade auch in adligen und bäuerlichen Kreisen, dass Mädchen und Jungen gegen ihren Willen miteinander verheiratet wurden. Zwangsverheiratung also im christlichen Abendland! Und täglich sind Frauen aller Religionen körperlichen Gewalttätigkeiten ihrer Partner ausgesetzt. Nach dem christlich-abendländischen Hintergrund von prügelnden deutschen Eingeborenen fragt aber niemand; obwohl feministische Theologinnen seit Langem darauf verweisen, dass es sich lohnte: In den viel gepriesenen zehn Geboten kommt die eigene Partnerin – anders als die Eltern – nur als Besitz vor, nicht als zu ehrender Partner. Bis ins 20. Jahrhundert hinein wurde im europäischen Christentum die Frau als die Hauptschuldige an der »Erbsünde« gesehen.[7] Im Alten Testament sieht Gott das ungehorsame Jerusalem als Frau: »Ich habe gesehen deine Geilheit, deine freche Hurerei, ja, deine Gräuel auf den Bergen« (Jer. 13, 27). Und Gott droht mit Vergewaltigung: »Um der Menge deiner Sünden willen wird dir dein Gewand aufgehoben und wird dir Schande angetan« (Jer. 13, 22). Für von »häuslicher Gewalt« betroffene Frauen ist die christliche Sündentheologie Gift. Sie kann Frauen dazu bringen, in einer gewalttätigen Beziehung zu verharren, denn Betroffene geben sich ohnehin oft selbst die Mitschuld an ihrem Leiden. Wenn eine Frau von ihrem Partner bedroht und misshandelt wird, dann wirken Jesu ach so befreiende Gebote lähmend: die eigene Schuld zu bekennen, den Feind im eigenen Bett zu lieben und ihm zu vergeben – das ist nicht die richtige Strategie gegen Gewalt in Beziehungen.[8] Frauen sollen in der Gemeindeversammlung schweigen, schreibt der Apostel Paulus: »Wollen sie aber etwas lernen, so sollen sie daheim ihre Männer fragen« (1. Kor. 14, 35). Unter Berufung auf diese Paulusworte ließen die protestantischen Würdenträger Frauen erst ab der Jahrhundertwende 1900 Theologie studieren und erst ab den 1920er Jahren Kirchenämter innehaben. Bis in die 1960er Jahre dauerte es, dass Frauen auch als evangelische Pfarrerinnen vollgültig ordiniert werden durften. Nein, doch nicht vollgültig: Mit einer Heirat verloren sie umgehend ihre Pfarrstelle. Volle Gleichberechtigung gibt es in der nordelbischen evangelischen Landeskirche erst seit 1979.[9] Es wäre naiv zu glauben, dass die patriarchalen und frauenfeindlichen Traditionen in den Kirchen keine Auswirkungen auf die christlich-abendländische Kultur und ihre Gewalttäter gehabt hätten.

Wenn aber ein Einwanderer Frauen und Mädchen unterdrückt, dann fragt man nach der »Frauenrolle im Islam«. Der Dialog ist hohl, seine Teilnehmer sind auf mindestens einem Auge blind.

Mit der Furcht vor Zwangsehen
zu mehr Aufmerksamkeit

Den Islamfunktionären aber kommt es auf eine vertrackte Weise sehr gelegen, wenn ihre Religion als ein Problem diskutiert wird. Es sichert ihnen eine öffentliche Aufmerksamkeit, die einem Mann wie Bekir Alboğa, Dialog-Beauftragter der vom türkischen Staat gelenkten Organisation DITIB, Gelegenheit gibt, in einer Fernsehtalkshow zu betonen: Sein Verein stehe auf dem Boden des Grundgesetzes; und die verfassungsgemäße Religionsfreiheit garantiere Muslimen das Recht, ein Mädchen aus »religiösen Gründen« vom Schwimmunterricht in der Schule fernzuhalten.[10]

Was eine Frage von Erziehung und Bildung ist, von Frauenrolle, Kindesentwicklung und Kultur, wird von beiden Seiten im Verbund mit den Medien auf eine religiöse Fragestellung verengt. Das ist nicht nur im Interesse der Islamfunktionäre, sondern auch im Interesse des christlichen Klerus. So kann er die eigene Konfession als die fortschrittliche, dem westlichen Lebensstil angemessene Weltanschauung präsentieren, vor dem düsteren Hintergrund eines angeblich rückständigen Islam, und so laden sich im allerorten stattfindenden »christlich-muslimischen Dialog« die Religionen gegenseitig mit Wichtigkeit auf und verhindern ein Entgegenkommen auf anderen Ebenen. Alboğa spricht in derselben Talkshow mit CDU-Politiker Wolfgang Bosbach, dem es bei diesem Gegenüber leichtfällt, seine Religion als die humanere zu präsentieren.

Doch sind Frauenunterdrückung und »Ehrenmorde« wirklich ein islamisches Phänomen? Welchen Einfluss haben die Geschichte, die Kultur und das Gesellschaftssystem in den Herkunftsländern der muslimischen Migranten, welchen Einfluss ihr oft isoliertes Leben in Deutschland?[11] Darüber wird – auch wegen des Kircheneinflusses – kaum diskutiert. Die Disputanten suchen stattdessen im Koran nach Antworten, und prompt lesen auch die einfachen Muslime wieder im Koran und grenzen sich immer mehr gegenüber der »christlichen« Mehrheitsgesellschaft ab. Der »christlich-islamische Dialog« verstärkt ihre Islamisierung.

Notwendig wäre ein offener christlich-islamisch-jüdisch-agnostisch-atheistischer Dialog. Die weltliche Zivilgesellschaft trägt eine Mitschuld, dass dieser nicht stattfindet. Die Nichtgläubigen überlassen den Kirchen das Feld, weil es bequemer so ist. Dialoge mit weiterem Horizont finden kaum statt, aber der christlich-muslimische Frauenkreis Viersen trifft sich und spricht über »Jesus im Koran«[12] – als ob das weiterhülfe. Im »Dialog« grenzen sich die Muslime ganz besonders gegenüber der säkularisierten Gesellschaft ab – noch stärker als gegenüber den Christen. Wie ich bei der Recherche zu einem Film über Moscheenbau in Deutschland feststellen musste, verstehen sich die lokalen Vertreter von muslimischen Gemeinden zwar oft gut mit Kirchenvertretern und pflegen mit christlichen Gemeinden Kontakt. Nichtgläubige hingegen nennen sie abfällig gottlos. »Wie Tiere« lebten alle, die keinen Gott haben, sagten mir Vorstandsmitglieder von Moscheenvereinen, und das nicht nur einmal. Im dauernden Kontakt mit Verfechtern des angeblich besseren »christlichen Menschenbildes« festigen auch die Muslime ihre Überzeugung, Religiöse seien die besseren Menschen, vor allem die Anhänger der drei Religionen, die sich auf Abraham beziehen.

Lieber ein Schutthaufen als eine Moschee

Bei der Moscheenfrage ist Doppelzüngigkeit im Spiel. Einerseits befürworten sowohl die katholische als auch die evangelischen Kirchen, dass die zweitgrößte monotheistische Religion in

Deutschland endlich genügend würdige Versammlungshäuser bekommt. Aber eher verwandeln sie ihre eigene Kirche in einen Schutthaufen, als sie in die Hände der muslimischen Brüder zu übergeben. In Essen will sich die katholische Kirche von 25 Kirchengebäuden trennen. Bistumssprecher Ulrich Lota: »Keine wird an Muslime verkauft. Das würde den Schmerz der Menschen verstärken.« Aha, so ist das also mit der Geschwisterlichkeit von Abrahams Enkeln. Lota begründet es dann noch mit der Fürsorge für andere: »Das wäre auch den Muslimen nicht dienlich.«[13] In Hamburg seien 35 denkmalgeschützte Kirchen gefährdet, weil sie überflüssig sind, schätzt der Senat, aber der evangelische Bischof Hans Christian Knuth will keine Verbeugungen gen Mekka darin sehen. Denn, so Knuth, bei aller Bereitschaft zum Dialog und zur Koexistenz dürfe es nicht zu einer »Religionsvermischung« kommen.[14] Ähnlich die Sprecherin der Westfälischen Evangelischen Landeskirche: Die Umwidmung einer Kirche in eine Moschee sei »emotional für beide Seiten zu belastend«. Man wolle Überfremdungsängste nicht noch bestärken.[15] Auch Margot Käßmann wollte als Bischöfin Rücksicht auf die Gefühle früherer Gemeindemitglieder nehmen und sprach sich für den Abriss von Kirchen aus statt für eine Nutzung als Moschee.[16]

Wahrscheinlich ist Käßmanns Einschätzung richtig, dass ihre Kirchenmitglieder, von denen nur noch jeder 26. die Kirchengebäude sonntags besucht, eine Art von osmanischer Invasion vor sich sehen, wenn leere Kirchen zu Moscheen werden – so wie auf dem vor Jahrhunderten von den Muslimen besetzten Zypern. Bei einer Besichtigung der Selimiye-Moschee in Nikosia, die früher einmal die Sophienkathedrale war, kann man allerdings den respektvollen Umgang der türkischen Besatzer mit der christlichen Vergangenheit des Gebäudes beobachten. Weil Muslime im Gegensatz zu Christen nicht beim Gebet auf Gräbern stehen wollen, sind die Gebeine zwar aus den Kirchengruften geräumt. Die Grabplatten aber stehen seit Jahrhunderten unversehrt in einem Nebenraum der Moschee-Kathedrale und werden Touristen gerne gezeigt. Die Streifen des riesigen Teppichbodens verlaufen schräg durch das Kirchenschiff; sie zeigen die Gebetsrichtung nach Mekka an. Die Teilnehmer einer deutschen Reisegruppe stapfen darauf herum, recken die Hälse und äußern ihre Beunruhigung. Eine Touristin raunt einer anderen zu: »Sehen wir hier unsere Zukunft?«

Für Intoleranz braucht man kein Vorbild

Die Vorbehalte sind da. Statt aber Vorreiter für religiöse Toleranz zu sein, als die sich die Kirchen gerne geben, ducken sie sich konfliktscheu und opportunistisch weg. Genau dieselben dumpfen antiislamischen Gefühle, die sie mit einem Dialog bekämpfen wollen, geben die Begründung dafür ab, den Muslimen keinen Gefallen zu tun. Viele nicht mehr genutzte Kirchengebäude könnten als Moscheen weiterexistieren. Stattdessen wird binnen weniger Jahrzehnte die konfessionelle Kirchturmpolitik dafür sorgen, dass die christliche Vergangenheit dieses Abendlandes in der Architektur immer weniger sichtbar ist.

Defensiv sind die Kirchen auch gegenüber den Argumenten ihrer Gemeindemitglieder, die ständig auf die Unterdrückung von Christen in der Türkei verweisen, um zu begründen, warum sie in Deutschland doch lieber nicht allzu tolerant sein müssen. Wie bitte? Haben es Vertreter des christlichen Abendlandes nötig, für ihre eigene Toleranz Vorbedingungen zu stellen?

Und wehe, jemand sagt einfach mal, was er als muslimisch gebildeter Mensch über die Seltsamkeiten des Christentums denkt. Der iranischstämmige Publizist Navid Kermani beschrieb mit drastischen Worten, wie abstoßend es doch ist, wenn das Christentum ausgerechnet eine grausame Hinrichtung an einem Kreuz als seine Geburtsstunde zelebriert. Dass so einer zusammen mit ihnen den hessischen Kulturpreis bekommen sollte, gefiel den beiden christlichen Preisträgern Kardinal Karl Lehmann und Ex-Kirchenpräsident Peter Steinacker überhaupt nicht. Da griff der hessische Ministerpräsident Roland Koch zum Telefon und sorgte dafür, dass Kermanis Nominierung rückgängig gemacht wurde. Erst nach großem öffentlichen Aufruhr und einem Gespräch einigten sich die Preisträger doch darauf, gemeinsam den Preis entgegenzunehmen.[17]

Auf keinen Fall aber darf der Christ ein so großes Verständnis für andere Religionen entwickeln, dass er Versatzstücke von ihnen übernimmt. Als der katholische Theologe Perry Schmidt-Leukel[18] sich so seine Patchwork-Religion baute, verweigerten ihm die bayerischen Bischöfe die Lehrbefugnis.[19]

Der christlich-islamische Dialog wird folgenlos bleiben, insbesondere für die Katholiken. Papst Benedikt XVI. hat es im November 2008 auf den Punkt gebracht. Ein interreligiöser Dialog im Sinne von persönlicher Lernbereitschaft aufseiten der Christen sei »nicht möglich.«[20]

Das »christliche Menschenbild«

Wie die Kirchen ihre Rolle überhöhen

Letztlich steht immer dieselbe Begründung hinter den Milliarden Euro, den Sonderrechten und Ausnahmeregelungen für die Kirchen. Es ist der Anspruch der Kirchenvertreter, sie wüssten besser als andere, was richtig oder falsch ist. Ohne Gott ist die Welt schlecht, behaupten sie. Es gibt keine Ethik ohne Bezug auf den christlichen Gott. Wenn Kirchenobere das sagen, dann meinen sie eigentlich: Ihr braucht uns. Wir erklären euch die Welt, und wenn ihr das nicht ernst nehmt, dann ignoriert ihr eure eigenen Wurzeln. Das »christliche Abendland« und das »christliche Menschenbild« machen sie zu Kampfbegriffen, vereinnahmen Gesellschaft und Politik für sich – und grenzen sie nach außen ab. Dabei braucht die Moral keine Religion, und das, was die Funktionäre »christliches Abendland« nennen, musste gegen die Kirchen erkämpft werden.

Der Anspruch der Kirche ist allumfassend. Der Kölner Kardinal Joachim Meisner geht sehr weit mit seiner Verdammung des Nichtchristlichen, doch er ist typisch für die anmaßende Weltdeutung des Klerus. Als Meisner das schöne neue erzbischöfliche Kolumba-Museum einweihte, sagte er: »Dort, wo die Kultur von der Gottesverehrung abgekoppelt wird, erstarrt der Kultus im Ritualismus und die Kultur entartet. Sie verliert ihre Mitte.«[1] Die Kultur »entartet« ohne Gottesverehrung? Die Empörung in der Öffentlichkeit war groß, hatten doch zuletzt die Nationalsozialisten alles, was nicht ihren Vorstellungen entsprach, zur »entarteten Kultur« erklärt. Wie gewohnt, war Meisner über die Empörung beleidigt. Der Augsburger Bischof Walter Mixa eilte Meisner zu Hilfe. Er nahm das Bäh-Wort »entartet« aus der Rhetorik heraus – und bekräftigte Meisners Aussage: Der Kardinal habe doch deutlich machen wollen, dass menschliche Kultur und Zivilisation ihren Maßstab verlieren, wo »die Letztverantwortung vor Gott einer zunehmenden Gottvergessenheit« weiche. Meisner habe Recht mit seiner Aussage, dass die Abkoppelung der Kultur von Gott zum Verlust ihrer Mitte führt. »Besonders bedauerlich ist es, wenn sich in einer solchen Kampagne auch führende Katholiken dazu hergeben, dem Kardinal in den Rücken zu fallen, ohne sich auf die Sinnaussagen der Predigt zu beziehen«, sagte Mixa.[2]

Mixa hat recht. »Entartete Kunst« – das ist nicht mehr als die geschichtslose Sprache eines 1933 geborenen, marienverliebten, einfach denkenden Geistlichen, der im katholischen Ghetto Eichsfeld in der nur oberflächlich entnazifizierten DDR groß geworden ist. Einer, der zu Recht von sich selbst sagt, er wäre lieber ein einfacher Priester geblieben, als Kardinal zu werden. Aber Meisners dahinterliegende, wie Mixa es nennt, »Sinnaussage« befindet sich im Mainstream der Kirche.

Auch Meisners Vorgesetzter Benedikt XVI. beansprucht für seine katholische Kirche, über die richtigen Werte des Einzelnen und der Gesellschaft zu bestimmen. Ratzinger führt einen Kreuzzug gegen die angebliche »Diktatur« des »Werterelativismus« der modernen Gesellschaften. Weil aber das Alte und Neue Testament äußerst interpretationsbedürftig sind und sie nicht zu allen Wertentscheidungen eindeutige Auskunft geben, beruft sich Benedikt XVI. dabei gerne auf das »Naturrecht«, das von der katholischen Kirche ahistorisch und rigide in Dogmen umgesetzt ist, insbesondere bei Fragen der Sexualität:

Einehe zwischen Mann und Frau, keine Scheidung, keine Verhütung, keine Homosexualität und kein Geschlechtsverkehr, ohne dass ein Kind gezeugt werden könnte.

Auch die evangelischen Kirchen haben einen ethisch-moralischen Alleinvertretungsanspruch, der dem päpstlichen nahekommt. Nur formulieren die Protestanten ihre Überheblichkeit scheinbar toleranter. Vom 26. bis 28. September 2009 trafen sich 1200 Protestanten, beinahe das komplette evangelische Führungspersonal der EKD, in Kassel zu einer »Zukunftswerkstatt«, um herauszufinden, wie sie als »Kirche im Aufbruch« verlorenes Terrain in der Gesellschaft wettmachen könnte. Als Kernergebnis der drei Tage verkündete der Noch-Ratsvorsitzende Bischof Wolfgang Huber die protestantischen »Neun Worte der Verlässlichkeit«, ein Dokument, das bis zum 500. Geburtstag des Protestantismus im Jahr 2017 »deutlich macht, was uns zusammenhält«, wie Huber sagte. Im fünften »Wort der Verlässlichkeit« teilen die evangelischen Christen leicht verklausuliert mit, dass sie bessere Menschen sind als die anderen. »Christen halten die Quelle des Mitgefühls, des Engagements und der Verantwortlichkeit lebendig: Es ist die Gemeinschaft mit Gott.«[3] Sie sagen nicht: unsere Quelle, sondern die Quelle. Wenn also »die Gemeinschaft mit Gott« *die* Voraussetzung ist für Mitgefühl, dann haben Nichtgläubige, also »Gottlose«, kein Mitgefühl. Oder sie sind zu dumm, zu wissen, dass sie ihre besseren Charaktereigenschaften irgendwie doch einer »Gemeinschaft mit Gott« verdanken. Es ist dasselbe Argument, das Kardinal Meisner plumper ausdrückt: Ohne Gottesbezug »entartet« alles.

Diese Hybris einer monotheistischen Religion, sie säße an der Quelle der Gutmenschlichkeit, schließt andere aus und stört den Frieden zwischen Menschen unterschiedlichen Glaubens und Nichtglaubenden. Den EKD-Christen sei zugestanden, die »Gemeinschaft mit Gott« als Quelle ihrer persönlichen Kräfte anzusehen. Aber dass sie damit allgemein

Mitgefühl, Engagement und Verantwortlichkeit ausschließlich für das Christentum pachten wollen, geht zu weit.

Mitgefühl auch ohne Gott

Ist denn der Mensch im Kern böse und antisozial, wie es uns die Religiösen glauben machen wollen? Haben erst die mosaischen Religionen Judentum, Christentum und Islam der Menschheit ein ethisch besseres menschliches Zusammenleben gebracht? Das ist eine zutiefst unhistorische und selbstsüchtige Sicht der Frommen. Selbst Affen kennen Mitgefühl, haben Primatenforscher festgestellt. Schimpansen, Bonobos und Kapuzineraffen sind fähig, den Schmerz eines anderen Wesens mitzufühlen. Sie nehmen den Verlierer eines Kampfes in den Arm, um ihn zu trösten. Auch ein Gefühl der Zuneigung scheint den Affen nicht unbekannt zu sein; es ist die Anerkennung, dass das andere Wesen unterschiedliche Bedürfnisse hat. Es sind schon Schimpansen beobachtet worden, die einem verletzten Vogel halfen zu fliegen.[4] Die Erkenntnis des Primatenforschers Frans de Waal ist: Wir sind bis ins Mark sozial. Unsere gute Natur haben wir durch den Prozess der Selektion im Rahmen der Evolution geerbt.[5] Eine Gruppe von Tieren – und Menschen – hat bessere Überlebenschancen, wenn sie sich soziales Verhalten aneignet und in der Folge eine Ethik entwickelt, eine Moral. Affen teilen Essen miteinander, sie leisten einander Hilfe und ziehen einander die Läuse aus dem Fell. Die Regel der »Reziprozität« – tue dem anderen das Gute, das du selbst von ihm wünschst – ist den Primaten ebenfalls nicht fremd. Aber müssen wir deshalb jeden Affen einen Christen nennen?

In der Evolution verwurzelt ist die elementare »Mitmenschlichkeit«, ein sehr tief sitzender, spontaner emotionaler Wesenszug, der nicht auf von außen gesetzte Regeln angewiesen ist. Und schon gar nicht auf Religion. Nächstenliebe machen sich Menschen zu einer Herzensangelegenheit, auch ohne die Gesetzestafeln vom Berge Sinai, auf die Gott der biblischen Legende zufolge seine zehn Gebote diktierte. Der Mensch ist von Natur aus gut. Der Mensch ist menschlich.

Gerne berufen sich die Kirchenvertreter auf die Zehn Gebote. Dass sie als Grundlage des Zusammenlebens im »jüdisch-christlichen Abendland« dienen, ist ein Allgemeinplatz und seit Jahren ein Redebaustein in den Vorträgen der früheren obersten Protestantin Margot Käßmann. Aber die Zehn Gebote sind nicht vom Himmel gefallen und nicht an einem Tag auf dem Berg Sinai von Gott verkündet, wie es die biblische Überlieferung sagt. Ähnliche Regeln des Zusammenlebens haben auch vorher schon gegolten. Auch die Gesellschaft in Ägypten hat so funktioniert, dass Töten und Stehlen verboten waren. Der Gott der Sinailegende hat nicht bei null angefangen, er hat von den Ägyptern abgeschrieben.

Neu sind hingegen das erste und zweite Gebot – keine anderen Götter zu haben. Neu ist die Unduldsamkeit des einen Gottes im Monotheismus. Damit einher geht, wie der Ägyptologe Jan Assmann festgestellt hat, »die Unterscheidung zwischen Wahr und Falsch in der Religion, zwischen den wahren und falschen Göttern, der wahren Lehre und der Irrlehre«.[6] Gegenüber anderen Religionen ist diese Exklusivität das Neue an der monotheistischen Religion des Judentums und ihrer Abkömmlinge Christentum und Islam. Das unterscheidet sie von den anderen Religionen. Der alleinige eifersüchtige Gott der Christen ist für einen Hindu nichts anderes als eine neue Gottheit in seinem großen Universum – der Hindu ist in der Lage, für eine Jesus- oder Marienfigur oder eine Ganeshfigur ein Kerzenopfer zu bringen. Für Hindus sind rachsüchtige Götter nichts Neues, die meinen, man solle keine anderen neben ihnen haben. Eine schöne Legendenüberlieferung ließe sich daraus erzählen; in der Geschichte würde ein solcher egomanischer Gott gegen die blutrünstige Göttin Kali antreten müssen – und je nach Lebenslage würde der Hindu mal der Kali und mal dem Jahwe-Gott-Allah-Jesus-Heiliger-Geist ein Opfer bringen. Missionierende Christen macht es hingegen halb krank, wenn ihre Konvertierungsbemühungen auf diese Weise ins Leere laufen. Juden, Christen, Muslime nehmen das erste Gebot für bare Münze. Auch wenn die anderen Religionen deswegen nicht unbedingt friedfertiger sind, es sind die monotheistischen Religionen, die ein kompromissloser Ton durchzieht: Intoleranz. Das ist die Neuheit.

Selbstverständlich muss das Wort eines so absoluten Gottes überall gültig sein. Deswegen erhebt die Religion nach Moses auch den Anspruch, die politische, ethische und gesellschaftliche Ordnung eines Volkes, und zwar zuerst des jüdischen, zu bestimmen.

Wenn die Gottlosen Schuld an allem Bösen sind

Anders gesagt: Das Neue am Monotheismus ist nicht die Moral, sondern nur, dass er behauptet, diese Religion allein habe die Moral gefunden. Man musste es nur laut genug und oft genug behaupten. Im Alten Testament verschmilzt Religion mit den Regeln des Lebens. Auch das war vor Moses nicht so, schreibt Assmann, und analysiert, warum diese Tatsache so wenig bekannt ist. Die monotheistische Tradition »steht auf dem Standpunkt, dass es gerade die Idee der Gerechtigkeit war, die sie im Zuge ihrer Umgestaltung der Wirklichkeit erstmals in dieser Welt zur Geltung gebracht hat. Das ist falsch, denn die Gerechtigkeit war längst in der Welt; ohne sie hätte menschliches Zusammenleben nicht funktioniert. Sie hat aber in der ägyptischen Welt … ihren Ort bei den Menschen, nicht bei den Göttern. Die Menschen verlangen nach Recht, die Göttern nach Opfergaben. Die Gerechtigkeit ist, ihrem Ursprung nach, eher etwas Profanes oder Säkulares. Religion und Ethik haben verschiedene Wurzeln und bilden in den primären Religionen getrennte … Sphären. Erst im Monotheismus verschmelzen sie zu einer untrennbaren Einheit.« Wenn er seine These vorträgt, dass es sich »bei Recht, Moral und Gerechtigkeit von Haus aus um irdische und nicht um himmlische Güter handelt«, beobachtet Assmann eine tiefe Beunruhigung bei Theologen.«[7] Auch Joachim Meisner wettert gegen solche Thesen. Meisner nutzte seine Allerheiligenpredigt 2009, um vor den wissenschaftlichen Atheisten, vor »ideologisierten Biophysikern, Hirnforschern und Evolutionisten« zu warnen, die den Menschen weismachen wollen, »dass es keinen Gott gibt … und deswegen auch nicht Wahrheit oder Lüge, Gut oder Böse«. Das »System des Nationalsozialismus und des Kommunismus« habe gezeigt, wohin es führe, wenn – so unterstellt er es den Nichtglaubenden – nur noch das Messbare zähle, dann führe das »an den Rand des Abgrunds, in letzter Konsequenz zur Abschaffung des Menschen. Dafür stehen die KZs und Gulags.«[8]

Auch Jesus kam nicht aus dem Nichts

Das Jahr null christlicher Zeitrechnung. Auftritt des Propheten Jesus – und wieder ist es dasselbe Spiel wie bei Moses' Zehn Geboten. Auch das Positive, das nach christlicher Lehre er in die Welt gebracht haben soll, lag längst in der Luft: Die Ideen Feindesliebe, Demut, Gewaltlosigkeit wurden keineswegs erst durch das Christentum in die Welt gebracht, und nicht nur in Vorderasien oder Europa.

Wie borniert und eurozentrisch die Sicht ist, die Christen hätten die Moral gepachtet! Der Philosoph Karl Jaspers hat beschrieben, dass um 500 vor Christus überall auf der Welt gemeinsame ethische Grundsätze formuliert wurden, »etwas,

was der ganzen Menschheit, über alle Unterschiede des Glaubens hinweg, gemeinsam ist.«[9] In dieser Zeit, schreibt Jaspers, wurden »die Kategorien hervorgebracht, in denen wir bis heute denken, es wurden die Ansätze der Weltreligionen geschaffen, aus denen die Menschen bis heute leben. In jedem Sinne wurde der Schritt ins Universale getan.« Konfuzius, Buddha und Laotse, alle Richtungen der Philosophie, alle philosophischen Möglichkeiten bis zur Skepsis und bis zum Materialismus, bis zur Sophistik und zum Nihilismus, wie in China, wurden damals entwickelt. In Persien »lehrte Zarathustra das fordernde Weltbild des Kampfes zwischen Gut und Böse, – in Palästina traten die Propheten auf von Elias über Jesaias und Jeremias bis zu Deuterojesaias, – Griechenland sah Homer, die Philosophen … – Parmenides, Heraklit, Platon und die Tragiker, Thukidides und Archimedes.« Eines der Prinzipien des Zusammenlebens, das allen sofort einleuchtet, hatte zu der Zeit neben anderen bereits der chinesische Philosoph Konfuzius formuliert: »Was du selbst nicht wünschst, das tue auch nicht anderen Menschen an.«[10] Die Schreiber der Jesusgeschichten haben dies hunderte Jahre später dann positiv so ausgedrückt: »Alles nun, was ihr wollt, dass euch die Leute tun sollen, das tut ihnen auch!« (Mt 7,12) Christen aber blenden geschichtslos aus, dass *alle* Ideen der Bibel zeitgebunden und im gesellschaftlichen Zusammenleben entwickelt worden sind, genau so wie jede modernisierte Theologie. Die Philosophien, auf denen die »Heilige Schrift« beruht, haben vor ihrem Verfassen außerhalb jeder angeblichen göttlichen Offenbarung existiert und sind nicht auf Gottes Mist gewachsen.

Ohne Gott kein Staat zu machen?

Es ist unwahrscheinlich, dass christliche Politiker das von Jaspers zitierte ideengeschichtliche Universum im Sinn haben, wenn sie wieder und wieder das »christliche Abendland« in ihren Äußerungen banalisieren. Da sagt der nordrhein-westfälische Ministerpräsident Jürgen Rüttgers 2005, das »christliche Menschenbild« seiner katholischen Kirche sei allen anderen überlegen, darin stimme er mit dem Papst überein.[11] Die CDU-Vorsitzende Angela Merkel will das Gesundheitssystem richtig reformieren, denn, so sagt die Bundeskanzlerin auf dem CDU-Parteitag 2006: »Das christliche Menschenbild gerät ins Schlingern, wenn wir das nicht schaffen.«[12] Das christliche Menschenbild muss also herhalten für Merkels Pläne einer völlig entsolidarisierten Krankenversicherung, in die Arm und Reich Pauschalbeiträge in gleicher Höhe einzahlen. 2006 lädt die damalige Bundesfamilienministerin Ursula von der Leyen zu einem »Bündnis für Erziehung« zunächst ausschließlich die beiden christlichen Kirchen ein. Begründung ist die Macht des Faktischen: 72 Prozent der nichtstaatlichen Kindergärten seien nun mal in konfessioneller Hand. Wie es dazu kommt, haben wir oben gesehen. Außerdem: »Unsere gesamte Kultur gründet sich auf die christliche Kultur.«[13] Später könne man sich im »Bündnis für Erziehung« anderen Religionen öffnen. Für Kirchenfremde, wahrscheinlich Menschen ohne Halt und ethischen Verstand, war im Erziehungsbündnis der Ministerin zunächst kein Platz; den mussten sich weltliche Veranstalter von »Erziehung« mit geharnischtem Protest erst erkämpfen.

Die beiden Kirchen halten sich für unentbehrlich, damit der Staat in der richtigen Spur bleibt. »Ohne Gott ist kein Staat zu machen«, meint der protestantische Bischof Wolfgang Huber. Denn in verantwortlicher Weise politisch handeln könne man nicht ohne ethische Klärungen, »und die kommen nicht ohne ›Letztbegründungen‹ oder genauer: erste Begründungen aus«.[14] Huber unterscheidet sich hier nicht vom Papst, der sagt: »Freiheit ist nur in der Wahrheit«[15] – wobei im Falle Ratzinger es selbstverständlich in vorletzter Instanz der Papst ist, der als demütiger Diener Gottes die jeweilige Wahrheit verkündet.

Wenn er eine Wächterfunktion der Kirchen über die Staatsmoral begründen will, dann greift der Klerus fast unweigerlich zu einem Zitat des Verfassungsrichters Wolfgang Böckenförde, der eine Ethikfreiheit des Staates feststellte: »Der freiheitliche, säkularisierte Staat lebt von Voraussetzungen, die er selbst nicht garantieren kann. Das ist das große Wagnis, das er, um der Freiheit willen, eingegangen ist.«[16] Auch Hubers Nachfolgerin Margot Käßmann führt das Böckenförde-Wort im Munde, um gleich danach ihren Glauben als Lösung ins Spiel zu bringen. Das suggeriert, seitdem der Staat (theoretisch) weltanschaulich neutral ist, seit der Trennung von Staat und Kirche also, sei das gesellschaftliche Zusammenleben stets in Gefahr, in die Barbarei abzustürzen.

Barbarei Hand in Hand mit Religion

Schon die Praxis ist anders. Unter den größten Barbareien der vergangenen Jahrhunderte sind viele, die im Namen der Religion und um der Macht der Kirchen willen begonnen wurden. Der 30-jährige Krieg brachte verheerende Feldzüge um territoriale und wirtschaftliche Macht unter maßgeblicher Beteiligung der Konfession. Die Diktatur des Nationalsozialismus wurde von den meisten Frommen im Lande zunächst begrüßt.

Wenn Bischof Wolfgang Huber sagt, ohne Gott sei kein Staat zu machen, dann hat er vermutlich den modernen humanistischen Staat im Sinn, der Toleranz, Meinungsfreiheit und überhaupt die Menschen- und Bürgerrechte als moderne

Errungenschaft garantiert. Dabei vergisst er aber, dass vom frühen Humanismus des 15. Jahrhunderts bis hin zur Bewegung der Aufklärung der Entwurf der Menschen- und Bürgerrechte in einem komplexen, manchmal schwer erkennbaren, aber unermüdlichen Kampf gegen den Dogmatismus der Kirchen entstanden ist. Die Anliegen der amerikanischen Unabhängigkeitserklärung 1776 waren »das Leben, die Freiheit und das Streben nach Glück«, die von Regierungen gesichert werden, die nicht durch Gott legitimiert sind, sondern durch das Staatsvolk. Sie richtete sich gegen die staatliche Willkür des englischen Königs – und Kirchenoberhaupts.[17] Die deutsche bürgerliche Revolution von 1848 wurde von protestantischen Fürsten niedergeschlagen, mit Billigung des Klerus. Die Revolutionäre hatten sich unter anderem gegen die Macht der Kirchen gerichtet und eine Entkirchlichung des öffentlichen Lebens gefordert.[18] Aber der preußische protestantische König wollte weiterhin »von Gottes Gnaden« sein, der Erhalt der Staatskirche genoss Vorzug vor den Bürgerrechten. Doch bis heute gerieren sich Protestanten so, als seien sie, mehr als die Katholiken, die Garanten bürgerlicher Freiheit. Die Erklärung der Menschenrechte zu Beginn der Französischen Revolution wurde von Katholiken formuliert – und von der katholischen Kirche verdammt. Papst Pius VI. wetterte dagegen und malte das Ende des christlichen Abendlandes an die Wand. Die Menschenrechte stünden im Widerspruch zur katholischen Lehre über den Ursprung der Staatsgewalt, die Religionsfreiheit und die gesellschaftlichen Ungleichheiten. Es ging wohlgemerkt auch um alles, was den westlichen Demokratien heute heilig ist: Gedankenfreiheit, Religionsfreiheit, Rede- und Pressefreiheit.[19] Pius IX. wiederholte 1864 in seinem »Syllabus errorum«, dem Katalog der großen Irrlehren und Irrtümer, die Verurteilung der Menschenrechte. Leo VIII. betrachtete noch an der Schwelle zum 20. Jahrhundert die Menschenrechtsideen als von der Reformation inspirierte zügellose Freiheitslehren, die mit dem Naturrecht ebenso unvereinbar seien wie mit der Lehrgewalt des kirchlichen Amtes.[20] Die Humanisten, die die Erklärung der Menschenrechte verfassten, wussten schon, warum sie es vermieden, sich auf christliche Wurzeln zu berufen, und dem Zeitgeist entsprechend nur den »Schutz des höchsten Wesens« erwähnten. Die unveräußerlichen Rechte der Menschen wollten sie nicht der Auslegung der Institution Kirche ausliefern.

Doch weiterhin kämpfen die Christenmenschen um die Definitionsmacht über das Menschsein, die Politik und die Gesellschaft. Nicht immer gewinnen sie dabei. Verloren haben die Abendlandchristen bei ihren Kämpfen in der Europäischen Union. Der Lissabon-Vertrag enthält keinen Bezug auf die christlich-jüdische Grundlage des Kontinents; der neuen EU-Verfassung blieb dieser Kampfbegriff gegen einen EU-Beitritt der Türkei und gegen eine nichtreligiöse, multireligiöse und multiethnische Gesellschaft erspart – zum großen Bedauern der deutschen Christsozialen und Christdemokraten. Die sächsische Landesverfassung von 1992 erwähnt – anders als bei bundesdeutschen Verfassungen üblich – weder Gott noch das Christentum als Grundlage. Doch auch ohne Erwähnung Gottes enthält sie den umfangreichsten Grundrechtekatalog unter den deutschen Verfassungen. Das hat sie den Verfassungen von Thüringen und Sachsen-Anhalt voraus.

Die Nagelprobe: Das Menschenbild in der Praxis

Im Zweifel sind »christliche Werte« nicht mehr als eine Leerformel, die für alles und jedes benutzt werden kann, zum Beispiel vom sogenannten Christlichen Gewerkschaftsbund.

Seine Mitgliedsgewerkschaften schließen in vielen Branchen gezielt Tarifverträge über Dumpinglöhne ab, mit denen niemand ein menschenwürdiges Leben führen kann. Ihre »christlichen« Tarifverträge sind dazu gedacht, höhere Lohnabschlüsse der Einheitsgewerkschaften des DGB zu torpedieren. Aber selbstverständlich steht, nun ja, in den Leitlinien: »Der CGB erstrebt die Verwirklichung christlich-sozialer Wert- und Ordnungsvorstellungen im Arbeitsleben, in Wirtschaft, Staat und Gesellschaft.«[21]

Kinder als Gottes Knete

Und wie human ist das offizielle Menschenbild der Katholiken? Zwei Nagelproben sollen es zeigen, am Bild der Katholiken von den Kindern und an dem von den Ungläubigen.

Papst Benedikt XVI. weiß, wem die Kinder gehören. Natürlich der Kirche. Als er im Januar 2009 Kinder von Angestellten der Vatikanstadt taufte, sagte er[22]: »Das Kind ist nicht Eigentum der Eltern, sondern es ist ihnen von Gott in ihre Verantwortlichkeit übergeben worden, frei und immer wieder neu, damit diese ihm helfen, wirklich zu einem freien Kinde Gottes zu werden.« So ganz frei dürfen Kinder sich also nicht entwickeln, denn, so Ratzinger, Kern der Erziehung ist es, die Kinder an den Glauben Gottes heranzuführen. Und jetzt kommt – natürlich – die Kirche ins Spiel. Die Kirche nimmt sich die Freiheit, die Kinder dann an sich zu binden, wenn sie sich noch gar nicht entscheiden können, mit der Taufe als Säugling. Unumkehrbar ist dieses Sakrament. Einmal getauft, immer getauft. Aber damit tut die Kirche den Kindern keine Gewalt an, sagt der Papst, »sondern sie schenkt ihnen den Reichtum des göttlichen Lebens, in dem die wahre Freiheit wurzelt, die den Kindern Gottes eigen ist; eine Freiheit, die im Laufe der Jahre durch Erziehung geformt werden und reifen muss, sodass der

Mensch fähig wird zu verantwortungsvollen persönlichen Entscheidungen.«

Die Sprache ist verräterisch. Das also wird aus der »wahren« Freiheit des Christenmenschen: wie Knete geformt zu werden. Und die Vorlage dafür stammt von der katholischen Kirche. An ihren Dogmen und Wertvorstellungen endet die persönliche Verantwortung der aufwachsenden kleinen Persönlichkeiten. Wie gut, dass das Kirchenmonopol auf Erziehung schon seit Langem gebrochen ist. Es war schon in den 1960er Jahren löcherig, als mir mein Latein- und Geschichtslehrer ein Zitat nahebrachte[23], das ganz ähnlich wie die Ansprache des Papstes beginnt: »Eure Kinder sind nicht eure Kinder ...« Aber dann: »... Sie sind die Söhne und Töchter der Sehnsucht des Lebens nach sich selbst. Sie kommen durch euch, aber nicht von euch. Sie sind bei euch, aber sie gehören euch nicht. Ihr könnt ihnen eure Liebe schenken, aber nicht eure Gedanken. Ihr könnt ihren Körpern ein Zuhause geben, aber nicht ihrem Geist. Denn ihre Seelen wohnen in dem Haus von morgen, das ihr nicht besuchen könnt, nicht einmal in euren Träumen. Ihr könnt danach streben zu werden wie sie, aber versucht nicht, sie euch selbst ähnlich zu machen.«

Das Misstrauen gegenüber den Kindern

Für mich ist es keine Frage, dass die poetischen Formulierungen des libanesisch-amerikanischen Dichters und Philosophen Khalil Gibran das Mysterium des Erwachsenwerdens und die Widersprüchlichkeit von Erziehung besser wiedergeben als die Worte des Papstes – auch wenn ich, so wie mein Lehrer, die Fortsetzung seines Spruches lieber weglasse, in der es ein ominöser Bogenschütze ist, der die Kinder als Pfeile auf ein ebenso ominöses Ziel hält. Mein Klassenlehrer ließ uns in der fünften oder sechsten Klasse Gibrans Weisheit mit Tusche auf ein großes Plakat malen. Ich meldete mich für die Aufgabe, das Plakat sauber auf eine große Holzplatte aufzuziehen. Als Pfarrerssohn hatte ich privilegierten Zugang zu dem gut ausgestatteten Werkraum der Kirchengemeinde, der meist brach lag (denn für meinen Vater und seine Leute hatte Jugendarbeit keine hohe Priorität). Mit der Bandsäge passte ich eine Spanplatte an die Postergröße an, verklebte die Kanten mit schwarzem Papier, zog das Papier mit dem Sinnspruch auf das Holz auf, und beim letzten Vorgang, dem Lackieren der Papieroberfläche, hatte ich genügend Gelegenheit, mir den Spruch anzueignen.

Als meine Eltern das Werk mit Gibrans Spruch sahen, erntete es eine kurze Bemerkung. Es sei »unchristlich«, sagten sie. Warum und wieso, das erklärten sie mir nicht. Dieses Pfarrhaus war nicht der Ort für offene Diskussion. Khalil Gibrans Text prangte für die nächsten Jahre mitten auf der Rückwand unseres Klassenraums – zur Mahnung an alle Lehrer, die sich einbilden mochten, uns ihr wie auch immer gestricktes Menschenbild einzuformen.

Ihre Formung erfuhren Kinder im Hause Schauen durch die strenge Liebe eines prügelnden Pfarrers, der seine eigene Ordnung hatte. Dass er das von ihm geliebte Birnenkompott nicht aß, nicht einmal in einer kleinen »Anstandsportion«, dafür musste sich der Jüngste zum Schämen in die Ecke stellen – die verständnislosen Blicke der fünf Geschwister sorgten dabei für Genugtuung des Gestraften. In Sachen konsequenter Erziehung waren die Eltern sich aber einig. Wenn mein Vater abends von seinen Dienstgängen heimkam – die zum Teil offenbar auch Gänge zu Geliebten gewesen waren, wie sich später herausstellte –, dann erzählte meine Mutter ihm, was ich tagsüber Strafwürdiges verbrochen hatte. Hose runter, übers Knie, und seine flache Hand klatschte auf das Gesäß. Die Entwürdigung war schlimmer als die Schmerzen. Die Prügelstrafe war nicht etwa dem Jähzorn geschuldet; sie wurde theologisch begründet. Falls er dabei Zorn empfand, so unterdrückte er ihn wohl.

»Denn wen der Herr lieb hat, den züchtigt er, und er schlägt jeden Sohn, den er annimmt.« So zitierte er immer wieder die Bibel. Und dabei bedauerte er sich wohl selbst, denn Prügeln zu müssen, das ist nicht schön. Es musste aber sein, wenn es doch schon Paulus an die Hebräer geschrieben hatte (Hebr. 12,6).

Die Verachtung der Nichtgläubigen

Misstrauen gegenüber der eigenständigen Entwicklung von Kindern ist schlimm genug. Respekt vor allen Menschen, das wäre von einem respektablen »christlichen Menschenbild« eigentlich zu erwarten. Fragen wir einen Bischof danach, so wird er uns versichern, dass er seine Mitmenschen auch dann respektabel findet, wenn sie nicht an Gott glauben. Dabei sehen die Katholiken noch nicht einmal ihre evangelischen Schwestern und Brüder auf Augenhöhe. Der Ratzinger-Papst hat klargestellt, dass er den Protestantismus nicht als eine vollgültige Kirche betrachtet. Das sind wir von der römisch-katholischen Kirche gewohnt. Darin ist sie so konsequent, dass sie eben kein Mitglied des ökumenischen Weltkirchenrats wird, sondern dieses Geschäft den Protestanten, Orthodoxen und anderen überlässt. Sollen die doch ein bisschen Weltkirchenrat spielen neben der einzigen Weltkirche, die es gibt – der römisch-katholischen.

Vernichtend aber ist das offizielle Bild von den Nichtgläubigen, das die deutsche katholische Kirche niedergeschrieben hat. Der »Erwachsenenkatechismus« wurde in den 1980er Jahren unter Vorsitz des deutschen Kardinals Walter Kasper, Träger des großen Bundesverdienstkreuzes mit Stern und Schulterband, erarbeitet. Da heißt es: »Selbstverständlich weiß auch die Bibel um die Möglichkeit, Gott zu leugnen. Sie bezeichnet diese Möglichkeit als Torheit. ›Die Toren sagen in ihrem Herzen: ‚Es gibt keinen Gott‘.‹« (Psalm 53,2)«

Dass der Psalmenschreiber vor 2500 Jahren Nichtgläubige für beschränkt erklärt, reicht der Kirche aber längst nicht. Der Erwachsenenkatechismus legt deshalb nach, immer weiter, immer mehr: »Der Tor, von dem hier die Rede ist, ist kein dummer Mensch, sondern ein frecher und böser Mensch. ... Er spricht und handelt, als ob es Gott nicht gäbe, als ob er selbst Gott wäre. Er ist hochmütig, verachtet die Wahrheit und tritt die Gerechtigkeit mit Füßen. ... Diesen Gott ... zu leugnen ... kann die Bibel nur als furchtbare Selbstverschließung und als Ausdruck eines verkehrten Herzens verstehen. ... Atheismus verfehlt letztlich nicht nur die Wahrheit Gottes, sondern auch die des Menschen. Deshalb wird er vom Konzil mit Entschiedenheit verurteilt.«[24] Mit »Konzil« ist hier wohlgemerkt das II. Vatikanische Konzil gemeint, dessen vergleichsweise liberale Aussagen die danach regierenden Päpste nach und nach zurücknehmen wollten.

Wenn Sie als liberal denkender, humanistischer Nichtgläubiger das nächste Mal für die Freiheit des Christenmenschen in unserer Gesellschaft eintreten, denken Sie also daran: Falls Ihre katholischen Gesprächspartner ihren Katechismus ernst nehmen, dann werden sie Sie selbst als verstockten, frechen und bösen Menschen betrachten, der die Wahrheit verachtet und die Gerechtigkeit mit Füßen tritt. Das ist ihr offizielles christliches Menschenbild. Ob sein Erwachsenenkatechismus eine Begründung dafür war, dass Kurienkardinal Walter Kasper 2005 zusätzlich zu vielen anderen Orden auch den Preis der »Anti Defamation Leage« bekam?

Die Vulgarisierung der »Werte«

Und die Praxis an der Basis? Christen sind die besseren Menschen, haben die besseren Werte, haben die besseren Institutionen – in vulgärer Form vermittelt uns das jede Konfessionsschule, jeder Kirchenkindergarten, jede kirchlich betriebene Klinik. Ihr Alleinstellungsmerkmal gegenüber der weltlichen Konkurrenz ist das »christliche Menschenbild«. Nicht von ungefähr hat die damalige Bischöfin Margot Käßmann ihrem Vortrag als Gastrednerin vor der Bundessteuerberaterkammer die Überschrift »Werte als Standortvorteil« gegeben.[25] Weil »Orientierung über Werte und Ziele« so wichtig ist, findet die evangelische Kirche Anhalt es logisch, dass ihre Privatschulen großen Zulauf haben[26] – als ob kirchenferne Schulen keine Werteerziehung hätten.

Es ist wohl besser, in der Caritas-Klinik Berlin-Pankow mit dem schönen Namen »Maria Heimsuchung« Heilung zu erlangen, denn deren Leitbild hat das »christliche Menschenbild« zur Basis: »Jeder Mensch ist ein einmaliges Geschöpf Gottes und hat daher seinen Wert und seine Würde.«[27] Soll das heißen, dass in der Klinik des Deutschen Roten Kreuzes drei Kilometer weiter ein verstorbener Patient wert- und würdelos vom OP-Tisch in den Müllcontainer geschaufelt wird? Das DRK hat sich in Berlin die bundesweit ausgefeiltesten Ethikrichtlinien gegeben. Da fallen neben »Lebensschutz« auch mal Worte wie »Menschenwürde«, »Selbstbestimmungsrecht«; da drückt man die Sorge aus, Lösungen nicht vorzuschreiben. Die Referenz ist nicht die Bibel, sondern Respekt vor dem Menschen, das Grundgesetz, Leitlinien der Bundesärztekammer.[28] Ständig wird beim Berliner DRK das Leitbild weiterentwickelt, und bei Zweifelsfragen über die richtige Behandlung berät sich eine ständige Ethikkommission mit den Ärzten.[29]

»Gott sagt ›Ja‹ zu mir, wie ich bin, Gott trägt mich, auch wenn ich Fehler mache, Gott macht Mut zum Leben und stärkt mir den Rücken«, heißt es beim evangelischen Kindergarten »Pfiffikus« in Behringersdorf bei Nürnberg[30] – als ob nicht jede Erzieherin und jeder Erzieher auch ohne Gottesbezug genau das als oberstes Ziel hätte: die kleine Persönlichkeit zu stärken und zu fördern. 700 Meter entfernt von »Pfiffikus« tut dies Kveta Wiesner als Leiterin des städtischen Kindergartens. Auch ihr Kindergarten hat ein schriftliches Leitbild – aber es kommt ohne »christliches Menschenbild« aus. Menschliche Werte werden bei uns gelebt, sagt sie: »Wahrheit, rechtes Handeln, Frieden, Liebe und Gewaltlosigkeit, diese ethischen Bedürfnisse sind Basis des menschlichen Zusammenlebens.« Aber auch das sind zu große Worte, meint sie, »sie können einen erschlagen. Wir nehmen daraus ganz konkrete Einzelaspekte. Dann fällt es den Kinder leichter, sich damit auseinanderzusetzen.« Doch die Eltern in Behringersdorf haben ab Herbst 2010 nicht mehr die Wahl – zum großen Missfallen vieler, die sich christliche Werte weder aufschwatzen noch aufdrücken lassen wollen. Der städtische Kindergarten wird dann von den Protestanten mit übernommen. Ob sie es wollen oder nicht, dann sagt Gott »ja« auch zu ihren Kindern.

Vom Diktat zum Angebot

Wir beginnen uns zu langweilen angesichts der banalen Werte-Allgemeinplätze, doch hat die Dauerbeschallung politische Wirkungen. Über das »christliche Abendland« hat der rheinland-pfälzische Landtag eine ganze Debatte geführt. Losgetreten hatte dies unter anderen der Trierer CDU-Bundestagsabgeordnete Bernhard Kaster, der nämlich »falsch verstandene Toleranz und Rücksicht auf Minderheiten« witterte, als nach einer Renovierung im Trierer Gerichtsgebäude die Kruzifixe nicht wieder aufgehängt wurden.

Es gab Hoffnung. Margot Käßmann war als Ratsvorsitzende der EKD mehr als ihr Vorgänger bereit, die Rolle der Kirche relativ zu sehen. »Ich will nun nicht überheblich erklären, die christlichen Werte seien für unsere Gesellschaft die einzig mögliche Lösung. Allerdings bin ich überzeugt, dass sie ein gewichtiges Angebot zur Orientierung für unser Land darstellen.«[31] Danke für das Angebot, Frau Käßmann! Allerdings fragt sich dann, warum die Bischöfin vehement für das Berliner Volksbegehren 2009 war. Wäre die Abstimmung gelungen, hätten nicht mehr alle Kinder gemeinsam in einem Ethikunterricht von allen Werte-Angeboten erfahren, sondern in nach Konfessionen getrennten Klassen.

Aus Lamberts Dossier:
Hiob und die Rosinen

Wenn ich meine Schwägerin Gabriele frage, warum sie vor und nach ihrem Kirchenaustritt sich so viele Jahre an den Kirchen abgearbeitet hat, dann antwortet sie: als ehrenamtliche Mitarbeiterin und Presbyterin habe sie zu viel mitbekommen: Theologen zum Beispiel, die ihre Aufgabe darin sehen, Menschen, die sie für dümmer halten als sich selbst – mit ausgewählten Bibelversen und ihren Interpretationen tröstlich zu versehen. Man müsse bloß mal die Bibelgeschichten genau zu Ende lesen, aus denen sich die Prediger immer nur die Rosinenverse herauspicken, sagt Gabriele, dann merke man: Die Predigt steht auf wackligen Beinen. Angeregt durch Conny Palmens Buch »Ischa Meijer« las sie das alttestamentarische Buch Hiob. Hiobs Geschichte wird in Predigten für die Fragestellung benutzt, warum Gott wohl auch seine eigenen Leute ins Elend stürzt. »Seine Kinder, Knechte, Mägde lässt Gott sterben, und Hiob liegt im Dreck«, sagt Gabriele, und sie fragte sich beim Weiterlesen, warum in der Geschichte Gott ausgerechnet nur Hiobs Frau am Leben lässt. Die Antwort offenbart für sie »eine so furchtbare Denkweise, da könntest du kotzen: Hiob brauchte seine Frau für die Produktion neuer Kinder, nur darauf hat dieser Gott Rücksicht genommen.«

Katholische Dogmen, menschenfeindliche Praxis

Die katholischen Dogmen mit ihren fein ausgearbeiteten Verästelungen – ein Quell steter Belustigung. Aber nur für denjenigen, der nicht von ihnen abhängig ist, wie etwa einer der rund 1,2 Millionen Arbeitnehmer der katholischen Institutionen. So jemand lacht nicht mit. In einer für Außenstehende seltsam verklausulierten Fachsprache stellt der Vatikan Regeln auf, die die Ratzingers dieser Kirche interpretieren. Geschlechtsverkehr nur in der Ehe, und nur, wenn dadurch eine Zeugung geschehen kann. Kaum einer hält sich dran, auch die Katholiken nicht. Kondomverbot? Pillenverbot? Egal. Katholiken weltweit regeln ihre Empfängnisverhütung in eigener Verantwortung, und das ist gut so. Nur wenn sie alles zu ernst nehmen, dann kann es tödlich enden – besonders in Ländern mit einem hohen Anteil an HIV-positiven Männern und Frauen.

Hauptsache, die reine Lehre bleibt gewahrt – das zieht sich durch das klerikale Denken wie ein roter Faden. Manchmal hat das Vorteile. Wenn nach Beichte und Absolution die Sünden tatsächlich vergeben und vergessen sind, dann lebt (und sündigt) sich's für einen Katholiken leichter als für einen Protestanten. Dem drückt nämlich gerne ein strenger Gott permanent als Über-Ich aufs Gewissen und fordert eigene Anstrengungen – aller Rechtfertigungslehre von Martin Luther zum Trotz.

Tödliche Prinzipientreue

Doch die »reine Lehre« zum Maßstab des Lebens zu machen, ist unmenschlich. Das Leben ist nicht rein, es verläuft in Kurven und erfordert Kompromisse. Deutlich zeigt sich das bei der Abtreibungsfrage. Die Familienberatungsstellen der deutschen Bistümer dürfen keine Beratungsscheine ausstellen, mit denen Frauen dann eine legale Abtreibung durchführen lassen können, der Papst hat's untersagt. Die offizielle Kirche hat damit keinen Anteil mehr an der Abtreibung, aber genau dadurch geschehen mehr Abtreibungen bei katholischen Frauen, die in früheren Jahren nach dem Besuch einer offiziellen kirchlichen Beratungsstelle vielleicht davon Abstand genommen hätten.

Wichtig ist dem Vatikan auch das Sakrament der Ehe. Eine »Scheidung auf katholisch« gibt es nicht. Ehen sind ewig gültig. »Was Gott zusammen gefügt hat, das soll der Mensch nicht scheiden.« (Mt. 19, 6) Nur wenige halten sich daran – sie trennen sich voneinander, und danach gilt wieder der andere Bibelspruch: »Es ist nicht gut, dass der Mensch allein sei« (1. Mos. 2, 18), und die Geschiedenen gehen eine neue Partnerschaft ein. Das ist nach dem katholischen Codex illegale Bigamie. Doch für diejenigen, die das ernst nehmen, muss sich doch ein Grund finden lassen, wie ein Mensch mit dem strengen Dogma leben kann. Katholische Lösung: Die kirchliche Heirat war von Anbeginn nichtig. Lassen Frau und Mann das vor dem kirchlichen Gericht, dem Offizialat, feststellen, dann ist der Weg frei für eine neue Ehe. Und erstaunlich: 70 bis 80 Prozent der Antragsteller kommen damit in dem Annullierungsverfahren der kirchlichen Gerichte durch.[32]

Wenn die Ehe nicht wahr war

Die meisten Katholiken pfeifen drauf. Nur wenige von ihnen beantragen, ihre gescheiterte Ehe für nichtig zu erklären – im Jahre 2008 beispielsweise taten dies im Bistum Mainz nur 32 von 780 000 Katholiken. Angenommen, dass Katholiken sich ungefähr so oft scheiden lassen wie der Rest der Bevölkerung, dann beantragen sie nur in 1,75 Prozent der Scheidungsfälle eine Eheannullierung.[33]

In seltenen Fällen aber kommt das katholische Recht der Gemütslage von Betroffenen gelegen – so wie der Frau aus dem Bistum Münster, die mir anonym schreibt: »Ich habe nicht vor, erneut zu heiraten. Ich wollte/möchte den Ex-Mann so weit wie möglich von mir weg schieben. Diese Annullierung hat für mich ausschließlich persönlichen Wert, für meinen inneren Seelenfrieden.«

Doch wenn einer der Partner bei der Kirche beschäftigt ist oder als Religionslehrer arbeitet, bedroht das Dogma die wirtschaftliche Existenz. Es ist ein Kündigungsgrund, geschieden mit einem oder einer Neuen zusammenzuleben. Die meisten Annullierungsverfahren strengen deshalb Kirchenmitarbeiter an, hat der Bamberger Kirchenrechtsanwalt Friedolf Lappen beobachtet, der solche Klienten berät.

Wenn ich mich nicht verzählt habe, dann regeln im katholischen Gesetzbuch Codex Iuris Canonicus (CIC) 111 Canones mit 177 Paragrafen das Eheleben. Wegen CIC 1068 § 1 legten die »Barmherzigen Schwestern« an der Münchener Uniklinik nach 1933 nur höchst ungern das Besteck für die Chirurgie bereit, wenn damit Männer nach dem Nazi-Gesetz »zur Verhinderung erbkranken Nachwuchses« zwangssterilisiert werden sollten. Denn eine beiderseitige Durchtrennung der Samenleiter erzeugt nach dem Kirchengesetz »ein trennendes und indispensables Ehehindernis.«[34]

Partnerverstoßen auf Katholisch

Während das Eherecht des Staates nur ganz seltene Ausnahme-fälle von der Regel kennt, dass zwei erwachsene Menschen mit ihrem Eheversprechen einen gültigen Vertrag schließen, kann es in der Praxis hundert katholische Gründe dafür geben, dass eine Ehe ungültig ist. Wenn ein Partner eigentlich keine Kin-der haben wollte, ist sie ungültig, denn die Ehe ist fürs Zeu-gen katholischer Kinder da. Wenn der Mann zeugungsunfä-hig ist und das seiner Verlobten verheimlicht hat, kann sie die Ehe annullieren lassen. Nicht jedoch, wenn er zeugungsun-fähig ist und sie das beim Jawort wusste. Die Ehe ist ungültig, wenn der Mann sich zur Ehe erpresst fühlte, weil die Frau von ihm schwanger war. Wenn die Frau oder der Mann schon beim Eheschluss davon überzeugt ist, dass der Bund fürs Leben schiefläuft – Ehe ungültig. Ebenso, wenn er oder sie noto-rischer Seitenspringer ist. Hat der andere Partner das aber be-wusst in Kauf genommen – Ehe gültig. Trägt die Frau eine Scheidenprothese und kann damit die Ehe körperlich nicht so vollziehen, wie sich die Kirchenoberen das vorstellen – ungül-tig. Wenn die Ordination des Pfarrers ungültig ist, sind auch alle seine Trauungen ungültig. Wenn das förmliche Eheer-sprechen bei der Zeremonie vergessen wurde – ungültig.

An alles scheinen die Autoren des katholischen Kirchen-rechts gedacht zu haben. Selbst Eheregeln des Islam haben sie in ihr Ehe-Regelwerk mit aufgenommen. Die Scheidung des Mannes von einer Frau über die Formel »ich verstoße dich« ist leicht verbrämt in den Canon 1148 eingeflossen: »Ein Unge-taufter, der mehrere ungetaufte Ehefrauen gleichzeitig hat, kann nach Empfang der Taufe in der katholischen Kirche, so-fern es ihm schwerfällt, bei der ersten von ihnen zu bleiben, eine dieser Frauen behalten, nachdem er die übrigen entlassen hat.« Die von ihrem neuerdings katholischen Mann verstoße-nen Frauen können sich anschließend beim Papst dafür beschweren, dass er ihnen die Zukunft innerhalb einer muslimischen Versorgungsehe verbaut hat. Die Katholiken haben die Regel um einen Schuss Vielmännerei ergänzt und fahren fort: »Dasselbe gilt für eine ungetaufte Frau, die gleichzeitig mehrere ungetaufte Ehemänner hat.«

Verschwiegenheit nach außen ist ein Prinzip des Eheannullierungsverfahrens. Die Befragungen sind nichtöffentlich, das Verfahren wird schriftlich zu einem Abschluss gebracht. Wer auspackt, produziert einen neuen Kündigungsgrund. Ohnehin haben die Betroffenen in der Regel keinen Anlass, zu streuen, was die kirchenrechtliche Begründung für die Ehenichtigkeit war – es wäre oft einfach zu lächerlich.

Das Leiden von Expartnern und Kindern

Jürgen Grossmann aus dem Bistum Aachen ist nicht bei der Kirche beschäftigt und kann deswegen seine Geschichte erzählen, ohne anonym zu bleiben. Er erhält ein Jahr nach seiner Scheidung zu seiner eigenen Überraschung ein Schreiben des bischöflichen Gerichts: Seine Exfrau hat beantragt, ihre Ehe für ungültig zu erklären. Grossmann ist das recht, und er fährt zur Diözesanverwaltung, um seine Aussage zu machen. Der Kirchenbeamte, auf den er dort trifft, ist, wie Grossmann fand, geübt im »jesuitischen« Fragenstellen. »Die fragen so, dass sie die Antwort kriegen, die sie brauchen.« Der Offizial fragt die möglichen Gründe für eine Ungültigkeit des Eheversprechens ab. Irgendwann antwortet Grossmann auf eine solche Frage: Ja, es könne sein, dass er bei der Hochzeit gar nicht den Sinn einer katholischen Ehe verstanden habe – und lacht sich dabei innerlich schief. Grossmann ist gut informierter Katholik, er sitzt zu der Zeit im Vorstand seiner Kirchengemeinde. Prima, sagt der Mann vom Offizialat. Dann brauchen wir dazu noch einen Zeugen. Ein Freund Grossmanns erklärt sich bereit –

und schon am Tag danach steht ein Priester vor der Tür, um die Aussage aufzunehmen. »Jaja, der Jürgen«, sagt Grossmanns Freund dem Priester, »der ist noch nie in der Lage gewesen, den Sinn der katholischen Ehe zu begreifen.« Die Ehe wird annulliert. Grossmann ist das Ehesakrament wichtig, und er heiratet bald wieder katholisch, aber die Annullierung seiner ersten Ehe hält er dennoch für einen »arrangierten Mummenschanz«, bei dem mehrere Falschaussagen geleistet wurden. Allerdings stört ihn, dass jetzt sein Sohn aus erster Ehe kirchlich als nichtehelicher Nachkomme gilt.

Die Annullierung ihrer Ehen kann für die Betroffenen oft ein quälender Prozess sein. Fälle, die mir bekannt geworden sind: Die von der Kirche abhängige Angestellte muss in einem langwierigen Verfahren gegen den Willen ihres gewalttätigen Exmannes (und ohne dessen Mitwirkung) beweisen, dass er es mit seinem Eheversprechen von Anfang an nicht ernst gemeint hat. Ein fromm erzogener Sohn muss sich nach der Annullierung der Ehe seiner Eltern einer Psychotherapie unterziehen, weil er nicht begreifen kann, dass die Ehe in der Familie, in der er »gut katholisch« aufgewachsen ist, nach ebenso katholischer Auffassung null und nichtig gewesen sein soll.

Die Nichtigkeitserklärung ist für manche Ehepartner eine wahre Demütigung. Gegen ihren Willen wird in dem Kirchenverfahren »nachgewiesen«, dass ihre Ehe eigentlich nicht existiert hat. Zum Beispiel, weil sie im Moment der Eheschließung eheunfähig oder eheunwillig gewesen sein sollen. Oder weil sie nicht bereit waren, Kinder zu bekommen bzw. zu zeugen. Einen allerletzten Gefallen tun sie dem Expartner, wenn sie behaupten, von Anfang an nicht an das Gelingen der Ehe geglaubt zu haben. Dann war die Ehe ungültig, und der Expartner ist frei.

Alles, was sich erst danach ergibt – also die weltlichen Scheidungsmotive –, interessiert die Kirche nicht. Beim katholischen Kirchengericht ist es wie im Lied von Peter Alexander: »Es kommt auf die Sekunde an«, die Sekunde des Jawortes.

Die Alkoholkrankheit eines Mannes aus dem Ruhrgebiet sollte den Nichtigkeitsgrund seiner gescheiterten Ehe liefern, er war informiert und einverstanden damit. Bei dem Verfahren war nicht er der Angeklagte, sondern »die Ehe« selbst. Aber es musste bewiesen werden, dass sein Alkoholismus zum Zeitpunkt der Hochzeit ihn »eheunfähig« gemacht haben sollte. Es belastete den trockenen Alkoholiker so stark, vor dem Kirchengericht über seine Partnerschaft auszusagen, dass er einen Rückfall erlitt. Seine Exfrau hatte das Verfahren eingeleitet, weil sie neu kirchlich heiraten wollte, aber nach dem dreijährigen Verfahren ist ihr die Lust darauf für immer vergangen. Der Richter habe sie stets abgefertigt wie eine Bittstellerin. Sie sagt: »Dem hätte es wahrscheinlich besser gefallen, wenn ich ab und an so unter dem Teppich kriechend bei ihm vorbeigekommen wäre, buckelnd und kleinlaut, wie die meisten, die ein solches Verfahren anstreben, weil sie irgendwo im Dienste der Kirche stehen. Der Mann ist gewohnt, dass Menschen zu ihm kommen, die bei der Kirche angestellt und deshalb von seiner Entscheidung abhängig sind.«

Bei Alkoholismus und anderen unerträglichen Zuständen erlaubt der Codex Iuris Canonicus zwar, dass die Eheleute getrennt voneinander leben, verbietet aber die Scheidung. Auch außereheliche Untreue kennt das auf den Geschlechtsakt fixierte katholische Gesetzbuch als Trennungsgrund – aber die betrogene Partnerin darf um Himmels willen nicht wieder Sex treiben mit dem Ehebrecher, nachdem sie von seiner Untreue erfahren hat, sonst müssen die beiden doch weiter zusammenleben (CIC 1152 § 2). Dabei gilt, wie immer bei Katholiken, nur die Penetration als Geschlechtsakt – so wie beim protestantischen US-Präsidenten Bill Clinton, der mit seiner Praktikantin angeblich nur oral verkehrte und dann aussagte: »I never had sex with that woman.«

Ein Feld für Machtspielchen

Auch Kirchenferne sind von den Machtspielen der Kirche betroffen, wenn sie eine Katholikin oder einen Katholiken heiraten möchten. Dem konfessionslosen Dirk Garbers aus dem Bistum Paderborn bereitet das im Jahr 2001 Ärger. Seine erste Ehe war nur standesamtlich geschlossen – und ein paar Jahre darauf geschieden worden. Aber der zweite Ehebund soll nun vor dem Altar der katholischen Kirche eingegangen werden. Darauf legt Garbers' Verlobte großen Wert, wegen ihrer sehr katholisch geprägten Familie. Das Paar sah kein Hindernis dafür, denn katholisch geheiratet hatte zuvor keiner von den beiden, weder seine Verlobte noch er.

Alles ist arrangiert. Das Paar hat mit dem Pfarrer den Heiratstermin abgesprochen, den Festsaal gebucht, das Brautkleid ausgesucht, das Essen für die Hochzeitsgesellschaft bestellt. In der Woche vor der Trauung besucht der Pfarrer die Verliebten zum Hochzeitsgespräch. Zufällig feiert die Braut gerade Geburtstag. Der Pfarrer verzehrt zunächst ein Stück Geburtstagstorte zum Kaffee, lehnt sich dann zurück und belehrt das Paar mit ruhiger Stimme – Garbers meint, »brühwarm«: Leider könne er sie nicht trauen. Zunächst einmal müsse Garbers den Heiligen Vater in Rom darum ersuchen, dass seine erste Ehe aufgelöst wird. Das Paar fällt aus allen Wolken. Erst will Garbers sich stur stellen und auf eine katholische Hochzeit verzichten, aber seiner Verlobten zuliebe gibt er zunächst kleinbei. Doch dann kommt das Antragsformular aus dem Bistum Paderborn. »Auf dem Gnadenwege« kann der Papst seine erste Ehe auflösen, heißt es in dem Begleitbrief. Die »Gnade« wird an Bedingungen geknüpft. Garbers muss versprechen, dass er seine Partnerin den Glauben weiterhin »bekennen lässt« und dass ihre Kinder katholisch getauft und erzogen werden. Na gut, einverstanden, auch wenn Garbers die Absicht erkennt: Neue Schäfchen braucht der Papst. Aber dann liest er, was das

Paderborner Kirchengericht sonst noch wissen will, bevor es das Ersuchen an die Glaubenskongregation in Rom weiterleitet. Er soll den Klerikern den Verlauf seiner gescheiterten Ehe schildern: »Abriß der Ehegeschichte (Umstände des Kennenlernens, Heiratsmotiv, Verlauf der Ehe, Gründe für das Scheitern der Ehe, Umstände der endgültigen Trennung)«. Hintergrund der Fragen: Für die »gnadenweise« Scheidung Ungetaufter gilt bei den Katholiken das Schuldprinzip – wie früher einmal im bürgerlichen Recht: Der Antragsteller darf nicht für das Scheitern seiner ersten Ehe verantwortlich sein.[35] Doch dem Paar sind die Fragen viel zu intim. Sie heiraten »nur« evangelisch, dafür tritt Garbers sogar in die evangelische Kirche ein. Ihre vier Zwillingskinder lassen die Garbers später trotzdem katholisch taufen. Denn die staatliche Katharinenschule gilt als die beste Grundschule der Stadt, sagt Garbers, und da werden katholische Kinder garantiert aufgenommen, alle anderen aber nur, wenn noch Platz für sie frei ist.

Mehr Bigotterie macht es leichter

Drei Viertel der Annullierungsverfahren laufen in den USA, 90 Prozent von ihnen erfolgreich. Die US-Bischöfe haben die Bigotterie zur Perfektion getrieben, aber sie machen es den Betroffenen leichter als die pedantischen Deutschen. In den USA genügt oft das Gutachten eines »psychologischen Beraters«, der einem Partner bescheinigt, in welchem Geisteszustand er oder sie Jahre zuvor wohl das Eheversprechen abgegeben hat.[36] So wurde die geschiedene Ehe des US-Kongressabgeordneten Joseph Kennedy (zwölf Ehejahre, zwei Kinder) kirchlich für ungültig erklärt, weil der Politiker bei der Eheschließung angeblich unter »lack of due discretion« litt, also die Sache nicht so ganz überblickte. Seine geschiedene Frau Sheila Rauch Kennedy erfuhr erst nach der Annullierung davon – und war so entsetzt, dass sie dagegen kämpfte und ein Buch schrieb. »Es ging mir um die moralische Entwicklung meiner Kinder«, erklärte sie. »Wenn die Kirche meine Kinder zu den Nachkommen einer Ehe erklärt, die nie existiert hat, dann gibt sie ihre heilige historische Aufgabe auf, die Ethik der Kinder zu schützen und zu stärken.«[37] Sheila Rauch hatte mit ihrem Widerstand doppelten Erfolg. Ihr Exgatte, der sich von ihrer Ehe hatte befreien wollen, aber von seiner Sheila als scheinheiliger Macker entlarvt wurde, war für viele Frauen in Massachusetts nicht mehr wählbar. Er kandidierte im Jahr nach dem Erscheinen ihres Buches nicht mehr als Abgeordneter. Und über zehn Jahre später, 2007, wurde bekannt, dass das oberste vatikanische Gericht, die Rota Romana, ihrer Berufung stattgegeben und die Annullierung der Ehe zurückgenommen hat.[38] Joe Kennedy lebte also, weil neu verheiratet, nach katholischen Maßstäben seit zehn Jahren in Bigamie.

Manchmal schafft sich der Kirchenapparat seine Nichtigkeitsgründe selbst. So wie bei einer Lehrerin einer kirchlichen Privatschule. Sie hatte nur deswegen ihren Partner kirchlich geheiratet, weil sie sonst nicht Kirchenbeamtin geworden wäre. Als diese Ehe scheitert und sie gerne wieder heiraten möchte, erkundigt sie sich beim Kirchengericht des Bistums nach Nichtigkeitsgründen. »Ja, haben Sie womöglich die Ehe nur geschlossen wegen ihrer Arbeitsstelle bei der Kirche?«, fragt der Mitarbeiter des Offizialats sie. Sie zögert. Dann sagt sie die Wahrheit: »Ja, es war wegen des Jobs.« – »Na, dann wird die Sache ja glattgehen. Die Ehe ist von Anfang an ungültig gewesen.«

Wie stets argumentiert die katholische Kirche auch in Ehefragen zeitlos – als ob es immer so gewesen sei, wie es ist. Dabei hat der Kirche »erst« im Mittelalter die Aufgabe übernommen, die Gültigkeit von Ehen festzustellen – und hat davon nicht mehr losgelassen, als der Staat später diese Aufgabe übernommen hatte. Dass die Kirche der Ort sein soll, wo der Bund fürs

Leben geschlossen werden solle, hat erst das Konzil von Trient 1563 beschlossen, die Regel gilt also nicht einmal für ein Viertel der gesamten Kirchengeschichte.[39]

Wenn die Ehe nicht annulliert wurde, so ist es für gläubige Katholiken schmerzhaft, dass sie als wiederverheiratete Geschiedene nicht am Sakrament der heiligen Kommunion teilnehmen dürfen, das bei beiden Kirchen als Zentrum des Glaubenslebens gilt. Joseph Kardinal Ratzinger hatte – vor seiner Wahl zum Papst – nur wenig Trost für sie bereit. Diese Gläubigen könnten diese Last tragen, weil »es auch andere Leute gibt, die nicht kommunizieren dürfen«. Immerhin, Ratzinger hat in Aussicht gestellt, vielleicht könne in Zukunft statt eines Gerichtes auch ein Ortsgeistlicher Ehen für ungültig erklären, quasi im Standgericht.[40]

Beim geistlichen Personal an der Basis, das das heilige Sakrament der Ehe spendet, ist die weltliche Realität – und die Not der Betroffenen – angekommen. Die Priester reagieren auf eine sehr katholische Weise: Das Dogma ziehen sie nicht in Zweifel, aber sie richten eine Umgehungsmöglichkeit ein, die bei Bedarf beschritten werden kann. Ein Priester aus dem süddeutschen Raum offenbart, dass er zuweilen als Nichtigkeitsgrund für eine Ehe irgendeinen unheilbaren Formfehler in die Trauzeremonie einbaut, nämlich dann, wenn er selbst den Eindruck hat, die Partnerschaft des Paares könnte scheitern. Bewusste begangene Formfehler, die dem Kirchenrechtsanwalt Friedolf Lappen in seiner Praxis schon begegnet sind: Der Priester lässt einen anderen Geistlichen ohne Trauvollmacht die entscheidenden Punkte der Zeremonie durchführen, oder er baut relevante Fehler in das Heiratsprotokoll ein. Ein Pfarrer trug ins Formular bei der Frage »Zwingt Sie jemand zur Ehe« ein: »Ja, der Diözesancaritasverband«, und ließ das traute Paar eine nichtige Ehe begründen.

Die forcierte »Renaissance des Religiösen«

»70 Prozent der Deutschen sind religiös.« Haben Sie sich auch gewundert, als im Dezember 2007 – rechtzeitig zum Weihnachtsfest – diese Meldung durch alle Medien ging?[41] Urheber der Nachricht ist die größte deutsche Stiftung, die Bertelsmann-Stiftung[42], die in einem »Religionsmonitor« ab sofort regelmäßig die Gretchenfrage beantworten will: »Wie hältst du's mit der Religion?« Die vielen Fragen in der Bertelsmann-Umfrage sind so aufgebaut, dass sie auch ein Nichtgläubiger, Hindu oder Buddhist beantworten kann. Ich habe es auf www.religionsmonitor.com mal ausprobiert – und schon bin ich reingefallen. Denn auf einige wenige Fragen habe ich zustimmend geantwortet: Ich denke sehr oft über »religiöse Themen« nach (besonders, weil mir gesellschaftspolitisch die religiösen Themen überbewertet sind), erlebe manchmal Situationen, in denen ich mich »mit allem eins fühle« (ist halt so'n Gefühl, vor allem zu Karneval). Ich interessiere mich dafür, »mehr über religiöse Themen zu erfahren« (kein Wunder – ein Kirchenhasser eben), ich gehe mehrmals im Jahr zu religiösen oder spirituellen Ritualen (um sie anzuschauen) und meditiere ein bisschen (was immer Unterschiedliches das sein mag). Ergebnis: Nach der Definition der Bertelsmänner bin ich »religiös«, auch wenn ich mich selbst nie so bezeichnen würde. Denn wer nur lange genug nach allen möglichen Dimensionen des Themas fragt, kann sogar den leidenschaftlichsten »Kirchenhasser« zu einem »religiösen« Menschen deklarieren. Auch wer »Gott in der Natur« sieht, steigt in der Religiositäts-Skala der Bertelsmann-Forscher.[43] Die Bertelsmann-Stiftung hat die Befragungsergebnisse zugespitzt. Denn eigentlich geht es bei der 70-Prozent-Ziffer nicht um »Religiosität«, sondern um »Resonanzfähigkeit für religiöse Semantik«, sagt der für den Fragenkatalog verantwortliche Wissenschaftler Stefan Huber[44] – aber das klingt natürlich nicht griffig genug für die Bertelsmann-Stiftung.

Als die 70-Prozent-Ziffer durch die Medien geht, reagieren die Kirchen euphorisch. »Wir freuen uns, dass in den Tiefen der Gesellschaft eine viel tiefere Religiosität herrscht, als immer angenommen«, sagt der Leiter des Katholischen Büros bei der Bundesregierung, Prälat Karl Jüsten.[45] Und der damalige EKD-Ratsvorsitzende Bischof Huber stimmt mit ein: »Es versteht sich keineswegs von selbst, dass moderne Gesellschaften säkularisiert sind.«[46]

Im Jahr darauf veranstaltet die Bertelsmann-Stiftung zusammen mit beiden Kirchen jeweils einen Workshop zu ihrer »Medienarbeit«. Die katholische Veranstaltung heißt »Zukunftsperspektive Christentum«, die evangelische »geistige Orientierung«. Die Bertelsmänner touren seitdem durch die Republik zu Veranstaltungen, auf denen Religion ins Gespräch gebracht wird. Auf ihrer Begleit-Website zum »Religionsmonitor« erklärt die Bertelsmann-Stiftung, ihr Ziel sei, »die Kirchen dabei zu unterstützen, ihre gesamtgesellschaftlichen Aufgaben noch intensiver wahrzunehmen«.[47]

Noch Fragen?

Epilog: Ich habe gelogen

Ich bekenne, ich habe gelogen. Gestern noch habe ich das »Kirchenhasser«-Manuskript zum Verlag geschickt, heute schon habe ich in einer Kirche gesungen. »Hosianna« und »Magnificat«, »Jesus Christus unser Hort« und »Tochter Zion freue Dich«. Habe das alles nicht so gemeint – eine Lüge also. Aber ich hab's genossen. Zusammen mit unserem weltlichen Chor sind aufgetreten: ein Kirchenchor, zwei Kinderchorgruppen, ein Bläserkreis, zwei Kinder-Violinensembles, eine Pianistin und ein energiereicher netter Kirchenkantor. Was dieser Musikpädagoge auf die Beine stellt, ist beeindruckend. Unser Chor hat einige besinnliche Lieder präsentiert – und dafür die anzüglichen Liebeslieder seines Repertoires in der Notenmappe gelassen. Die Kirche war gut gefüllt. Nach dem Adventskonzert hat uns der Kirchenchor zu einem selbst bestückten Buffet eingeladen, mit Salaten, Lachsschnitten, Quiche und Mousse.

Mal sehen, vielleicht machen wir auch nächstes Jahr bei dem Adventskonzert dieser Gemeinde mit und ich lüge ein bisschen beim Singen. Und wenn die Pfarrerin am Ende mit weit ausgebreiteten Armen den Abschiedssegen spendet, dann ducke ich mich wieder und horche in mich hinein, was das mit mir macht. Wahrscheinlich wieder nichts.

Anmerkungen

Viele Quellen aus dem folgenden Anmerkungsteil lassen sich im World Wide Web nachlesen. Die Links wurden hier verkürzt abgedruckt, die Anmerkungen finden sich bequem anklickbar unter www.kirchenhasser.de, neben weiteren Informationen zum Buch.

Ein Kirchenhasser-Brevier? Gott bewahre (S. 9–17)

1   Walter Kasper im Interview am 18. Februar 2009, s. http://www.domradio.de

Die reichen Kirchen (S. 18–59)

1   http://www.erzbistum-koeln.de – letzter Abruf im Februar 2010
2   Freitag Ausg. 47/2003 – http://www.freitag.de
3   Brief des Konsistoriums der evangelischen Kirche Berlin-Brandenburg schlesische Oberlausitz v. 7.2.2005 an den Humanistischen Verband Deutschlands, dokumentiert auf http://www.humanistische-akademie-deutschland.de
4   http://www.dbk.de
5   http://www.ekd.de
6   Interview mit Müller in der *Passauer Neuen Presse*, 10.10.2009
7   In NRW z. B. 88 Prozent. Im Land Hamburg sind es durch das dort existierende Gutscheinsystem 100 Prozent.
8   lt. Aufstellung in: Jürgen Franzen, Jacob Langeloh, Juliane Schmitz, Finanzierung von Schulen in freier evangelischer Trägerschaft, Hannover, Juni 2006
9   Genauer 3050 Millionen Euro, siehe Subventionsbericht der Bundesregierung No. 21, Anlage 3, Punkt 5 (S. 97)
10 http://www.erzbistum-koeln.de

11 Bericht über den Verlauf einer Versammlung kirchlicher Mitarbeiter, an der Frerk und Bistumsvertreter teilnahmen, in ZAK: Offener Brief an den Bischof (2004) http://zak-bistum-aachen.de

12 Evangelisch-Lutherische Landeskirche Mecklenburgs, Bericht des Oberkirchenrates für das Jahr 2007, S. 23

13 Pressemitteilung des 32. evangelischen Kirchentags: »Der evangelische Kirchentag in Zahlen«, S. 3

14 Grundsteuergesetz § 3 Abs. 1, Nr. 4 bis 5

15 Grundsteuergesetz § 3 Abs. 1 Nr. 6

16 Im Folgenden nach dem »Bericht des Oberkirchenrats für das Jahr 2007« an die Synode Mecklenburg, Drucksache 102

17 Bayerischer Oberster Rechnungshof, Jahresbericht 2005, S. 72ff.

18 Siehe dazu das Kapitel »Renten für die Ewigkeit«, S. 51ff.

19 Bayerischer Oberster Rechnungshof (ORH), Jahresbericht 2005, S. 72ff.

20 Umsetzungsbericht zum Prüfungsergebnis des ORH v. Juni 2008, S. 2 – http://www.orh.bayern.de

21 http://www.frauenkirche-dresden.de

22 http://www.frauenkirche-dresden.de

23 http://www.dresden.de

24 http://www.dresden.de

25 http://de.wikipedia.org

26 http://www.statistik.sachsen.de

27 Ev. Kirchenzeitung *Der Sonntag* v. 30.10.2005, Nr. 44, S. III

28 Dr. Jakob Johannes Koch, Sekretariat der Deutschen Bischofskonferenz (Bonn) »Täglich geöffnet seit 1700 Jahren. Die katholische Kirche und ihre Denkmale«, Statement zum 4.9.2007

29 http://cdl.niedersachsen.de

30 Artikel von Viva Volkmann. Steigende Bedeutung der Stiftungen, in: »Blick in den Dom«, Gemeindebrief der ev.-luth. Domgemeinde zu Verden, Ausgabe 2, Mai bis August 2009.

31 VG Freiburg, Urteil v. 17.7.2009, 2 K 1746/08 zit. nach: http://www.haufe.de

32 Hartmut Zapp, Körperschaftsaustritt wegen Kirchensteuern – kein »Kirchenaustritt«, in Kirche und Recht, 1/2007, auszugsweise zitiert von kath.net, siehe auch http://www.kirchensteuern.de

33 Erklärung des Ständigen Rats der Deutschen Bischofskonferenz v. 24.4.2006, siehe http://www.uni-tuebingen.de

34 Landtag von Baden-Württemberg, Drucksache 14/1714 v. 14.9.2007

35 http://www.dhuw.de

36 Wolfgang Lüder, Einige sind gleicher, Textarchiv des FoWid, TA 2001-2

37 Haushaltsplan 2009 des Landes Baden-Württemberg, Teilhaushalt 4, Haushaltstitel 684 05

38 Landtag von Baden Württemberg, Plenarprotokoll 14/37
    v. 18.12.2007, S. 2499

39 Wortlaut: http://www.uibk.ac.at

40 Gerhard Czermak, Religions- und Weltanschauungsrecht. Berlin u.
    Heidelberg 2008, S. 180

41 Pressemitteilung, Bayerisches Staatsministerium für Wissenschaft,
    Forschung und Kunst, heruntergeladen am 13.11.2006, siehe http://www.
    uni-augsburg.de

42 Website des theologischen Instituts an der Uni Bamberg am 15.10.2009,
    http://www.uni-bamberg.de

43 Hans Erich Feine, Die Besetzung der Reichsbistümer vom Westfälischen
    Frieden bis zur Säkularisation 1648–1803 (Kirchenrechtliche
    Abhandlungen 97/98), Stuttgart 1921 (ND Amsterdam 1964), S. 503,
    zit. n. Horst Herrmann, Die Kirche und unser Geld, Hamburg 1990, S. 81

44 Günter Dippold, Das Ende des Klosters Langheim, in: Renate Baumgärtel-
    Fleischmann, Bamberg wird bayerisch. Die Säkularisation des Hochstifts
    Bamberg 1802/1803, Bamberg 2003, S. 125

45 ebd., S. 129

46 Frank Wittich, Die Verpflichtungen des Staates als Rechtsnachfolger der
    Klöster und Stifte, in: Josef Kirmeier/Manfred Treml, Glanz und Elend der
    alten Klöster. Säkularisation im bayerischen Oberland 1803, München
    1991, S. 116

47 ebd., S. 117

48 Jens Petersen, Die Historische Entwicklung der Kirchensteuer, am
    30.9.2007 hochgeladenes Manuskript auf http://www.ekd.de, S. 1

49 Horst Herrmann, Die Kirche und unser Geld, Hamburg 1990, S. 75

50 Hildebrand Troll, Kirche in Bayern. Verhältnis zu Herrschaft und Staat
    im Wandel der Jahrhunderte. Ausstellung des Bayerischen Hauptstaats-
    archivs anlässlich des 88. Deutschen Katholikentags 1984 in München.
    Katalog, München 1984, Texte zu den Ausstellungsstücken No. 67, 70
    und 102

51 Bayerischer Oberster Rechnungshof, Jahresbericht 2005, S. 72 ff.

Kirche und Staat (S. 60–97)

1 Bilanz des Wanderkirchenasyls von Jürin Fritzlar, 2003, ausgewertet in
   Impulse 2/2004 (Gemeindeblatt) »Diakonisch top – politisch ein Flop?
   Wanderkirchenasyl in Köln-Rath-Heumar«

2 Mitgliederliste, Stand 27.5.2008: http://www.fluechtlingsrat-nrw.de –
   Anita Goldbeck, die Vertreterin der Wohlfahrtsverbände, arbeitet beim
   ev. Kirchenkreis Recklinghausen

3 Nach § 23 a des Zuwanderergesetzes

4 Entscheidungsgrundsätze für die Arbeit der Härtefallkommission beim Innenministerium des Landes Nordrhein-Westfalen – http://www.im.nrw.de

5 Andreas Schwantner, Fachkommission Asyl amnesty international: Die Härtefallkommissionen der Bundesländer. Stand: Dezember 2008

6 So zum Beispiel in einer Pressemitteilung der Evangelischen Kirche im Rheinland vom 29.11.2005

7 S. S. 20 des Tagungsberichts zur Asylrechtstagung in Paris 2004

8 Hans Engel: »Das Zuwanderungsgesetz vom 30. Juli 2004«, Referat zur Tagung »Das Zuwanderungsgesetz und seine Konsequenzen für die kirchliche und diakonische Migrationsarbeit im Rheinland« der ev. Kirche im Rheinland und dem Diakonischen Werk der Ev. Kirche im Rheinland am 2.10.2004 in Bonn

9 § 7, Abs. 5 der Asyldurchführungsverordnung Bayern

10 Katholische Nachrichtenagentur v. 27.5.1993, zit. n. Abschrift durch Helmut Leuninger, http://www.leuninger-herbert.de

11 § 46 Gesetz über Urheberrecht und verwandte Schutzrechte

12 § 1 Baugesetzbuch, Abs. 6, Punkt 6

13 § 13 Wehrpflichtgesetz

14 § 1 Abs. 4 letzter Satz Mitbestimmungsgesetz

15 § 13 Abs. 1, No 16 Erbschaftssteuer- und Schenkungssteuergesetz

16 § 12, Abs. 2 Satz 1 Zivildienstgesetz

17 § 52 Abs. 5 des niedersächsischen Schulgesetzes

18 § 38 Krankenhausgesetz NRW

19 Weimarer Reichsverfassung, Art. 137, Abs. 3 – der Artikel gilt nach Art. 140 GG weiter

20 Z. B. Landesbeamtengesetz NRW § 85

21 § 166 StGB, Abs. 1 und 2

22 http://www.spiegel.de

23 http://www.fr-online.de

24 Gerhard Czermak, Religions- und Weltanschauungsrecht, Berlin Heidelberg 2007, S. 140

25 ebd., S. 152

26 ebd., S. 143

27 Süddeutsche Zeitung v. 7.9.2009

28 BKU-Journal 4/2006, S. 6

29 Liste in: Programm des Kirchentags 2009, S. 534

30 Sonderurlaubsverordnung Bund http://bundesrecht.juris.de

31 Sonderurlaubsverordnung Niedersachsen § 3, Abs.2, Punkt 4 und 5 http://cdl.niedersachsen.de
Sonderurlaubsverordnung NRW, § 7 Punkt 7

32 Mitschnitt der Bibelarbeit, Audiodatei der Kirchentags-Pressestelle

33 Angelika Dörfler-Dierken, Zur Entstehung der Militärseelsorge, Strausberg 2008, S. 43 (Wehrmacht war damals noch die Bezeichnung, erst 1957 wurde es »Bundeswehr«)

34 in: *Neue Westfälische Volkszeitung* v. 12.11.1935, zit. bei Kurt Gaede, Prediger des Atomtodes, S. 86

35 Süddeutsche Zeitung vom 11.2.2010

36 http://www.tagesspiegel.de v. 11.2.2010

37 A. Dörfler-Dierken, Militärseelsorge, S. 13

38 Formulierung auf der Website von www.ekd.de – nicht mehr online, von Gerhard Czermak heruntergeladen, s. Gerhard Czermak, Religions- und Weltanschauungsrecht, Berlin Heidelberg 2007, Nr. 414

39 G. Czermak, Weltanschauungsrecht, Nr. 407 bis 416

40 http://www.ekd.de

41 Abgedruckt in: Sekretariat der Deutschen Bischofskonferenz (Hg.): Bischöfe zum Frieden. Bonn 1983 (Stimmen der Weltkirche Bd. 19)

42 Marcus Wegner, Der Teufel spricht Deutsch, Gütersloh 2009. Die Absage der Redaktion hat Marcus Wegner incl. Begründung schriftlich

43 BR, Münchner Runde, Wiederholung auf EinsExtra v. 22.7.2009

44 Kilian Trotier (KAS), Dicht am Mann, 2.6.2009 – http://www. militaerseelsorge.bundeswehr.de

45 Bundeshaushalt 2009, Einzelplan 1404, Titel 422 01

46 Bundeshaushalt 2009, Einzelplan 1404, Titel 531 02 und 532 02

47 http://www.militaerseelsorge.bundeswehr.de/

48 Domradio Köln, 16.9.09

49 Hans-Dieter Bamberg, Militärseelsorge in der Bundeswehr. Schule der Anpassung und des Unfriedens. 1970, Anm. 2, S. 262, zit. n. Hartwig Hohnsbein, Fest in der Tradition verankert – die Militärseelsorge (2003), http://bs.cyty.com

50 EED-Arbeitsbericht 2008, S. 16f.

51 Bundeshaushalt 2009, Einzeltitel 89604-023

52 Misereor Jahresbericht 2008, S. 45

53 Misereor Evaluierungsbericht 2008, S. 62

54 Interview mit Richard Brand in: eins, Ausgabe 20/2006

55 *Academia* 4/2008, S. 255f.

56 Matthias Thieme, »Ambulanz für Arme nur auf dem Papier«. In: *Frankfurter Rundschau* v. 26.6.2008

57 Informationsgespräch mit Thomas Seibert, medico international, im Aug. 2009 und mit Jürgen Weber, Aug. 2009

58 Tsunami. Competition, Conflict and Cooperation. Research Report by medico international and Rural Education and Development Society, Sept. 2006, S. 31f.

59 Zahlen des Internationalen Komitees vom Roten Kreuz, 21.1.2010, http://www.icrc.org

60 Bei einem von der Deutschen Welle veranstalteten Pressegespräch Anfang
Oktober 2009 in Bonn

61 Dokumentiert in: *Christianity Today*, 22. Februar 2006, http://www.
christiantoday.com

62 Interview von Akinola mit *Christianity Today* im April 2006

63 Siehe Stellenanzeigen der AGEH (Arbeitsgemeinschaft Entwicklungshilfe) #2390, #2394, #2395 und #239 online im Sept. 2009 auf
http://www.ageh.de

64 http://www.brot-fuer-die-welt.de

65 http://www.ekd.de

Kulturkämpfe: Immer die Schulen (S. 96–129)

1 http://www.evangelische-schulen-in-deutschland.de – Tabelle
»Evangelische Schulen in Deutschland«

2 http://www.schulstiftung-ekbo.de

3 http://www.schulstiftung-ekbo.de- Abruf 2.2.2010

4 http://www.ekbo.de

5 http://www.ev-johannitergymnasium-wriezen.de

6 http://www.moz.de

7 http://www.moz.de

8 http://www.moz.de

9 Z. B. aktuell im Dezember 2009 in Kleve-Rindern: http://www.derwesten.de

10 Z. B. in Köln-Longerich: http://gemeinden.erzbistum-koeln.de

11 Erzbistum Köln, Schulreferat: Die katholische Bekenntnisschule in NRW.
Informationen zur Rechtslage und Argumentationshilfen, ohne Jahr
(erhalten 2009), S. 9

12 Schulgesetz NRW, § 26 Abs. 3

13 Weihnachtspfarrbrief der katholischen Gemeinde St. Thomas Morus,
Neuss-Vogelsang, http://gemeinden.erzbistum-koeln.de

14 § 129 Schulgesetz Niedersachsen

15 http://www.elterninitiative-lohne.de

16 http://www.vatican.va

17 http://www.elterninitiative-lohne.de, »Stand 23.11.2006«

18 http://www.elterninitiative-lohne.de, »Stand 23.11.2006«

19 *Oldenburgische Volkszeitung* v. 20.12.2008, zitiert nach: http://www.
elterninitiative-lohne.de

20 Stellungnahme des katholischen Büros NRW v. 22. Mai 2006 zum Entwurf
des NRW-Schulgesetzes, S. 9

21 Antwort der Landesregierung NRW auf die Kleine Anfrage 2658 der
Abgeordneten Sigrid Beer, Grüne, Drucksache 14/7171 – 19.8.2008

22 Erzbistum Köln, Schulreferat: Die katholische Bekenntnisschule in NRW,
S. 16

23 Schuljahr 2008/2009, Excel-Tabelle aus Datendurchlauf des NRW-
   Landesamtes für Datenverarbeitung und Statistik für den Autor, Juli 2009

24 Laut Schulpflegschaftsvorsitzendem Markus Boenisch in der *Neuen Ruhr/
   Rhein Zeitung* v. 12.2.2005

25 Karl Böck (Ministerialdirektor a.D. im bayr. Kultusministerium), Die
   Änderung des Bayerischen Konkordats von 1968, Rede zum Erhalt der
   Ehrendoktorwürde der katholischen theologischen Fakultät der
   Universität Augsburg am 17.2.1989, Augsburger Universitätsreden,
   Bd. 14, S. 27f.

26 Aushang der Schulleitung in der Schule – liegt dem Autor vor.

27 http://www.proethik.info

28 http://www.christen-pro-ethik.de

29 http://www.wahlen-berlin.de

30 http://www.ref-flawil.ch

31 http://www.spiegel.de

Die Kirchen und ihre Geschichtsverfälschungen (S. 130–164)

1 Beilage zu »Schule und Erziehung. Mitteilungen der Vereinigung der
   Katholiken Deutschlands zur Verteidigung und Förderung der christlichen
   Schule und Erziehung« (kath. Schulorganisation) Nr. 5/1918

2 Alles zitiert aus: »Schule und Erziehung« Jg. 6, 1/1918, Düsseldorf, Februar
   1918, S. 1, 3 und 38

3 Alles in bzw. zitiert nach: »Schule und Erziehung«, 1919, S. 73f.

4 Hermann Marx, »Elternrecht und Bekenntnisschule im Lichte des Wandels
   in der Rechtswissenschaft«, in: *Schule und Erziehung. Vierteljahresschrift
   für die wissenschaftliche Grundlegung der katholischen Schulbewegung,*
   Jg. 1932, S. 75–82

5 Josef Schröteler, SJ, »Katholisches Bildungsideal und nationalpolitisches
   Bildungswollen«, in: *Schule und Erziehung. Vierteljahresschrift für die
   wissenschaftliche Grundlegung der katholischen Schulbewegung,* Jg. 1933,
   S. 138

6 »Die Schulfrage auf dem Essener Katholikentag«, in: *Schule und Erziehung,*
   Jg. 1932, S. 341ff.

7 Verhandlungen des Deutschen Reichstags, VIII. Wahlperiode 1933 –
   Stenographische Berichte Bd. 457. Berlin 1934, (2. Sitzung, Donnerstag,
   23. März 1933, S. 28) – digitalisiert von der Bayerischen Staatsbibliothek:
   http://www.reichstagsprotokolle.de

8 A. Scharnagl, »Die Schulbestimmungen des Reichskonkordats«, in: *Schule
   und Erziehung,* Jg. 1933, S. 193–199

9 Dietrich Bonhoeffer, Werke, Bd. 8, S. 607

10 Uta Ranke-Heinemann, Ein Antisemit und Kriegsfreund, in: *junge welt*
   v. 7.10.2005, S. 10

11 Ernst Klee. Die SA Jesu Christi, Frankfurt 1989, S. 119–121

12 Auch online auf http://www.uek-online.de

13 *Junge Kirche*, Jg. 1934, S. 243, zitiert nach: Hans Prolingheuer, Kleine Politische Kirchengeschichte. 50 Jahre evangelischer Kirchenkampf, Köln 1984, S. 81 (Die *Junge Kirche* war eine Publikation der Bekennenden Christen.)

14 Pfarrer Lambert Schauen, Mein Dienst in der Bekennenden Gemeinde in Essen Bergeborbeck vom 2.7.1984, in: Archiv Gemeindeamt Bergeborbeck

15 Prolingheuer, Kleine politische Kirchengeschichte, S. 79

16 Hans Prolingheuer, Der Fall Karl Barth, Neukirchen 1984, S. 86

17 Klaus Kühlwein: Die Enzyklika »Mit Brennender Sorge«

18 Archivio Segreto Vaticano (ASV), Affari Ecclesiastici Straordinari (= A.E.S.), Germania, Pos. 643, Fasc. 158, Bl. 16r–17r, zit. n. Klaus Kühlwein: Die Enzyklika »Mit Brennender Sorge«, s. http://zukunft-braucht-erinnerung.de

19 Ernst Klee, Dokumente zur Euthanasie, S. 39

20 Theresia Benedikta a Cruce, Edith Stein. Freiburg u.a. 1958, 4. Aufl., S. 59f.; zit. n. Richard Faber, Katholizismus in Geschichte und Gegenwart, Würzburg 2005, S. 20

21 Zitiert nach: Hans Prolingheuer, Judennot und Christenschuld, in: H. Frankenmölle (Hg.), Opfer und Täter, Bielefeld 1990, S. 133

22 Hans Prolingheuer. Die Kreuzkapelle und der Umgang der evangelischen Kirche mit den Christen jüdischer Herkunft 1937 bis 1945, Vortrag v. 1.4.1999. Aktualisiertes Manuskript v. Februar 2008, S. 13. http://www.kirchengeschichten-im-ns.de

23 Hans Prolingheuer, Kleine politische Kirchengeschichte, S. 182, Anm. 104

24 http://www.kirchenlexikon.de

25 Hans Prolingheuer, Die Kreuzkapelle, a.a.O., S. 8–18

26 Kirchengesetz der Generalsynode der Evangelischen Kirche der Altpreußischen Union v. 6.9.1933, in Auszügen abgedruckt in: Georg Denzler/Volker Fabricius, Christen und Nationalsozialisten, Frankfurt 1993, S. 273f.

27 Ernst Klee, Die SA Jesu Christi, S. 114

28 ebd., S. 84

29 ebd., S. 96

30 ebd., S. 96

31 Wilhelm Niemöller, Die Vierte Bekenntnissynode der Deutschen Evangelischen Kirche zu Bad Oeynhausen, Göttingen 1960, S. 101

32 Ostfriesische Landesbibliothek: Biografisches Lexikon für Ostfriesland (Datenbank) – Eintrag von Heinrich Buurmann über Otto Taleus Eberhard Buurmann

33 Ernst Klee, Die SA Jesu Christi, S. 100

34 ebd., S. 101

35 ebd., S. 102

36 Einschätzung von Georg Denzler/Volker Fabricius, Christen und Nationalsozialisten. Frankfurt 1993, S. 133

37 Forschungsbericht des Kölner NS-Dokumentationszentrums EL-DE-Haus, ca. 2006 – aus meinen Notizen dazu

38 Ernst Klee (Hg.), Dokumente zur »Euthanasie«, Frankfurt 2001, S. 143

39 Ernst Klee (Hg.), Dokumente zur »Euthanasie«, Frankfurt 2001, S. 233–236

40 Schreiben von Gerhard Schorsch an den Regierungspräsidenten in Minden v. 20.1.1941, abgedruckt in: Ernst Klee (Hg.), Dokumente zur »Euthanasie«, Frankfurt 2001, S. 188f.

41 Abgedruckt in: Denzler/Fabricius, Christen und Nationalsozialisten, S. 133ff.

42 Ernst Klee, »Euthanasie« im NS-Staat, Frankfurt 1985, S. 212

43 ebd., S. 213f.

44 Abgedruckt in: Ernst Klee (Hg.), Dokumente zur »Euthanasie«, Frankfurt 2001, S. 194–198f.

45 Harald Jenner, Joachim Klieme (Hg.), Nationalsozialistische »Euthanasie«-Verbrechen und Einrichtungen der Inneren Mission: eine Übersicht. Reutlingen 1997, 284ff., zitiert nach: Quellen zur Geschichte der »Euthanasie«-Verbrechen 1939–1945 in deutschen und österreichischen Archiven. Ein Inventar. Im Auftrag des Bundesarchivs bearbeitet von Dr. Harald Jenner (ca. 2003), http://www.bundesarchiv.de

46 Abgedruckt in: Ernst Klee (Hg.), Dokumente zur »Euthanasie«, Frankfurt 2001, S. 290–297

47 Hans Prolingheuer. Die Kreuzkapelle … a.a.O, S. 16.

48 gemäß dem Gesetz zum Schutze der nationalen Symbole v. 19.5.1933 und dem Gesetz zum Schutze von Bezeichnungen der NSDAP v. 7.4.1937 – zit. n. Prolingheuer, Wir sind in die Irre gegangen, S. 267, Anm. 216

49 Hans Prolingheuer, Wir sind in die Irre gegangen. Die Schuld der Kirche unterm Hakenkreuz. Köln 1987, S. 163

50 epd Landesdienst Bayern v. 24.9.2007

51 Hans Prolingheuer, Wir sind in die Irre gegangen, S. 162

52 Beate Albrecht, Evangelische Publizistik und NS-Diktatur (Diss.), Hannover 2002, S. 278f.

53 Denzler/Fabricius, Christen und Nationalsozialisten, S. 347

54 Ernst Klee, Persilscheine und falsche Pässe. Wie die Kirchen den Nazis halfen. Frankfurt 1991, S. 16

55 ebd., S. 14

56 ebd., S. 11

57 ebd., S. 14

58 Interview in Phoenix TV, 21.5.2009, 10.24 Uhr (Mitschnitt)

59 Wilhelm Busch, Freiheit aus dem Evangelium. Meine Erlebnisse mit der Geheimen Staatspolizei. Neukirchen-Vluyn, 2006, S. 12

60 ebd., S. 11

61 ebd., S. 12

62 Dietrich Bonhoeffer Werke, Bd. 6, S. 129–132

Kirchen-PR: Die Medienstrategien der Kirchen (S. 179–211)

1 Arnd Brummer, Mission Impossible oder: das lose Bekenntnis der Religionslosen, in: Klaas Huizing, Klaus F. Rupp, Medientheorie und Medientheologie, Münster 2003, S. 38ff.

2 ebd.

3 ebd.

4 http://www.chrismon.de

5 http://www.chrismonblogs.de

6 http://www.ekd.de

7 Ankündigung des Vortrag im August Pieper Haus, Aachen, am 20.1.2010, Bischöfliches Generalvikariat: Fortbildung Exerzitien Besinnungstage 2010, Seminar FB 05/10, http://downloads.kirche-im-bistum-aachen.de, wortgleich ein Theveßen-Vortragstext, der im NDR-Magazin Zapp am 15.4.2009, 23 Uhr zitiert wurde

8 Gerhard Czermak, Religions- und Weltanschauungsrecht, S. 231

9 http://www.kirche-im-aufbruch.ekd.de

10 E-Mail von Martin Gartzke, Pressesprecher des NDR, v. 4.11.2009

11 http://ostholstein.mediaquell.com

12 http://kirche.tv

13 http://www.provobis-hamburg.de

14 E-Mail von CRTN-Koordinator Christian Raphael Heine v. 8.9.2009 über den CRTN-Verteiler

15 »And just as the Catholic Church has been a leader in treatment, it is now becoming a leader in prevention …« – http://www.crtn.org

16 http://www.matthias-film.de

17 http://www.eikon-film.de

18 http://www.eikon-film.de

Arbeitgeber Kirche (S. 212–243)

1 Stiftungen von Bodelschwinghsche Anstalten Bethel, Jahresbericht 2008/2009, S. 36 http://www.bethel.de

2 ebd., S.33

3 Ausstellung zum 100-jährigen Jubiläum, im April 2009 abfotografiert in Erkner

4   Mein Mitschnitt des Jubiläumsgottesdienstes am 26.4.2009, auch im
    RBB-Archiv vorhanden

5   Peter Wensierski: Schläge im Namen des Herrn. Die verdrängte Geschichte
    der Heimkinder in der Bundesrepublik, München 2006

6   http://www.schlaege.com

7   http://www.ruhr-uni-bochum.de

8   Zahlen und Zitate: Katholische Nachrichtenagentur v. 6.10.2009

9   »450 000 Euro als Goldener Handschlag«, *Nürnberger Nachrichten*
    v. 30.11.2009

10 So die Fragestellung einer Veranstaltung »McPflege« auf dem ev.
    Kirchentag in Bremen am 28.5.2009

11 Johannesstift Jahresbericht 2008/2009, Juli 2009, S. 3ff.

12 Schreiben des Caritasverband Hannover e.V. an die Mitarbeiter v.
    13.7.2009

13 Pressemitteilung des Deutschen Caritasverbandes v. 20.11.2009 und
    http://www.netzeitung.de

14 Mitteilung der Gesamtmitarbeitervertretung der Diakonie Hannover

15 BKU-Journal 3/2007, S. 13

16 epd südwest v. 25.11.2009

17 *Hamburger Abendblatt* vom 17.6.2005,
    Hamburger Abendblatt vom 4.1.2007

18 http://www.st-elisabeth-doh.de/

19 http://www.regensburger-universitaetsstiftung.de

20 http://www.hdoc.de

21 Dokumentation der Mitarbeitervertretung, »Chronologie der
    Auseinandersetzungen …«, ohne Datum (Frühjahr 2009)

22 Der Bischof zelebrierte die Messe, Götz hielt die Festrede beim Treffen des
    »Philisterzirkel Neumarkt« am 18.11.2006, s. *Mittelbayerische Zeitung*,
    19.11.2006

23 *Nürnberger Nachrichten*, 23.1.2010

24 http://www.ag-mav.de

25 Pohl-Äußerung auf der Veranstaltung »McPflege« auf dem Bremer
    Kirchentag am 28.5.2009

26 Pastor Ulrich Pohl, »An die Leserinnen und Leser der Süddeutschen
    Zeitung« – Mitte November 2009

27 Zum 31.12.2006 – neue Caritas 5/2008, S. 38. Die neue Statistik mit
    Stichtag 31.12.2008 war bis Februar 2010 noch nicht veröffentlicht.

28 Zum 1. Januar 2008, s. Diakonische Texte 9/2009, S. 91

29 (Stand 2005) Evangelische Kirche in Deutschland. Zahlen und Fakten zum
    kirchlichen Leben, S. 21

30 Carsten Frerk, Finanzen und Vermögen der Kirchen in Deutschland,
    Aschaffenburg 2002

31 Urteil L 1 AL 162/05

32 Kirchengesetz v. 18.11.2006 der evangelisch-lutherischen Landeskirche Mecklenburgs

33 Allgemeines Gleichbehandlungsgesetz § 9, Abs. 1

34 *TAZ Nord*, v. 31.5.2007, *Spiegel online* vom 11.12.2007, ArbG Hamburg Urteil vom 4.12.2007, 20 Ca 105/07, LArbG Hamburg Urteil vom 29.10.2008, 3 Sa 15/08, Zulassung der Beschwerde beim BAG: 8 AZN 40/09 – Auskünfte und Pressemitteilung des RA Sebastian Busch, Hamburg, v. 17.6.2009

35 Richtlinie 2000/78/EG zur Gleichbehandlung im Bereich der Beschäftigung v. 27.11.2000

36 Loyalitätsrichtlinie der EKD vom 1.7.2005, S. 1–2

37 Erklärung der deutschen Bischöfe zum kirchlichen Dienst (1993), 11. Auflage 2008, S. 10

38 M – Eine Kirche hat einen Bischof, Radiofeature von Christoph Fleischmann, WDR 5, 21.12.2008. Manuskript, S. 12f.

39 *Focus* v. 21.6.1993

40 http://www.betriebsraete.de, und: Entscheidungen in Kirchensachen Bd. 1993, S. 440ff.

41 *Focus* v. 21.6.1993

42 Zitiert nach BAG-Entscheidung 2 AZR 226-93

43 WDR-Fernsehen, 28.12.2008, Sendung »tag 7. Ein Tag mit Kardinal Meisner«

44 http://www.phil.uni-sb.de

45 *Die Welt* v. 12.9.2008

46 Süddeutsche Zeitung v. 26.10.2007

47 Leserbrief von Hartmut Zielinski an die Zeitschrift *Academia*, Oktober 2003

48 Bartholomäus Grill: Vorwort zur Taschenbuchausgabe von Grill/Hippler, Gott AIDS Afrika, Bergisch Gladbach, April 2009, S. 9f.

49 Majella Lenzen, Kirchenobere und Kondome. *Publik-Forum* 19/2009, S. 46

50 zit. n. Christoph Fleischmann, Arbeiten ja, aber nicht für einen Appel und ein Ei, in: *Publik-Forum*, 11/2008, S. 72

51 Die Tarifordnungen sind dokumentiert in: Adolph, A., Kleinschmidt, G. (1938): Die neue Tarifordnung für Angestellte im öffentlichen Dienst. Industrieverlag Spaeth & Linde. Berlin – zitiert nach Hermann Lührs, Die Dienstgemeinschaft als Abgrenzungsprinzip, Manuskript 2006

52 Jürgen Klute, Zeittafel: Mitbestimmung in Wirtschaft, Kirche und Diakonie, Unterlage zum Vortrag in Nürnberg, 27.11.2006, S. 4

53 Werner Kalisch, »Grund- und Einzelfragen des kirchlichen Dienstrechts«. In: Zeitschrift für evangelisches Kirchenrecht. 2. Bd. 1952/1953, zit. n. Hermann Lührs, a.a.O.

54 http://www.ark-bayern.de – letzter Zugriff am 17.11.2009

55 Z. B. Heide-Marie Wimmer, seit 1996 Geschäftsführerin der Gesamt-
kirchengemeinde Coburg und Leiterin des KGA – sie ist auch in der zum
1.12.2009 neu formierten Kommission.

56 Von 2297,55 Euro in Gruppe 9 E auf 2069,68 Euro in Gruppe 8 ab
1.10.2008

57 Ordnung zur Mitwirkung bei der Gestaltung des Arbeitsvertragsrechtes
durch eine Kommission für den Bereich des Bistums Limburg (KODA),
Rechtssammlung des Bistums Limburg, Dokument V b1, § 20, Abs. 3,
Satz 3

58 Protokoll der Landessynode v. 13.1.2005, Drucksache 7, Anhang S. 227ff.:
Wahlen zum ständigen Kirchenordnungsausschuss: No. 17: Richterin am
Verwaltungsgericht Petra Riege

59 »Katholiken: Vergebung nur für wenige Sünder« in: *Focus*, 16.1.1995

60 »Arzt attackiert Erzbischof« in: *Westfälische Rundschau*, 31.1.2007

Das geistliche Personal (S. 212–243)

1 http://www.drpaulschulz.eu und *Der Spiegel* v. 4.12.1978

2 http://www.ekir.de

3 Manfred Josuttis: Wirkungen eines (Vor-)Urteils, in: Transparent Nr. 89,
Juli 2008

4 So z. B. die Formulierung im Pfarrdienstgesetz der ev. Kirche von
Westfalen-Lippe, § 88

5 Hans-Eberhard Dietrich, Der Wartestand der protestantischen Kirchen.
Seine Herkunft aus dem Reichsbeamtengesetz von 1937 (Deutsches
Pfarrerblatt 2004)

6 Karl Martin, Sabine Sunnus, Ingrid Ullmann (Hg.): Berufung, Rufmord,
Abberufung. Der Ungedeihlichkeitsparagraf in den evangelischen Kirchen:
Der falsche Weg, Konflikte zu lösen. Wiesbaden Berlin 2007

7 Johannes Duven (Einsatzleiter), Notfallseelsorge beim 16. Bizarre-Festival
2002, Manuskript S. 13

8 »Checklisten für den Einsatz von Notfallseelsorge in Großschadenslagen«
auf www.ekir.de

9 Phoenix »Kamingespräch« mit Margot Käßmann, 13.12.2009, 13.23 Uhr

10 Vortrag Gisbert Greshake im Kölner Domforum am 25.9.2009

11 Interview im Domradio, 29.11.2005

12 http://www.taz.de

13 *Süddeutsche Zeitung* v. 27.11.2009

14 http://www.dbk.de

15 http://www.dbk.de

16 http://www.dbk-priesterjahr.de

17 http://www.dbk-priesterjahr.de

18 *Süddeutsche Zeitung* v. 28.11.2009

19 http://www.bistum-augsburg.de

20 Blogger »Yeliena« am 22.8.2005 12:25 in: http://www.weltjugendtagblog.de

21 Schilderung nach der DVD von dem Treffen, die von Johannes Enichlmayr über http://www.neuevangelisierung.at vertrieben wird. Siehe auch: NEV, v. 7.1.2006, 14. Jg., Nr.1, heruntergeladen am 22. August 2009 von derselben Site

22 Streitgespräch mit Parzany und Volker Beck in: idea – Informationsdienst der ev. Allianz

23 »frontal 21« v. 4.8.2009

24 http://www.ekd.de

25 http://www.zerg.uni-bonn.de

26 Konrad Lotter, »Die Konkordatslehrstühle an den bayerischen Universitäten«, in: *Widerspruch – Münchener Zeitschrift für Philosophie* 45/2007

27 »Professor von Bischofs Gnaden«, Interview mit Alexander von Pechmann, *Süddeutsche Zeitung* v. 11.6.2008

28 ebd.

29 Daniel Gotthardt: Konkordatslehrstühle (2007), http://www.laizisten.de

30 Angelika Dörfler-Dierken, Zur Entstehung der Militärseelsorge und zur Aufgabe der Militärgeistlichen in der Bundeswehr. Sowi-Forschungsbericht 83, Strausberg, März 2008

31 http://www.bistum-regensburg.de

32 *Frankfurter Rundschau* v. 18.10.2007

33 Gerd Lüdemann, Der Große Betrug. Und was Jesus wirklich sagte und tat. Lüneburg 1998, S. 35ff.

34 Bundesverfassungsgericht, Pressemitteilung v. 18.2.2009 über den Beschluss v. 28.10.2008, 1 BVR 462/06

Der »christlich-islamische Dialog« – ein Vehikel für Verkirchlichung und Islamisierung (S. 244–253)

1 *Berliner Morgenpost* vom 28.07.2008

2 epd v. 12.3.2006

3 http://www.kirchentag2005.de

4 Das Statistische Bundesamt nennt 3,3 Mio., die Studie »Muslimisches Leben in Deutschland« (BAMF) 2009 nennt 3,8 bis 4,3 Mio.

5 Claus Leggewie, Religion zwischen Staat und Kirche. Das Problem der muslimischen Repräsentanz in Deutschland. *Spiegel Special* 2/2008, S. 28f.

6 Netzwerk Migration in Europa (Hg.) Newsletter Migration und Bevölkerung, Mai 2007, S. 1 (www.focus-migration.de)

7   Annegret Reese, Gewalt gegen Frauen – Normverletzung oder
    Normverlängerung? Gewalterfahrungen als kritisches Korrektiv für
    eine theologisch verantwortete Rede vor Gott, in: Essener Unikate
    21/2003, S. 26

8   Daniela Hammelsbeck, Theologische Wurzeln der Gewalt gegen Frauen.
    Vortrag am 25.11.2005

9   Rainer Hering, Frauen auf der Kanzel? Die Auseinandersetzungen um
    Frauenordination und Gleichberechtigung der Theologinnen in der
    Hamburger Landeskirche, aus: Kirchliche Zeitgeschichte (20. Jahr-
    hundert), Hamburgische Kirchengeschichte in Aufsätzen, Teil 5
    (Arbeiten zur Kirchengeschichte Hamburgs, Bd. 26). Hrg. v. Rainer Hering
    und Inge Mager, S. 105–153

10 RBB v. 20.10.2009, »klipp und klar«, Mitschnitt der Sendung

11 Z. B. Ilhan Kizilhan, Ehrenmorde, Regener 2006

12 Z. B. in Viersen am 20.11.2009 – Veranstaltung des christlich-
    muslimischen Frauenkreis

13 *Westdeutsche Allgemeine Zeitung* v. 16.7.2005

14 idea, Informationsdienst der evangelischen Allianz, 6.3.2008

15 *Die Tageszeitung*, 16.7.2003, S. 7

16 *Hannoversche Allgemeine Zeitung* v. 27.1.2009, S. 1

17 *Süddeutsche Zeitung* v. 31.8.2009

18 http://egora.uni-muenster.de

19 »Ich bin multireligiös« – Religionskomponisten schöpfen aus
    verschiedenen Brunnen, Radiofeature von Christian Modehn, WDR 5,
    11.6.2009 http://www.wdr3.de

20 ebd.

Das »christliche Menschenbild« (S. 254–286)

1   Text der Rede unter: http://www.domradio.de

2   *Focus* v. 19.9.2007

3   http://www.kirche-im-aufbruch.ekd.de

4   Josiah Ober/Stephan Macedo in: Frans de Waal, Primaten und
    Philosophen. München 2008, S. 11

5   ebd., S. 10

6   Jan Assmann, Die mosaische Unterscheidung. Oder der Preis des
    Monotheismus. München 2003. S. 12f.

7   ebd., S. 73f.

8   http://www.erzbistum-koeln.de

9   Karl Jaspers, Vom Ursprung und Ziel der Geschichte, München 1949,
    S. 30, S. 14 und S. 73

10 Konfuzius, Gespräche 15,23 – zit. n. Hans Küng, Projekt Weltethos,
    München 1990

11 In der Talkshow »Friedman«, zitiert in: http://www.handelsblatt.com
12 http://www.radiovaticana.org
13 *Spiegel online* v. 20.4.2006
14 Wolfgang Huber, In Verantwortung vor Gott und den Menschen. Fragen politischer Ethik vor christlichem Hintergrund. Vortrag am 1.10.2002 vor dem Deutschen Pfarrertag in Kiel.
15 Norbert Sommer/Thomas Seiterich, Rolle rückwärts mit Benedikt. Wie ein Papst die Zukunft der Kirche verbaut. Oberursel, Mai 2009, S. 54
16 Wolfgang Böckenförde, Staat Gesellschaft Freiheit, 1976, S. 60, zitiert nach Margot Käßmann, Werte als Standortvorteil. Von der notwendigen Wertediskussion in Wirtschaft, Gesellschaft, Politik. Vortrag vor der Bundessteuerberaterkammer, Hamburg, 4.5.2009
17 Der Originaltext der Declaration of Independence im US-Nationalarchiv
18 So zum Beispiel die Paulskirchenverfassung 1849, s. § 146 bis 150 (»Keine Religionsgesellschaft genießt vor andern Vorrechte durch den Staat; es besteht fernerhin keine Staatskirche«) und die Forderungen der Offenburger Versammlung der badischen Revolutionäre 1847, Art. 3 (»Die Beziehungen des Menschen zu seinem Gotte gehören seinem innersten Wesen an, und keine äußere Gewalt darf sich anmaßen, sie nach ihrem Gutdünken zu bestimmen.«)
19 Horst Herrmann, Die Kirche und unser Geld, S. 39
20 http://www.stanet.ch
21 http://www.cgb.info
22 http://www.radiovaticana.org
23 Khalil Gibran: The Prophet, New York 1923, Ausgabe 1997, S. 8, die geläufige Übertragung ist nach dem englischen Original angepasst.
24 Zitate aus Katholischer Erwachsenen-Katechismus. Bd. 1: Das Glaubensbekenntnis der Kirche. Verlagsgruppe Engagement 1985, S. 26–9, zitiert nach www.dbk.de – online-Nachschlagemöglichkeit
25 Margot Käßmann, Werte als Standortvorteil, a.a.O.
26 http://www.evangelische-schulen-in-deutschland.de
27 http://www.caritas-klinik-pankow.de
28 http://www.caritas-klinik-pankow.de: Leitlinie zu Selbstbestimmungsrecht von Patienten und Artikel aus der Fachzeitschrift f & w »Klinisches Ethikkomitee und ethische Fallbesprechungen«. Positive Erfahrungen aus den DRK-Kliniken Berlin
29 http://www.drk-kliniken-berlin.de, und Information von Dr. med. Gerald Nejtzke, Medizinische Hochschule Hannover und Mitglied des Ethikkomitees bei dem DRK Krankenhaus Berlin.
30 http://www.kindergarten-pfiffikus.de
31 Margot Käßmann, Werte als Standortvorteil, a.a.O.
32 Auswertung mehrerer Jahresberichte von Offizialaten

33 Kalkulationsgrundlagen aus destatis.de: Gesamtbevölkerung = 82,002 Mio, Scheidungen 2007: 191 948, also 2,34 Scheidungen auf 1000 Einwohner. Bistum Mainz 2008 laut Pressemeldung des Bistums v. Januar 2009: 0,04 Annullierungsanträge auf 1000 Katholiken

34 Alexa Becker, Die Kongregation der Barmherzigen Schwestern vom heiligen Vinzenz von Paul an den klinischen Einrichtungen der Universität München und ihre Begegnung mit dem Nationalsozialismus, Diss. München 2008, S. 114

35 http://www.dioezese-linz.at

36 Sheila Rauch Kennedy, Shattered Faith. New York 1997, und Christopher Lydon, A Woman Scorned, New York Times, 8.6.1997

37 Sheila Rauch Kennedy, a. a. O., S. xiv

38 »Joe Kennedy's First Marriage: Still On«, *Time Magazine* v. 19.6.2007

39 Prof. Klaus Lüdicke, Universität Münster, Skript zur Vorlesung: »Kirchliches Eherecht«

40 Joseph Ratzinger, Salz der Erde, München 2004, S. 218, 221

41 z. B. http://www.dw-world.de und viele mehr

42 http://www.bertelsmann-stiftung.de

43 Für die Auswertung, ob jemand »religiös« oder »sehr religiös« ist, wird ein Durchschnitt aus den Punktzahlen in sieben Bereichen der »Kern-dimensionen der Religiosität gebildet« – diesen Wert bezeichnen die Forscher als »Zentralität der Religiosität«, die Ergebnisse sind die Grundlage für die 70-Prozent-Ziffer. Stefan Huber / Constantin Klein: Religionsmonitor, Kurzbericht zu ersten Ergebnissen des RELIGIONS-MONITOR der Bertelsmann-Stiftung (Befragung in Deutschland), Seite 8–10, sowie: Stefan Huber, Volkhard Krech, Das religiöse Feld zwischen Globalisierung und Regionalisierung: Vergleichende Perspektiven (2009), S. 60/61, und: Huber, Stefan: Kerndimensionen, Zentralität und Inhalt. Ein interdisziplinäres Modell der Religiosität. Journal für Psychologie (2008), S. 7–8,

44 Mail Stefan Hubers an den Autor v. 20.12.2009

45 http://www.dw-world.de

46 http://www.bertelsmann-stiftung.de

47 http://www.bertelsmann-stiftung.de